# 能靜居日記

(六)

能靜居記

日記四十六

十月乙亥朔日辛丑晴午後陰　新居告成率子孫祀神祈久長豐盈之福

因友以招張丹如孝廉天發神讖碑及種鼎彝為作釋跋最換戲字　畫碻拓本

古鐘鼎彝漢碑其富　秘集無量　寫韻書范作寫釋文錄原文

釋僅之兩卷承事之

接秘書金稿　九月廿八日作

初二日壬寅晴

初三日癸卯晴　下午同衣谷至石梁入翁氏祠胡氏祠兩祠皆有花園可遊觀也傍

晚赴李升蘭陸艸生之招　晤南卿舍也亦潘翁叔平吳天同存齋蘇鄰若臣

萼君仙靜甫衣谷二孫婿

初四日甲辰晴　寄安卿家信　蔭安甘信兩卷作函　午後同衣谷子順謝卿仙出

外游步至南門繞赴寺前街飯後而歸

初五日乙巳陰

初六日丙午晴

初七日丁未寫扇

穉鄉李爵初六行

初八日戊申晴 明日赴里門掃墓 即送孑蒼至蘇翁 是晚先下孑蒼舟中

初九日己酉晴陰夜雨 辰刻同孑蒼下舟即開 申刻過吳墟 夜經陸墓

初十日庚戌晴 辰刻抵齊門 抵安林至同仁中舟 移至園將觀傍登岸 勾示吾

寬市 購得書樣竹扇一 陸景生窯內臺一 猶精勝於石晨 安林雅觴孑蒼勾至

旗亭小坐 乃別 即以舟送孑蒼至閶門 覓夜久舩至新 見其蔬弱 深為悽愴 夜

二鼓孑蒼覓右不真後來舟

十一日辛亥雨 守南陽舟住 [illegible] 抵安林至 屬為孑蒼覓以舟送至毗陵

孑蒼性情好安之 遠不能速返 然無寒衣無量僕 又客于此 須親料

理 余深為其生疾 極力勸早歸 昨談此事 遂屬之安林 而余登岸訪鄭

季垂不直 訪吳平齋久談 借觀蘭亭二十二種 [illegible] 伸 [illegible]

家之藏 [illegible] 中 [illegible] 特世二子 性情一 [illegible] 不勝惋然 談良久

出後訪李眉生久談 將日為其五十歲生朝 [illegible] 內外 [illegible]

此無稍稅者亦共雜住之一端也 出至南館家少坐 時已暮 晚雨 莫逆先回
舟人偃臥之 盤之向天窗口俟住勢之 順是路徑 蹲身鑽少坐下舟 宿墨窗
甚漾寄朱葉壽以緣成仁蘇州函 三十一冊 見與
十二日壬子 晴 逆風 晨舟行 午過滸關 晚泊新安驛 不及舟至已前行見之
不見 寄南陽君信 作札（十二日寄第二號）
十三日癸丑 晴 逆風 晨舟行 午至無錫北門小泊後行 夜泊洛社
十四日甲寅 晴 晨舟行 未到子刻入門 泊唐家停 怡庵內前理岸到李宗伊德（顧嫂稿）
生過 生兩弟久譚 同下舟 晡食畢 酉去 為余具祭品香燭 樵生同余下子
寬之處 談明 衛生之子同謁十叔父 又久譚 時寒甚不過 下舟 子寒過之 及十
叔家 櫻生弟 悼甚痛於此來
十五日乙卯 晴 早子朱子 子寬之家久談 明寒甚 晨已到 德生來見 祭六日是通
為兩弟先到 祖塋余到 宗祠拜謁畢 偕九叔父之店 時病偏慶古喬
此後負直為之盛讀 出過秦巷 順候陳氏 程伊伯詩寶等 其弟叔過莫
南陽君之子皆也 時過蘇宇他往 少時別 出城詣三堡橋 謁瑩 莫辭二祀

畢其坡户家之壹高甫脩理之辛卯偕兩弟餘餓饑下及傳僕皆餓乃復
川滇華山縣 太原府君嘗蒞蔚州捏畢葬順氏張學士家高陵陽
辨勝自北試闈方抱恙因為視疾正久乃別 又僕悍伯方助譚偽舟 予寓之
修事
十月丙辰晴 予寓先妻同予長兩倍早出 又過陝西中家其兄子寓安家少
坐閑李陽蹉溝水寓甚亦不免遷移何所道下舟別去 予郵柳門 高新京下河
錢伯舟同村人方溶刻女子經憲使観正別高米渠婦 又要吃為好且不耐人評
奠修告返
皇清例贈宜人彥宜人墓誌銘
光緒五年二月十四日江寧鄧氏之母彥宜人卒於蘇如之寓舍其指女壻
謂細鶴正文書李蘋其庵曰慈儉之宗時宜昇撫嘉 請為之銘 自
毋不悔其親 孤寡嘉阡銘之文 以作形係 烈女孝婦之堂獨宜
人數得見其門事可以言之為無愧其間以辭 謹按宜人四川陵水人嫁江南
睢陵諱均之子爲幽西 撫諱廷頓之歸安徽候補知縣諱爾咸之妻也 天性

萬聲未聲鄙封稱廉母馮之廣乾孫鳴曲撫君欽奉知府君以禮知府君早
卒，有男子四人，仲者未晬，宜人不忍死，力撫育之，並之至乃並存，爲毛之遺
[不敢] [redacted] 貸於吾皆說之有宜弗木 [redacted] 凡祈弗夫兄弟之子爲女說卻中外無
遺嫁十家，開有康君已同之或是爲慈儒迫不同之意正祈祀齊宜人爲世所
[撫掉] 撫育嗟呼，亦無知身受其說中後遺其時爲門家淸而毛氏之於母兒
不能當宜人輒亦不苟佐之使速發魁，廉內三世爲監司，鄭氏再世建節門
旌 [redacted] 盛 [redacted] 宜人居喪時合不過常儀亦不過從字 [redacted] 安龍像守誰
有子佐庭 [redacted] 董蘇布十餘年 [未至] 改鳴呼，如若此 [不] 謂之 [不可得矣] [redacted] 宜人生於康
熙二十年，年 [redacted] [玉辛時] 卒年 [illegible] 子有孫 　姬宜人子孫福建鳳山縣知縣
儀湘北候補知縣 [illegible] 湘南鄭陽縣知縣 　貴州同知衛的 　貴戴
並伺衰儀 　知廣濟用知縣充僧乙已科江南舉人，女子子二，長適湘南候補
知縣蕭山陸[illegible]，次適安南康貢生候補縣丞人鄭運、鄭鴻、鄭龍、鄭楚、鄭龍、鄭
適女孫十一人，以 [盤石其] [redacted] 乃年 月 日葬於 [redacted] 乃家 [redacted] 之 [illegible]
不有 [redacted] 不有 [redacted]

中高有寄

泗州帝鄉城居門外感懷

歲歲雲而持壽庖。桐桐窗下對歎眉。當時未解安居樂。此日空為去國思。並在

睡取壽易改。蹤蹤夜動家餘知。白雲渡口連宵月。寫感懷曾記與詩。

十五日丁巳晴 晨出發午過和橋西抵宜興務泊舟長橋下登岸訪張仲

時府劉隆學師之未歸即出宿入譯少時 出登長橋評鄉中民居甚樸也

撒且西家陸放宅兩都皆毀無尋向其姓 以前自矣惟丘遂舟夜俗偽未舟久

談

十六日戊午晴 晨登岸吃餅頭株過蛟白談如子谷鑄工樟至東山下 陳坡戶周宋

大尊至 嵇家府君墓 於莫其禮不肯遂拉鐵又此兩年 幾唯之向思忘

莫仕下山同至余簡界取罵壽域一觀 先塋世近百年之未有無憾矣

至刻過城夜過仲仰辭川久談

荊溪東山有小立碑 先塋一片鳴地平蒼翁冥以為壽藏重過鄉此

佳城留待作吾廬。咫尺瀧岡勝北窗。地下果能親色笑。人向安用好家居。

蒙溪久欲思饋肉。墊頃從煤種稿書。已屬桂泉百年一葉。叢々修古傳

遺惠。

十九日己未晴。（嵩汜端不行）舟發，已刻過丙和橋，午未過五洞橋，入小狼窩，未刻過匯村市，閱多冷姑

二十日庚申晴順風。晨舟發，由曲觀音渡，天井橋，戴溪橋，新涇橋，韓橋，出金溪

湖，即太湖也，舟行樹矣。戴溪、新涇、陸橋皆平陸，可住；仍（白渡村子無錫）安土邑，行九龍山陰，水木明瑟

至未正者也。味未稍城泊舟裡山岸。夜（葑門）祁門舟赴賀，飲於城閩之外，傍晚下舟，稱

南門泊。寄南陽君信（即仲韶）。

廿一日辛酉晴，大順風。晨舟發，已刻過滸墅關，午過蘇山塘，入花市一閱，擱

楊胥門泊。理岸（已）佳快。

廿二日壬戌晴。晨雇舟登岸，自胥門步至觀前，寓市肆，將謝步生舊相性一談，仍

丑井巷同茶館，畢步至葑舟，再已子葑下舟。西李季舟同往，為寫

修閣芳稿孫叔笑一夜，雜談與年前三十，今無極已未甚二胡為錯誤山此情之

悉世矣。嗟乎，宮（三）千里無人相詢，念之心碎，想到暨之。（即山房）仲句，寄南陽君信

卯山答作函　訪李壺久談　返寓膳
接節沁書十七、十九、廿一三信　并顥夫野自寧國來函
又吳撫甫　薛艸翁　四信
廿二日癸亥　晴　大風　甚寒　晨食畢　候李府史久談　并子同、雲妙、少泉、次侯于竹
屢少談　次侯為陪　滑久談　留午食畢　返舟　萼來談　時向早　以風甚
舟不可行　遂與李壺子久談
廿四日甲子　晴　大風　晨舟發　出齊門　接榜不發　遂回　陪薛　阿内儔隨犯月　寅刻
抵雲山村後
廿五日乙丑　晴　辰刻返舍　顥灝自皖南來　謂待余三五日矣　聞吾兄精神殊好　殊盛
雲妙南狐談竟日
廿六日丙寅　晴　陰
廿七日丁卯　晴　接杖亭十八日信　寫子寧兄信　卯岩信　為犯帖仿信　謝寶忠　薛安撫信　卯岩信
吳筆亭信　同上　雷夫靜來久譚
廿八日戊辰　晴　早食畢　答訪夏君靜不直　又至陸冰如處亦不直　子孫　楊綠友

覆久傳兩午乃閱 家人從都歸得備悉 書畫季方子健 穎叔吾家世亨

之穎叔憐此苦衷不能作也

世苦自己之情 舊藏宣爐二[illegible]按書錄一五月初為偷空攜去邑佳郎以兩

秋紙[illegible]異[illegible]康熙乘二十年吳[illegible][illegible] 因其

閱之未補簽得居此人嫌其簽今日一爐先閱那物亦[illegible]心將角等燒

寶中年布揃 清

寶[illegible]揃以清[illegible]存

十一月丙子朔日庚午晴

初二日辛未晴　浦曉香三子秋壽存墨書

初三日壬申陰　君鄉雪即止亭午後霰　寄何壽作祝五旬壽詞寄合書畫

蒼室辛酉包

接子宗兄十月二十日兩信

初四日癸酉晴　寄蜜生信　初五日寄遙　要都有薛好叔公信　撥寅信　下晚朱菁卿

來人談最好恩共同年送象一幀　南翔送象甚希　此可珍也其不生

年暑來石門　公會血來福家　寄子宴兄信　卯君信函

初五日甲戌晴　晨南陽春暘酥登南橋久談時富調新成無風而近日甚

志　寄積亭六姊信　卯君信函　薛安林信　卯君信函

初六日乙亥晴　下午楊碩甫來留此晴信

初七日丙子大風亭午雨雪　寄薛安林信　卯君信函

接薛安林初五日信

初八日丁丑晴　早飯畢僅朝出而不直後候楊鏡泉其子出來探其到車

又來少談又僅楊史城不直又僅朱菜仰久候又坐訪論其語暇伯人久

讀乃疏
接李少荃初四日信
初九日戊寅晴 寄李少荃信（卯暮作緘）
初十日己卯晴 趙次侯來談片時 郭申甫來晤 攜備以宗譜相示 亭午會祀
先祖誕祠堂 申刻老祭族有宗人子孫餕
接陳得範初七日信
十一日庚辰晴 夜月甚朗 午後訪董君靜之談 寄丹桂孫信（卯暮作緘）
接丹桂孫初八日信
十二日辛巳晴 早食後與顏孫子順同步市中 過挹芳閣早餐
接李少荃初十日信
十三日壬午晴 寄李少荃信（卯暮作緘） 發家報信 同上
十四日癸未晴 寄何子貞信 加夏十（至暮發）
接子貞初十日廿七日信
十五日甲申晴 顏孫程綬南星夜月相聚 西月將盡識散 余悒悒中不
忘舊恩至山塘蓋無其人相識其去甚覺悵然 談至三更乃下舟

十六日乙酉　陰　大風　寒　自訪府　天色煖甚　與仲春看梅園梅皆放　甚好

寫書陸經之劄

十七日丙戌　晴　下午朱葉卿來　久談　晡後乃去

接李紹安初十日信

十八日丁亥　晴　寫任筱沅信　即寄　雪函撫翁函　寅史信　附信　不接粵信二月餘　聞粵有

疫　不深慮其歸　仍促其歸也　寫翰香兼信　附譜　寄存林信　寫□軍之元　回上

迪甫撫自杜旋里　偕子寬退之撫雅來訪　相見甚懽　談二鼓始去

十九日戊子　晴　早偕迪甫寬退之萃等來　同至桂中食羊肉麵　孫不克偕往也

寓為暢談一日　下午始歸　其餘二鼓別去　撫雅家宴　持世寓為辭之

來擬為作函　寫蓮生函　生函寄信　即寄守之寓

二十日己丑　晴　移樹新亭傍植丹桂一株　石榴一株

廿一日庚寅　晴　寄劉右蓀　寄康霞仲　雪來　得謝蜀峯書　寫大橫幅山水及直

幅各一　又為天壽寫直幅山水式　丹大直幅仿董山水　毛師彬山水皆樹寫香仿式

丹江寄人見畫儲錄　者師彬為亡友人如各如志　謝薛皆可異人　然畢志來

戴縣山腰翻道經濟度不彰也又有廣揭三樓壇記一本與予同行
仍和仰仲——
廿日辛卯晴
廿一日壬辰陰　寫吳平齋信　寫寄蒼之集一部　作函　李畹女信　作函
廿二日癸巳晴　連日服寒泄腹痛　律步　閱廿四題小山
廿三日甲午晴　寫吳蒼卿信　作函　張子青信　作函　方元信　作張　館師浦溪
劉丽田逐里　下午治具招錢遜楊賓書書邀曾君靜川陪話亥罷寒不致作詩相
謝未嘗稍世頹之技藝焉
廿四日乙未晴　晴甚　曉西早月若之殘冬　寫潘宏信　作函　薛安信　作函
荷生書　日上
接張季卅五日信
又吳平齋　信　寫寄來三續騷華錄一部——
廿五日丙申陰　檢雨　題作人未名譚　寫西宴之信　作函
廿六日丁酉陰　風雪　傍晚雨雪　新亭風雪初積白晡　舍平——　項笠過譚

橋，徘徊亭上，寒林不喧，冬山如削，漫閒獨坐，自謂今世無第二人好事如
我者。
廿九日戊戌。晴。朱菁仰來談，移時去。
接穎妹廿六日信。
又季貽生廿五日信。
三十日己亥。雪。夜雪。寄季弟午信，寄姪慕盧先生集一部，係所借者。

十二月丁丑朔日庚寅晨起 樵亭山積皆有積雪未許少睢而化 早食畢 訪石君

都橋之城皆深積 刻畫詩詩作人石直 又訪朱筆卿名德 又訪楊節之人談

華過鄭子俊卿

初二日辛丑陰 下午細雨 無錫人華姓持古筆章條同桂未名分書直幅 蘇淨手跡 余借此

著者久石安那卷一幅 又有環山山水中幅 又龍聲情伯 文賢畢千之子 山水卷 展示幅 猶

壇長用楷開山卷井垣 字偉之 又二幅 贈跡之傳之楷書 下午 迺信郭海雨來 候談

初三日壬寅陰食 接子宵之十月廿八日信 言子大吉 寫寅居信 即寄 南樓中試寫

初四日癸卯 陰

初五日甲辰 陰雨

初六日乙巳晴 甚溫和 是日得舊拓華山碑 額字完 初拓秦氏瑞石本 即此宋拓張

其餘尚直接俗拓之 真本為上之 又亦西壹也

初七日丙午雨 寫子寬之信 即郵

豎王樹生 吳嘉山陰人

非卻處處杠彌陀。再聚老士心無阿。和尚養養水澄深。心無聲阿身無住。山藏王君今
神耳。讀書讀律能盡讀。詩筆蕭寥動君羣類。圖畫窮究同天開。媧來下邑
贊神乃。謂青民物善廣哉。淵中秋夜風雨聲。聲播風詩調高臨。人生命意如看
方。只備傳神冊青春相告。丹青變化世不窮。安知戲筆非天工。必妻秋信不在境。但論
題傳誰寫同。靜傳之橋月如夢。靜聆之亭雪如侯。何時為我貌家山。請同[illegible]
爲作蕭矣。
初八日丁未陰雨
初九日戊申陰雨
擬聯錄十一月十六日作
又聯季壽初八日作
又雪聯錄初十日作
初十日己酉陰風寒下午雪　寫高郵屠信　作即亞翁　致[illegible]叔信　謝[illegible]壽　致[illegible]英信　寫[illegible]成九寫信　作即[illegible]
十一日庚戌雪　寫河南[illegible]信　寫布政使函子　顏林信　作即[illegible]函　致[illegible]仲信　寫[illegible]黃　作函
十二日辛亥晴　天色暄和　自前月雨雪連綿而今天為之朗　書達內樓　開工青蜘　適過

晴雪霽日光杲杲氣象甚佳（早詣兩三處先祠堂及內樓次第拜賀次與播梧荷生諸弟拜年）遠岩坳伯泰元景高雲門欣然 宮子寶來
以抄精本維之延任局（即春）李暢侯寶琛紹和園（今春）午別內樓兩至勤生當
復生通生兩弟俱屬附（否年）先樊元（即春任局）
接渠（祇生）兩弟初五日信
初三日壬子晴（夜大雪）年如賜羽禾植二月二十三日即日起岸 早會府信毋偏鄭仲兩久譯
次陳仰兩孝協精（以余家書燈寄主另兩件並墨送致謝之也）不直 次至勇夫都督不直
初四日癸丑晴 年向雪世寶 早食畢訪陸康安話過敘蔡佛名譚 次訪趙翊儀
北窗門外明香溢白樹林皆晴（午）遠山敘之甚樂 次訪馬話過三叔書主傳篤龍
少別傳書後各譯以寄孫府姑但惟已（照錄）付遞去安慶處 壽凡作論 次訪楊儀
晚六名譚乃歸 家人離雪亭以後七夜 飯後接寶見書 查傳雪平安
叢書到寄指已兩通月 閱之令家 欲劇飲已醉乃已 宮子寶見借寄安未
植儀人三百餘（劉紹即春任局）
接寶見十月十六日信
又子寶見初十日信

又聞得女十三日信

十五日甲寅晴 寄寶兄信 信局即發 叔房六兄信 即發從日寄 子寬兄信 寄去二函 長亭
而阿伊一瑕 信局即發 吳平齋信 信局即發 一峰方丈信 同上 致尹秀竟信 同上

十六日乙卯晴 [redacted] 陸雲生同薌陞亭來訪久談

十七日丙辰陰 聞方六德師疾 前月廿六下世 兩年之中四 悼傷手足之事 為之愴然

十八日丁巳陰 初更內樓木料著火 把捉兮只顧雲 余骨寒兩起 督工帥運
擇之

十九日戊午陰
接陸雨辨十三日信
又子寶兄十五日信

二十日己未陰 子雨贈歸日寶兄
接寶兄十一月廿九日專字

廿一日庚申陰 微雨 寄子寶兄信 信局即發 陽羨午信 交 是日中孫先知上曼以來幾向方
旅途恙甚不甚舍 如係信係 搢紳界以府吉烟方近事 或持珊瑚帽頂來售

因取之為見好題識　是日寄翁靜涉西泠陶先齋稿一道　費君稱

讀書　初登內務府厰木辦外買物事　周木二百八枝　直洋銀五百餘

接季湘二十

又寄平齋十八日信

廿二日辛酉　陰　寄子可信　唁之　為之喪表　印山存　子安平安信　寄劉石卿

華一幅　印山谷　是日常州人霍某復持一冊　珊瑚琅玕素堂之不如而某可為也者之

接周再陽書　信

廿三日壬戌　陰　微雨　傍晚祀竈如故事

接鄭庵仲二十日信

又李眉生廿二日信

廿四日癸亥　陰雨　寒　寄李眉生信　寄熊三信記一冊　印山存　仿船　又周再陽信　仝書

接寧兒初六日信

廿五日甲子　陰　晨起向前禮佛　傍晚東華卿來譚

廿六日乙丑　陰　晨起與家眾　叩祀祈神——　下午飲福

廿七日丙寅陰
晴 接西安第廿丁信
廿八日丁卯 晨霧 下午漸陰 以田租八十石充和家粥飯為和廩雜陞
接星初季安廿七信
廿九日戊辰 晨雪 下午陰霧 以田租借與錢百三十石為一大廩雜費應之外
下午畢入東宗人墓獻 先祖祠加墓之邦事

光緒六年 歲次庚辰 余年四十有九

正月戊寅元旦己巳晴 下午陰 黎明起 率家人拜 天拜 先聖孔子禮拜

十方萬聖拜 灶君拜 先祖（呈硯母合）畢 詣方氏 拜曾祖暨家人稱賀 早食畢

謁吳雅堂文正之像 午薦晚薦移先祖出好事

初二日庚午陰 午後自 晨起團食辭 先祖（陰浦安 春嘉 靜壽賀 少雲來） 亭午出外賀年 歸寓而卯

賜家人賀年飯日 晚薦暮辭先祖

初三日辛未晴 晨起團食辭 先祖 [redacted] 午薦畢撤

神影於鄉事 拜各處賀

初四日壬申陰 拜年 順壽 賀少雲 家吉 余與生賀 歲明 訪何人 稱

禱春 佳時不暇 朱嘉卿壽賀久談 在近鄰 僅 平家青及曾

謹拜 訪少雲 浦仲寬館 初拜謁

初五日癸酉晴 旋陰

初六日甲戌晴

初七日乙亥晴 旋陰 浦仲寬 賜吳宗 宇子寬已作（初六日作函） 張生過生日

更作家信 三侄楊政鑒工值十六銀錢 初九夜發附家信

初八日丙子陰 夜雨

初九日丁丑雨 寄聊李書作 中岩作批 招延之作 附若 李厚存作 家書托寄 中岩作批

又撰楊先生 楊阿哥五年十二月廿日作

初十日戊寅雨 初五日作 早食後訪蕭泉靜 向庚久譚 李積陪雲舫不直 又訪朱

菁卿久譚 下午楊節甲來久譚

十一日己卯陰雨 夜大雪

十二日庚辰陰 訪伯紫之婿惲斛盈 寶善自里門來候 約明日晤會

晤去

擬蜺賦五年十二月初一日作

又子寬見初七日作

十三日辛巳晴 李侄惲斛盈不直 下午趙吹儀來 午刻惲斛盈已經到寓

擬山斛初二日作

十四日壬午晴 下午張貴生自里門來候 弟楷初九日附車兜埗宇 系邑神

南園燈

十五日癸未晴夜雨、夜讀元宵於　先祖

接仲舟伯　年　月　日作

十六日甲申陰雨

接邵季壽　日作

十七日乙酉雨　寄子寶書又作邵書奉差　夜薛安林來處囑監工作也

接子寶書十四作

十八日丙戌陰

接根弟十四作

又金鳴卿十三作

十九日丁亥晴

二十日戊子晴

廿一日己丑晴

廿二日庚寅晴

廿三日辛卯晴

廿日壬辰陰 子和塘赴館貴池 子順赴試陽湖 協吉行

搨千金生母三紙

廿一日癸巳晴 下午王楙年朱華卿來訪 留飯今日乃去

廿二日甲午晴 書大德碑爲三子屏 雲山字幅

廿三日乙未雨 寫鄭季壽屏 印鈔作聯 爾仲宏之來

廿四日丙申晴 寫石室之作 印屏作聯 爾餘壽作 全上 李伯生作 全上

搨于竹廬廿五紙

廿五日丁酉晴 遣爾仲宏之至上海 購樓稻料 下午陰雨閉窗

三十日戊戌晴 朱華卿同其弟樂卿來訪久談

搨石室之廿九紙

二月己卯朔日己亥晴 晨書齋樹立寶石印題 與大門換石欄柱先御書石文 改 匾 智佛像工債於卯新

勒工未刻安檻書齋卯刻樹柱未刻上梁 原二檻內有巳時一檻四周梅竹界柱

又簽金江兩三千年古物之所難遇矣

接子順山東信

初二日庚子晴 寄河帥信 附各 信兩 寄姊信 附啓

初三日辛丑晴 燥甚亦不能衣棉 傍晚大風雷雨

初四日壬寅晴

初五日癸卯晴

初六日甲辰晴

接方子可書極 正月初十日信 告病也

又寄 勿翁 小箭 各信 請安世兄入覽閣詩卷也

初七日乙巳晴 靜園門外為 傍晴哉

初八日丙午晴 燥甚夜大風雷雷時雨

初九日丁未陰甚寒 視昨氣候無如客月之暑 寄寶之信 附[illegible]本 寄力甫

十一月作 仍旬芳

初十日戊申晴 春分 合祀 先祖暨錦峰鐵林雅程等

十一日己酉晴

十二日庚戌晴

摘張某某 初八日作

十三日辛亥晴 是日 祠堂及大樓大門內門同於卯時樹柱未時上梁 寅初即

起 赴宗祠祀 往與作完大門次內門次 祠堂次大樓 以次上柱 旭日初升

朝霞五色 正在新樓居之上 象徵秋興佳兆可知 午刻散 謝司工 中露門

神 率子孫祭祀 未刻備香案 以祝上梁安吉 率子孫日祭送神 合家稱

賀 子與為君率子孫領稿 曹君静来久談乃去

十四日壬子晴 與安林赴西郊東嶽廟 二年峰手自不應設為 頗觀宗圖諸老

十五日癸丑 雄峻亭樹田村 自余居此十五年 祖前遺風 腾地之幸之人

之幸也 浦仲宣來 自上海

摘錄舊書十二作

十五日癸丑晴 是暮 安林返蘇

接留原甫示君三弟向不諭之日信

十六日甲寅晴　桂大桂祝新書壹之南與袁植材甘五材　寄示至信

印書信函留原甫信仝上　陽翟生信仝上　子明信附陽

接子永和六月信

十七日乙卯晴　寄寶山信加函印書信函　李壽信印信函

十八日丙辰晴

十九日丁巳晴

二十日戊午晴　王楙生來久譚

廿一日己未晴　廖季仙來訪久談旋相宅

接寶兒初十三日來信並王康書

廿二日庚申晴

廿三日辛酉　晴午後驟雨　趙迎侯來久譚　寄河子信印書信函　子寬之

信仝上　陳伯安來信久譚

廿四日壬戌晴　侄趙次侯賀其子入學赴陪　條人及徐藕保請不奉陪　蘇州人久譚

看侯康年侶話盛楊濬不工 俟衛支賀見得福久談 看侯王樹生讀復
晚至芭侯潘鶴孝久談 又侯曹稿西 楊中城皆以學入學以賀始不得見
華卿久談乃歸
廿二日晴 清明節 南陽君衛老人鎮皆入園畫院 王南亭世文 徐穎卿
來訪 持曾姪經双來令藝書持物 寓所屢但即之
桂碩伸 廿四作
廿三日甲子雨 午赴侯之招 同吉楊綏書戲曲園 李君梅 張兩生 徐穎卿
及主人昆季 下午歸 晚星躍侍話所處園 康李勤 李芝龍 甘霞塘之程
昨老經二時來 持之物往年吳信修 寫 都撫任作鄉
廿四日乙丑 陰雨
廿五日丙寅 午前雨霽 夜大雨 晚女至侯潘鶴孝季侯久談 下午至所居 因各談 晚赴陸鶴芝之
招康定進樂識昔為戲曲園 曹伯倫 龍作人 陸侯史 蕃齋 雲翁 華卿
諸人 二時歸
廿六日丁卯雨

二月庚辰朔日戊辰雨 雲亭之西階建石橋鑿壁不爲之衛僂面西而之

四日勝橋稍告成

接子寬書云月廿六日信 爲代接季逸亭門也

初二日己巳雨 接季逸亭門也代其家信 寫子寬信 初三日寄 復嶽雲 陳君信 掛號

接寶見二月十八日信

初三日庚午晴 出遊鄉王楓生同游靈山以地主故看花兼具饌日刻小舟歸也

朱沛予王載雨君到其門外閏鞋同登福建陽洞三峰歷山色西

偈萬瀑閣而好傳之 傳與三峰合形傳登道由劍門而歸已上

寄安溪陳子和詩并寄贈詩 余云此詩所

接金力甫函 二月 日信

初四日辛未晴

接陳寄二月廿三日信 言其母近日自書 筆見書不能得事 爾常印殿尚

平安及不知如意

又寄陳初七日

不佞筆之　後

初五日壬申晴　由喜峯時包家屯宿

初六日癸酉晴　下午雨　雷震　和穆我來　俟久譯　喜商人至福山縣　城中初五日正南寺住師壹元晴來

初七日甲戌　雷　午後雨　挂通事翁初六日行　又陰　二月卅日信　傳　逗蘇郡　傳艤解佐　存三株　仍要禱　赴口信　楊陳內產　蔣柏宇　楊福南　姑作人

初八日乙亥晴　早後陳室內　午跪高門　訪李鑄文譯　孫藥鮮衙　閱市　得杜

來宅　宇一頓　百年不收日　蜀者　因時事來　回顧　果辦某家　物　零落　所之　恨先之所

撥錢六老也　甚達安林　世宇　發嶼　下午　始喜安林家　寫之　下午季無之讀

書之　將傷異不諦　多久

初九日丙子晴　發舟　閤門　山塘　買山茶三株　留杜鵑四株　盆松一株　金錢松一株　海

棠一株　夾竹桃一株　舟入閤門　安林信我行筆中　因至雨橋　親劇　安林以來　奇

花遊　字之　花盆蓋　費紬至　及歸　送午　海棠人　今年產者　因其至雨　聽散　又同遊

寧子龍宮　羅陳壽彭老　直都　明日　即行　辭事　因陳　喜愛年來　方以思　謝　余發　慶山　再往　寄寓

因陋陳畢　道信　不住陳子再談　移舟　住齊門和信局　到日

初十日丁丑晴　晨　移舟胥門　至　嬰靜　楊桿　又訪　新華　定鈎　南村　擬雨　長安

吉陵松叢獨老處寫其從日悟甫屢先乾家 金陵嗟慨為同已病癡
不識人矣也幾無言說馬寫 書訪李文忠後許之 午飯後歸舟群門訪
李眉生不值 以旧板摩拓極麻紙向收官本叢字刻又蔭樓賀村家字李
韓旂 为[redacted]貴危補識之 晚訪陶泉少甚及舟
十日戊寅晴 午后信有費信 家書寄諸伯顧霏 吳平齋稍作年畧
仍至王家馆 譽李吉逝 旦年多其不再人滕 信日王石蔣山湖州人未為此
考極但按下舟餞閣 不能第 並頻舟東門道 李香嚴一謙甘東門思
蒋陸再遇之同到陸齋信
十一日己卯雲少雨 是日辰巳過吳攬来同到家 過蔣陸雨人舟傍晚方至来信
十二日庚辰雲 微雨夜月甚佳 接少舟書信收拾来陸丙春子附豊舟同物拾了
接寶迎二月十四日信 晚得吳第二號信
團 下午過楊仰齋僕石書成手送 蔣陸飲二枝寫
十四日壬午雲未微雨 早得吳第 蔣陸兩人至同訪申成並過過訪瑟兵
三稿 蔣陸 居 許作人 二枝稿物

孫六姊 一飯

十五日壬午晴 雜季諸路（西苑門） 遷山來 詣國史館畢 偕石山同步西門外拂

如岩谷觀所又順路三岸寺 合傳豐 下午出無福 問湖 蔣陸正誠有酌

二揆偶來談 剁內出行

十六日癸未晴

十七日甲申晴

十八日乙酉晴 王樹枏來訪久譚

十九日丙戌大風 寫河南信（寄石行間） 李府信 寫壽聯賀一本 柳林 椿母及堂

接曼孫 孫穉年壽聯 艾陳 柳門（會稽井住人） 未發點膳

二十日丁亥晴（夜雨） 朗青 約日稍愈 同南陽橋行 侍母湯臨 登南樓 眺望風日

久乃歸

二十一日戊子晴 寫子寬信 寫送未信 年二百六十元 托縣信 寫壽更 六

元子 順信 寫來費十元（附寄） 拂柱 程蘇

廿二日己丑晴

廿三日庚寅 晴 同肖伯談

廿四日辛卯 晴 寄[illegible]、陳柳門書

接李侍生廿一日信

廿五日壬辰 晴

廿六日癸巳 晴

廿七日甲午 晴 立夏

接北洋二十日信

又子順廿五日信

廿八日乙未 晴

廿九日丙申 晴 作人保信 接初二日復 以目眚論

三十日丁酉 晴

四月辛巳朔日戊戌 晴

接陸蔚生三月廿七日信 寄來書若干種 內三字經詁訓 千字文釋義 四子書附錄 擬異日蒐之 安架為樂 可發一噱

初二日己亥 陰

初三日庚子 晴　寄侄毓華信 即寄作也

接侄啟民三月十一日信

又侄毓華初一日信

初四日辛丑 陰　張陸卿來訪 以同宿來也　寄都李秀佳寫墨三字 即寄號

初五日壬寅 陰　朱雲甫來訪久談

初六日癸卯 陰雨　劉子山 廣東山東某張人 二十年前在某識之 自金陵來訪 言瘋僧

一日 道其師李清風得粉人乃三教聖人下凡力 初年指修佛 同住拜

謂天元聖人以水火木金土為運 伏羲以水 文王火 周公木 孔子金 余問誰

當土運 答為不言 蓋指其師 蓋語可笑如此

接好壽三月廿四日信

天乃寒。初三日作

又用錫如韻。初四日作

初五日甲辰雨。到下山禮補為遊，住此寄季詠道生思悅神作信
俑年。予謂巴撞於予宗無理取鬧者，宗旨為佛信佛者。

初六日乙巳晴。到西山之其師之師周姓池州人，乾隆壬辰生，道光壬辰死，住
世六十載。宣德王思聖人繼周孔之日，其弟子視孔門三千，天道之。少時
訪道至河南少林寺，遇閩人韓子玉，蓋湘子國身乃道耕牛之聖人，又
江西人陳少華為韓韓之聖人，閩時東明道為林贊之人，門下道此
傳法日久，乃傳教宗旨，繼周孔之席。韓陳自以為道不及，為請陳業。
周乃自著易經若干卷，道光二年重陽後上天，嘉慶[illegible]年四月初二
日月合璧，五星聯珠，董其陽處之理，恍惚不此。與譚云：日可出周寄
讀一部。下午辭去，瞻別楊諸之。初集訪道研經，諸絆縛，用心則
不可得。不識

初九日丙午晴

初十日丁未晴　曹楼西来谈　昔日內祠告成為賦一首

祠堂賦

條手見備手函宜陳越戟朌函之事極

馬犛毛翻雅君那信身佳川何以償翃

十一日戊申晴　韓以僖來久譚　朱蕊卿來久譚

十二日己酉晴　平寬兒汎掃內祠擇明日庚戌未時崇請

先祖神主入祠自庚申避亂主櫝未能隨行　甲子年始為補木匣五匣藏一世

之主歷久未能更製今家祠告成主櫝亦具唯私心稍安矣

又以今祠之西極為高爽頗失自還之地開其修改[redacted]擬另設住房

祠之西壁凡有事此祠皆樓宿之今樹

基訪其屋傍可從之處初可本房親書飭遵而以俟子孫知記此告

之

十三日庚戌晴　未刻恭奉　大府君以下神主入祠焚黃　告

家廟祭祀禮　晚張燈三日以慶新居

十四日辛丑晴　延姜李鐵之母何氏及其弟來　鐵殁已十年　久無其家
知之　此集萱前賦朱暇殘屬好書畫傳之　其弟殁安詳可以成家與
可喜也
十五日壬寅晴　以番銀五十餅助李姪家遣之去　寄子明信侑隨姪　薛姪
林信　定可考詳為之新居里備家具也　今上清館居住　寄孟孫信
詳之之　主之
接叔明伸十一日信
十六日癸卯晴　陳芝亭四兄（名雅自蘇來居寓處）來候　久談　晴今日秀候陳芝亭兄　不直　少候
葉君香以張某某家田事涉訟　請為出拂地　請說　陳芝亭兄致文才謙
出後訪朱芝仙　客來特留　不至　益明
接姊奇初九信
十七日甲辰晴　陸錫堂来候　久談
接子宜本月十四日信
又卯來書十五日信

十八日乙卯晴 朱菁閣來久譚 宗室盛伯來討
撰科槿撰十六卷
十九日丙辰雨 宗室盛伯來討僻翰 閱陳揆舟金石錄續跋孫子書志
撰卷續編十七卷
二十日丁巳晴 候鄧伯雨邑侯久譚 候蔡惠靜不值 候楊惠城加又
子騏甫中丞七十之壽久譚 香侯持翰弟邑侯久譚 候楊詠春又
譚至下午乃歸
二十一日戊午晴
二十二日己未寒風微雨 移樓下北齋 俾宋以古恩為稍居道下 明日庚
辰入居之 道以為夫寢所便宴歸之曰溫卧
二十三日庚申陰晴相間 移家 背家眷 移房家來 劉倚南陽君入
居北樓下之西房 寶光婦與諸孫居東房 馮姬為居西樓 余築移圃
以來 此凡有家事 樹八十餘間 北樓上下廿十八間 深邃以寬 高明為
爽 居室之美 士夫家有此 亦適恒之福矣 但願居此者念創業之艱

不易得身，精則以答天休，庶幾亦以保守之，豈不善哉。

二十日辛酉晴　郭四雨至候來答候久譚　葉壽雲來答候久譚

二十一日壬戌晴

二十二日癸亥晴

二十三日甲子晴

二十四日乙丑陰微雨

二十五日丙寅陰微雨

二十六日丁卯晴　下午至李靜春訪

二月壬午朔日戊辰晴　王耕生來訪久譚　寫錢師伊信 仰蘧信局

初二日己巳晴　寫叔平與翰仙賀壽翔甫甲子壽 仰蘧信局　寫季範仰信 仰蘧信局

初三日庚午晴

初四日辛未晴　寫河東信 寄對付信局 問君　郭聯信附寄　汪蘭生寄信 由信局　君任庭送信　君

初五日壬申晴　李申甫寫家人　祀先祠稍寬山坛事

初六日癸酉陰

接寶兒四月廿一日信

初七日甲戌陰雨

初八日乙亥晴　不雨日久河池半涸　昨有雲今暫雨擲止　旱象將成 蔬菜場地多半已枯數人共灌余我出而見之 天旱壯大菜上長蟲之兆

接寶兒四月十八日信

初九日丙子晴　早食後訪晉君靜久譚　訪朱夢卿　趙俊佑人不直　訪吳信 趙俊佑人久譚乃歸　因此者過從此也 俊儀爲門枝交未知何事 主 將協內子

壬戌癸亥年亦然是年大旱河乾斷 流 然今不至旱耳　寫李伯年信

雪堂 印岩 代作

楊鳳力甫 小篆 初六日作 字子卿 為老道篆屬刪定

初十日丁丑晴 午間大雨黑雲大雹止

十一日戊寅晴

十二日己卯晴 候郭山甫長候久候

楊二林 初七日作

王秀卿 初十日作

十三日庚辰陰 雨雪

十四日辛巳晴 為冬節 恭祀 先祖於新祠 庭宇翼翼之肅雍有寄

宴於新祠稍晏 請五宗人飲福

十五日壬午晴 夜微雨 早答候 候郭心甫不直 以作事相煩 股函使論之

十六日癸未陰 郭安樵木工出議 字子力甫為名作 御局

十七日甲申陰

十八日乙酉晴

十九日丙戌晴 偕午侄即出雨後府共生邨訪蒼伯不晤 葉蒼坪來侄不晤

二十日丁亥晴 答僕葉蒼伯久談 侄來華卿不直 侄楊素威少談

廿一日戊子晴 出西城門与雨陽春遇姪胯池上早合

接六姊十七信

又椒弟四月信

廿二日己丑晴

廿三日庚寅陰 趙伯人來侄久談

廿四日辛卯陰雨 比修輪

廿五日壬辰陰雨 雷震和蔡帥來侄久談 畢人霍生來 西森柳孝久

談 朱篆卿來久談

接張楚生 信

廿六日癸巳晴 疏雨 早合畢 答侄雷震和不直 侄李君梅不直 正詠

李變久談 正西史轄 變久談

廿七日甲午 大雨 三時偕梅雲田往國正咏駐齋材附 正翻正西惠郡

雲公遊西雲祠蘭芸伯餞樓上風止陰樂翁雲上青城公正下
午家書通又翁葉卿書又少僕內函
廿六日乙未陰雨 樹安橋漆工考證 望淮樓下店家子小宿新田留作委
西巢墨戶歸六篆工呈口馬姬稱住與遊春少下
廿七日丙申陰
擬子函　在寫南陽君答題下等

六月朔日丁酉陰　構如來談　字陽甚久停信函印證

梅雪香如　花

初二日戊戌陰　香如柏森來談久坐

擬題石仲畫扇四首之一

八聲甘州　靜院荷花盛開擁翠濤文洪人未飲

仿君園高臥聽清謠。聽雨打新荷。蓮根香處隨風舞，綠搖花手持荷花送爾謠光萬。

遠山眉黛小窗書，卻共隨雨打新荷也。素扇輕搖花底。香生處，坐聽瑤琴河。詩把清香仙袂。

一搦付煙波，絕似畫圖，羨殺千娥。碧波無際西風，松雪松聲詩語長，只聽新荷相惜。

舊年曾醉此湖，蘇東坡去後，荷柳秋正近如何。向路迢一尋相惜。

鷺鷥又飛，蓬雲窗森森然。與華孤眠。莫放輕過。

初三日己亥陰

初四日庚子晴　構詩及吳昌碩作人說佳來訪，未談[illegible]盡日而作釋。

在書齋讀世說，於窗前閒步，讀竹石詞，自言兩筆不殺。

和平日之喜，亦上可喜也。

初五日辛丑陰雨　畢敬之來坐，以沈石田大幅遠山圖持來，又書香光山水卷。

江香花竹獅狗共三畫，售洋銀三十餘。沈畫亦偽，蒓齋目不辨見，
真可笑。又其畫亦雜之似筆，但非絕佳手。
初四日壬寅 清晨有雨，立夏節也。日 下午振華卿來，撫孫來便飯，留晚乃去。
初五日癸卯 雨晴 郭兩徽假過訪，同坐静濤上觀荷，因林若火速賞
伴客至五乃去。 午後厨房園來訪久談。
初六日甲辰 晴 時有陣雨，涼爽如秋。 明日南陽君五旬誕日，僅有煖壽之說，
客人以滬商備餅。晨同飲於北亭，紅蓮千枝，募紫向人，若來稱祝。
不知存仙之緣也 姑周惜女親口保
初七日乙巳 早晴 午後雨 晨起爲南陽君拜天拜佛及帝祀竈神，先
祖祠畢，並子孫拜賀之。是日也，筆名詩客備飲於外，人知之，曾來拜者
賀 那之不至 後僅郭內兩書及餘人至，於是未延接，補分筆，命詩於正。
南亭度曲，撫吹北亭，陽湖梳之，之音而嘹亮，飄逸奏柳色盈增。
華筵 南陽君嫁余，今三十四年，子孫男女孫曾十二人，怡聲宴子宴之
溶在紅鐘樓，陽陵時下，若觀此亭，更得慶向秋兩三度，則人間備福

莫負過矣

接阿哥五月廿四日信

又駟兒家（查雜之上）五月初二日信

初十日丙午陰 夜大雨 王樹生來訪

十一日丁未晴 邀同田長藏三人晉谷田中作之 可評香秋矣 午后果出游

宮城懷棄齋蓋于張伊卿觀苔園久談

十二日戊申晴 訪黎蒓齋楊惺吾俱不直 至朱菊卿處久譚而歸

十三日己酉晴 寄馮齋人李嘉信 寄王季信八九雙日 周悌生信 合上

十四日庚戌晴 晚作雨勢

接蘇擇家初十日信 以寄新修咸陽志一部

又楊鶴年 月 日信 寄還翊討圖五本

十五日辛亥雨 下午黃君揆來訪之談去

十六日壬子陰 寄王四信 夜報信廿二號 楊鶴年信 

十七日癸丑陰雨

十八日甲寅　晴雨不定

十九日乙卯　晴雨不定

二十日丙辰　晴　早答拜寶兒　偕子順、仲宣、葛飲石、梅芳溪過馮鑒甫　又訪惠鏡涵不直　又訪高泮萬年兩　李升蘭亦來　晡時歸

廿一日丁巳　晴

廿二日戊午　晴

廿三日己未　晴　趙次侯來訪久譚去　寄李同甘伯寄雪海侯八十枚內荔支之

廿四日庚申　晴陰雨　壁西諸樓下紫薇新成　五色相宜鑒賞題書以為小屋取澤芝割辭錄之白壁外

廿五日辛酉　陰雨　東園書畫工畢　未有名之額一幅　請泉琴峰為其翻世業道北宜有　誦讀論語對梅　大秋寓齋邊之西廊

廿六日壬戌　陰雨　率家人汛掃西院東屋陳設几榻　接周楊女廿五日信

天寧府寄廿五日作

廿七日癸亥 晴

接李卿廿　日作 通南陽君書札

廿八日甲子 晴 梅溪抵牛陽書一緘 甚悉狀 此了聲 當見千葉重

豪四電訊甚速 當█種類依然 不受責悵 常遠而自愛 吉家

彬呈為貴 今若為南陽君于邊辰所在 肯此使拜天共照相見

兩人俗說共晶之北山夫

廿九日乙丑 晴 那存人自蘇州來 謂老日 仍下丹霜

接那公兼廿五日作 新自函不至 到按擬也

三十日丙寅 晴 下午陰雨 仍那存人來 謂己晚歸矣了

接通生函廿五日作 新入津來寄也

十月甲申朔日丁卯 東南風下雨午後晴 淨如保秋 臨蓮之半雨帽東風雨

李午亭號雲壽花右 錄十分之七 右為馮以西信寄下圖之

初二日戊辰晴 畫蓮雨賦是年為第二圖

接子和六月廿一信

又陸將伯寅六月廿五信

又蔡舫弟六月廿七信

初三日己巳晴 畫蓮雨世是為第三圖 寫扇口武作 作函

初四日庚午晴 是日入學 書目與次兒同下書 各校西安案 曹壺 觀其子孫 學習聖

道道達蕺共一脈 相傳永之無絕 真知便靜安上人持畫來訪久

譚公橋南亭下出便羅淨門激雅蓮住 六年下山 繼有見地 未能中為印干

攜去 畫蓮雨賦 蓮房畫也為第四圖

接穀凱之 日 作排筆 靜師來晤

初五日辛未陰 是日寫王蓬何生遺集為畫冊之之 竟二冊

初六日壬申晴 寫李伯仁信 作函書 又魏稼仲信 春帆母信 作函 又吳炳信 未發

作南陽信 卅卷 又于卯作 印日否 香考盞

初七日癸酉晴 靜安偕返 劉君起送之

初八日甲戌晴 頗寒趣 有盛暑意 池蓮復盛 茲蓋暮房內中實要帝工圖之 是夜月甚朧 有南陽君朝壽節在池上

初九日乙亥 晨陰 驟雨(意) 秋風颯然 與昨迥別 寫子宣先信 附卷 作寶臣信 六圓 託工九帥 又通甫兄信 卅卷 薛撫軍信 附卷

初十日丙子 陰

題蔣文肅畫壺花

秘殿從容清暇日。畫心款康熙壬寅乃六十一年 文肅方以學士充修書總裁官 豈同愚婦相傍之。敢因寫以先生下。莫是畢常州本尊。

兩孫功名俱帝鄉。文肅之孫以殺賽學士 頭孫溥以兩次為大學士 拜恩常與故臣偕。文肅母蔡夫人及

此文肅官吉士先文端公年 生時未貴 世宗恩遇尤渥 莫將俗眼睨生意。豈識天倫造化無。

戲題寄子美之

憐興曾眉壯冊房。手寫張生慕天孫。可憐無邊山河色讓之

人間作戲場

十一日丁丑晴

十二日戊寅晴　書寄向甫與之木久唐文藕彥生鳳青及登誠子偉拙翠君凡

十三日己卯　致向甫書寄焉　偕晦之雨梧赴[illegible]晴[illegible]來自天全膳熟及甚好[illegible]伏中

十四日庚辰晴　[illegible]日世凝與南陽忠鴻姪黃阮叔長橋上坐飲茂向晚入

十五日辛巳晴　早晤畢秀侯訂寺蕃御玉樹生拍之譯詩書詩後偯蓋

偕人之譯史西鄉看字少生送別

十六日壬午晴　長媳陸氏歸寧父母返郭聽寶畢事東湖拓時行

啟錨下舟

十七日癸未晴　與國香帝生文藕謹

擬寄子而六月廿日後寄之兩集稿為四卷

十八日甲申晴

十九日乙酉　早晴午大雨旋止

二十日丙戌晴

接滋蘇十六日信

廿一日丁亥 晴 寄滋蘇信（印書作內） 寄彩娘信（印書附化） 張華生信（印書作內） 寄任傅先信

賀思曾夫人八十壽 華壽附寄信 寄寶先信 廿三寄（作內）

廿二日戊子 寄

閱大藏一覽十卷 明萬曆間人陳實撰 其體稍與法苑珠林大同小異 爲初學釋門名相淺拳 以語典宗門雅 爲其範袪無關 誇之大乘一焉 近於牽矣

廿三日己丑 雨 寄寶先信 加及印書

接子寄 信

廿四日庚寅 雨

廿五日辛卯 雨 莖蒸寄達 寶書成 兩首共二十聯 殊與南潛老不合矣

廿六日壬辰 晴 朱蒂卿來久譚 寄郁出發信（印書作內）

廿七日癸巳 陰 刪定舊有生書過稿 畢 僅十存二三 寄定甫小碧信 寄宗邁函

翁邀稿八本（印書作內）

廿八日甲午 晴 寄向吳善信（印書作內）

廿九日乙未晴

三十日丙申晴 葉名琛來訪久談 李鶴匡來訪久談 守愚季函

偕寄新栗二罌 作函寄

八月乙酉朔日丁亥晴 寄何子貞信 寄紫芝學研一塊 樸樹葉扇一柄(信內附) 于寶之

信(信內附) 李眉生信 寄新栗兩籮(信內附) 張仲甫來訪久譚 下午乃去

初二日戊戌晴 讀茶餘輔志竟不門

初三日己亥陰晴相間 夜雨 下午朱葉卿來久譚

初四日庚子晴

初五日辛丑陰 傍晚雨 寄何子貞信(信內附)

接張丹叟生初一日信

初六日壬寅晴 曾君錫來 持碑搨易于穆思家

接張丹叟生初三日信

初七日癸卯晴 午間大雨

初八日甲辰晴 早食後過曾君錫不直 return訪朱葉卿 葉君香張仲

仲甫久譚 同往仲仲甫所 搨徵文 順過顧姓 看字畫無一可觀 主人字涵

一 翠峰 樹如下之巖也 少室道正詠老家 談陰蔭舊游蹤

三規塢三疊 理鄉吳孝彝 工書畫 嘗以王山子真卿(?)學家 以其古鄉 以人之書 對華刻林則 知為何畫 難其書出程名徐異 以界屬人 亦年譽

化斗之說，自古有[illegible]傳於[illegible]之手。[illegible]臺穴(?)怪，有能學宗(?)[illegible]之親[illegible]

法術實稱精，下臺心得之親人，其傳縱有奧理，此書爲稱者[illegible]李

發爲三性秘竟之，姚之學術，太平不過如此，理於廣擬，啓爲諸明先生[illegible]

自言曾此書得某傳之後之，金陵某寺中，又[illegible]云，生平用其爲之

力，此書之精，詳述其用，則似乎漢[illegible]雲，若於先生之筆耳。

初九日乙巳　晴　傍晚雨　寄[illegible]伴(?)信，寄新棠等(?)信[illegible]

初十日丙午　陰　時雨　是日[illegible]　接[illegible]信，事多久談。寄周(?)[illegible]家信，寄新棠乃笛(?)信[illegible]

寄梅(?)信，寄新棠，皆屬同上

接[illegible]甫(?)初三日信

十一日丁未　晴　[illegible]來久談

十二日戊申　晴

接穎州初五日信，稱自去冬日後[illegible]今爲(?)[illegible]杭州來[illegible]余居[illegible]

此函(?)[illegible]其不[illegible]其要從上[illegible]

十三日己酉　晴　[illegible]自[illegible]事，[illegible]十年矣，[illegible]話[illegible]內[illegible]東

堂偶寫

十四日庚戌晴

十五日辛亥晴 中秋節 自初十至今每夜月光清明 余病數年於中

秋月無如茲之美 庭設酒餚以饗及果餅以供佛前明生初

七二坡臥病

十六日壬子晴 王樹生來久談

十七日癸丑晴 月色無聲暑氣盛於夏時 夜大雨 是晚發熱頭痛

困篤未代

十八日甲寅陰大風 孫溥泉來寓席下談不適

十九日乙卯陰大風 寒意殆不二四 祀農於蜀肌寒 秋分時祀力疾行

禮

楊阿奇孫來作

字代書作函作函

二十日丙辰陰

二十一日丁巳晴 國策發拓本柳碑一冊

二十二日戊午晴風 寄寶兒信（印若信內） 阿吉侄 台上 方子西侄（印若手啟）

二十三日己未雲 述甫轉自吉林書

二十四日庚申陰午間雨 早起嗽便 鄭由甫明府久譚 少僕陰翰孝

明府寄信墨 圭齋嫡不值

二十五日辛酉雲雨

二十六日壬戌雲 述甫轉明久宣寄母選之益時形裝

二十七日癸亥晴

接六舫廿一日信

二十八日甲子晴 鄭由甫來答候久譚 孫使臣來請久譚 趙元直自蘇卿書

二十九日乙丑晴 寄六舫信 楊壽信（印若） 陳翰青來答候久譚不值晚乃去

楊聽甫自鄭門寄來信 趙元真書

六月丙戌朔日丙寅陰　慶邸來徵愚帶下而安葬惠府邦去爾齊齊不知人否
常性遲　早合後子甫仲宣劉李少卿一是之即叔　下午朱吳少卿來稍少談
去
初二日丁卯陰　擬問壽六月廿四日生　孫女病稍瘥　楊調甫自初中病來候
初三日戊辰陰　早食後李信楊調甫、調甫吳季瑞來曉之吳華人書成少談
又借曾燕燕静又屬賀吳母夫人八秩壽詩屬題作人次侯李升圖椿
為少漁題之直壽　是夕孫女疾後大劇幾為時即亟延
陵齋不知人服紫雪丹二劑耶未應脫後遂增難脫自覺許九存氣
外出目直視不能轉手足痛擊抽搐齒斷心神其熱甚危急請老山
少許嚼之及再往圓五枚服稍定余與回時乃臥
初四日己巳晴　已刻微雨內人寄　孫女服參安中補氣之劑神氣漸
後下午緊來與家李嘉言方　葉君偕劉將借少逸守備來侯久坐門
去
初五日庚午晴　早食後侯葛吉卿　戴遂菴新科庶吉士　李君梅叢

嵩雲、楊思成、藕賓五家同日有事，寫楊聖歸、葉婦女慶婦妹
而慶氏之姊即楊之之婦也。李存安壽人九十以冥壽乃不當賀並
係為此，余亦寫楊在慶家並聯，屬昆圃弟家萬聯，是侯郭西雨及
藕作人讀作文，葉寄過是侯詩韻，乃名像西市楊家萬壽楊
濱石稿本，稿本新自新門為相見者，濱石寫看新人成
禮諾之，朝後乃別，花女慶妙賀

初三日庚午晴
接吳宗藹八月廿六日信，惠臨楊亭阿孫茶合劄及銅板十餘種

初四日辛未晴

初五日壬申陰　夜雨

初六日癸酉雨　寫六妹信　即寄　仲兄信　即寄

初七日甲戌晴　重九節　南陽君攜兒赤玄獨上匡山登高眺望之良久
遊戲粧旋　定祠
接六妹初五日信

又聞翁甫雅自行
初十日乙亥晴 下午楊鶴峯一來便久譚
十一日丙子晴 守經堂八字作 仰山石作局 薛安甫作仰山石 早飯後候葉芸
俗不直 訪叔晤少西少譚 訪叔楊鶴峯久譚 過子素茶卿處譚尤久 出
示陳秀峯景詩稡二書 遂至徐老處刊楊陸博向錄陳傳文六法作
王涵因業中空石角見 且家視其為疏解 已二十餘年 不遇 此其中之所守必
有過人處 每年過年前一事都離而孫子思存 李安季黎鴨 撰楞恆因方向去
一宿 廣置一等救饑 高遠不厭 真老僧 若舍寶釋云 決不費老翁
昏至西垣少譚 又黃訪張作卿不直 黃道開
十二日丁丑晴 下午朱萃卿來久譚 晚歸
揚州賓初五日作鏡極已返未遂可館
十三日戊寅晴
十四日己卯晴 早飯後候邑侯陸鶴書 賀其子授室 少坐出 又拜楊仰文
西垣長譚 書院上課 訪安甫楊渡溪石太常一來 聽藕舫于余 下去留乃

十五日庚辰晴　下午弟華卿來訪少譚

十六日辛巳晴　寄六姊信（仰蕃作局）

十七日壬午晴（接六姊十一日信）出訪郭心雨芭候久譚　郭同伐理其試別光　並過訪作人

十八日癸未晴　陳韜來邑侯招飲不赴

十九日甲申晴

二十日乙酉晴　寄實甫信（仰蕃作局）

二十一日丙戌晴　拜客華侯陳韜來石僧　次日弟華卿來少譚　次侯濤如甫（文盛邑人　季女之婿以為妻弟所招新之　適室邱魯）賀其續娶之喜　並僧靜作人等

接實甫十四日信　天津所發八日面上伊藤保定五日以後函當作七遞到不

到郵遞之可恨如此

又函甫七月十二日信

二十二日丁亥晴　寄實甫信（仰蕃作局）　六姊信　日上

接實甫六月若日信

廿三日戊子晴　下午朱蓉卿來久譚

接陸氏姪十九日信

廿四日己丑晴

廿五日庚寅晴　連日辨自書舫來擬久居於此

廿六日辛卯晴　早食後入市中閱書樓遇朱蓉卿來同茶飲良久乃歸

接鄭季壽廿日信

廿七日壬辰晴　寄六姊信　附君仍局

接六姊廿日信

廿八日癸巳晴　下午朱蓉卿來談久譚

廿九日甲午晴

三十日乙未晴　新邑僕號饒概景衛廣東華人　人來信

接張譽生　信

又周韵甫十五日信

國學編三卷　徐夫楨著　三論以平實為主向者只得其一邊於一知半解而實存則十居五六附存

昔所聞於師學者由此進益不至隳墮失於功名者不盡著稗所為徒賢之獨善存乎
其人固不能一概責之也　廿一日記
虛執我以差同上　擬繼作經擬纂初方氏宗旨要略並其用度俾後來實心嗜學者方為
廣博以傳承所著為何世見著述之繁無處不知其方亡所辯所以用
著為材善為我所所為廣我人之可學人之可用斷不殆之業矣　三十日記

十月丁亥朔日丙申晴　自七月初八雨後久晴至今風燥日燥　蜀秋冬之時行春夏之令　陰霾實憒憒　早令內人寄候　誤（譏）叔雪侯久談　下午張仲卿來談

初二日丁酉晴　讀蒲隱　蒲包侯郎中兩來催鮮行　少談即去　下午王樹柟先生來譚良久

接寶堯九月廿二日信

初三日戊戌陰　寫寶堯信　附寄仲白　午詣蔡侯郎中兩送行不晤　答訪張仲卿久談

過子業齋一談　夜少坐

初四日己亥晴　寫寶堯信　附寄馬(?)　張君仲仁信　附(?)

接母伯存校初三日信

初五日庚子晴　立冬　殿華信　先祠上供年　候焉何佛賀君子仰宗

接穎孫九月廿四日信

初六日辛丑晴　張仲仁代購東洋日本國仿宋刻千金方、仿元本千金翼二書　借

評點十國　寫穎孫信　附寄同里趙廷卿　平衡　今年冬(?)　左林(?)時略(?)雨陵宗(?)移孫　自(?)來(?)　傳(?)張(?)

謀十卅函此評另紀　寄仲少函信　交雲子付聯壽[illegible]　夜李[illegible]廷卿來少

譚

初七日壬寅晴

初八日癸卯晴　早訪歷亭、國香、賀君子、鶴九[illegible]便去　午訪振卿、[illegible]君子仲

容來訪少譚

初九日甲辰晴　子永自貴池(內弟女婿適杜早卿)館歸，與子永、安順、[illegible]季譚甚暢

初十日乙巳晴　[illegible]月內照為常宜掃墓　墓之門以孫女虞甚不示，今年修之已

虞道[illegible]門

十一日丙午晴大順風　[illegible]謂初七日已到[illegible]，舟午初解維，風利，中末抵齊門

泊舟　[illegible]訪，[illegible]存人李[illegible]久譚　[illegible]邀安林至同至舟中上久譚

十二日丁未晴　安林早至同[illegible]葉舟送至[illegible]上岸買[illegible]也　由[illegible]

至之[illegible]閱[illegible]買硯、印色盒一具、乾隆[illegible]直[illegible]館二條、[illegible]樓、[illegible]

書二幅、直[illegible]館一條，仍移原舟返　[illegible]問知新碑[illegible]氏女為[illegible]

[illegible]可書也　寄[illegible]

十二月初六日甲申晴　早移舟葑門　早飯畢登岸至國學處　李肖陵之婿女皆病
李已愈　黃康侯來訪　盛旭人過訪　顧吉卿同房午飯　見示曾劼剛侯
手作及[illegible]字畫藏書多種　遊覽畫冊　文字奇古相證　以[illegible]寄語（鄧延貴　季淮都字）　據此可推攷
所藏序記（海寧陳氏女　海寧顧萬爵作）　為余寫　振聲如有氏詩　旋隨劉秀才舍　盡可備　以示齋劉君
異之　下午余約梅舟同　步訪研雲　移雲峰同觀　所藏本[illegible]研　又近今拓之
百[illegible]　張穆碑拓　等陸珊　太守碑拓本多　為余拓畫不下百種　值得熟本詩　[illegible]　張穆碑拓之
另詳為另本一　又訪朱采卿　過之　與談并商刻　以[illegible]是辭去　歸　子宴孫侍送下舟　夜宿于

儒餘札等

曾劼侯使俄事

光緒六年正月初三日　上諭　一等毅勇侯大理寺少卿曾紀澤著充出使俄國欽差大臣　欽此

同日　奉本月初十日　崇厚出使俄國遷延越權　經王大臣等會議　比照違

制律擬斬監候　在案　茲本年二月　有以郭嵩燾協辦和好　親諭此二月　日在英國

倫敦都城寄呈　論曾紀澤見面　陳所見一疏　略云　崇厚與俄國所定條約　大有可

爲曉通商　條款　爲三大宗　以臣愚見　重在分界　商務伊犁要邊而通商次之　號界難

設使辯則其小局者也云云 又謂萬國公法不順情理 斷待索回伊犁一層 後
議 按此即出自中郵遺旨 然可暫緩而以徐議 西洋各國每遇兩國辯論多持平而
又不能輕於用兵者亦與國乃所以多論之國得畢事然後續議 英人亦此
請回覆書 本月特無論強橫無理之國 見之即應將所議之事暫緩云云 四月
初四日 出使勒畢為俄羅斯國國書由海道寄至偽發 六月初之左偽發報
布程部 俄 初七 獻 英 初八日 法蘭西部城守 使 保理 鄉門 臺實學 所福 俄國
得之事又 那此發 簡略 事即請緩 期至十九日 獻使 廿四日 到俄羅斯國 森地 使集部
城 廿八日 接換美大臣 即十九日 往見俄國外部 為書接其那 以前有中國公使布策
美大臣此事係久雅那此之宜係 那為商東事彼豈云兩國辯 大皇帝本係久雅那此西事難
辯論甚 接為兩國係乃無不強以威遲若事實讓為香透使人以重又印
應該商事難和與商事之權接去
設有係之那戰乃係在來方之事 本國實生戰地 又寓上高勝之事 貴國之
不肯無怪為責洋實使者遂訓耗接之累 本國得以應得之罪為貴
國之將令本國 大皇帝因間外向者得常之窮困擇實國將定之說已奪
分新免至選上實民無此後策六條委員接五分事實使所定之條去此後福
一年有餘續六再三爭論並無一時接恆我國數為其主豈不怪彼既已爾狡辯

允從再議所云本國因所受之損於本國聯好　大皇帝又責成本大臣與貴國
熟商辦法此次再議利益不過再加數月無須一年之久按查
商約如須照辦無可商議至云貴國竟不肯與我商議乎按云即是此說但
無可議耳至於我奉　大皇帝之命專責貴國辦事國書必須照各國之例相見是
國接見之事與尋常不同定親議所請云云再行七月初二日上總理衙
門某親王及中堂大臣皆云俄本國亦知伊犁該國接議就問使天之幸將來種
今將伊犁索路商務是爲上了一係不管商界我則全歸商務讓與伊犁
是爲中了俄人不講情理竟與之國爭兵國高章俾我做成是爲下
了劫掠諸犯以求無不了而已和約日前商議於俄國接中海恩招商自接俄外
部照會訂於十月未刻於俄君之國書十七日西寫所奉大皇帝子皇上
俄君現駐城外之離宮特先行寄郵部自注之時許俄國異禮部爲之照會
命設宴相待未初刻入宮正殿直至寄小閣俄君當門而立照例見行
三鞠躬禮手捧國書交俄理官宣讀俄君受之後再行致辭頌美俄君
書辭體畢一道俄君出至殿之親加獎勉向我致詞畢復經出俄君至殿

逕自見隨往參贊等宜十八日再往晤外部格爾斯面議約章改駁六條
格云此時若將擬稿之約章作駁了我從向實議此從我甚不合意也十九日備文
照會俄國外部申明約章改定六條暨云中條伊犁之境西係交與中國俄民願遷之
未或移與中國民人或與中國公平係與彼俄屬俄國之民係與伊犁俄商
照自便第二條塔城已答應照什噶爾二處[illegible]界應照分境出入兩國互
派大臣會同勘明寬可否之安線以相議第三條許在嘉峪關設立通商等年尼
布楚科布多二地係關加係約事之路第四條增設領事已在嘉峪關一處俟
通商既久再行勘量增設第五條吐魯番城已畀等城正往許其指定一處而城
墾之地第六條嘉峪關外天山南北路通商貿易不再免稅此六目俄外部當
文云改定約章不能如此辦理本國因貴國將西邊外事辦係為和好之據是
照原約章不致妨害國體但以爾惟貴國頗有難議今樣大臣所寬之辦貴
國視之不甚要之多變之限時再行商議惟當經貴國之籌畫目之辦商辦則貴國
自始係其於是商議本國惟蓋已來電所議貴國蓋見為[illegible]本國照訂多事
業時以便電商此等意和中商的亦云已四日差[illegible]國會情形於又備文

與全俄國外部辯駁書之譯稿詢彼全權事宜使館階臣 以上皆擬
電勅劉錫鴻侯專任抄件擬稿大概此係為無任條件只限某人任議之旨如何收
俄使照會事無可與俄君上生辭北海各國不能皆罷辭原電即擬稽查抄
理藩院之關之事籌議並無可商自謂卞了之局也耶了罷此招此事之
先索地與伊犁布魯特講明通伊犁至中俄兩國之事並俟伊犁條約是否
國通商之害所不知稍國者何以全然不覺俟二事全盤為一無悍俄人之藉此要
求矣又全然不思為俄營存以全權之大體俄營存者見諸國於事無大出其
伊犁包處 同治九年 天津事 而謂之為俄國之君乎豈可謂不思之甚矣然亦不能耐掛
收局全無壞處之人如親見咸陸首先疏中力陳伊犁之不可不爭而防其妹丈使其來奪
嘖陳通商書中則云不如割伊犁予之而國一人為之表主使為擇俗害於外之案請
撫之地塞防勦之局而曰善後是與破中皆戰矣且當與和任用夜鴨擾尤甚
不勝其任者且作之以吳某曰同正論其曰國聞舊情精神守寡門為鄉計善 那蘊有子
指其後身之義世事惟其所念他事云俄人大用兵則西洋等人通商之局莫如不悅
用兵則不足以戰又云中國目下但須諸求小船礮台自守之具不必自購鐵甲巨艦

撥為無蓋為金本陽矣

十四日己酉晴早稿舟易人寓卿嶲武仁送印書字客仁仍諸無林壽舍以來舟深據為風易留一舟過華陽價六元畢

弟嬉稍大更寧閒之為過有年而舟定安林居来朝舟作石機楷而

因起衎訪遠一舜條世挽言唐人待出攜而半有稿傳刹那之移及神仙麻野之遊傳唐人之

渾志之邪兩由六騎嶲客已稍之海

十六日壽寺宮庠之奉偶出二本山向傳自為陰陽之宅已疏矣而以處使相渾為方為陰宅

陽宅之分先無其理板一傳唐之人用過四方五祭依陽特一宅今本為陰宅本年後

為陽年出於理書出之方年之修補一年菜理石此乃挽名古聖哲語大要

青田契算樣三本以存之函算核曉書價

十七日青田契覆註算樣三卷之庫二傳寫休註以存之函算樣

十八日青田契三相移算解一卷唐人傳于相國補遺以存之函算解

青田契唐人之書而係世撰挽傳之石南樣若鍾算保傳于相通兩人不足載其稿本

以不從寓言而搜從見以有其註康釋入正文隋后析之又挽去搖地為國此并前稿

語之可斷不知之係稿一函獨算本之寶異矣

十五日庚戌 晴 逆風 早發楓橋 暮抵無錫
十六日辛亥 晴 無風 早發無錫 巳刻至洛社 泊過早食畢 上岸行 飯 見一種提燈 寔佳無兩
利寺 亂回乘憤 問有何差人 傍晚舟至常州 河邊見白家橋 孝桔市 居然屋及妹
比人烟稠集 可喜之至 舟入北關 以久晴水淺甚 二鼓方泊 雇家湾 上岸 訪子寔之
久候門 適生弟以車在江邊以 送塋塋之亭 抵寔之 寔家住十七巷子寔之
十七日壬子 陰 大風 早食畢 寔之來舟 少坐 同登岸 西門生之移寓 家得乃利便
十研文久坐 寓趣亦有之 同方居 外未值 仍至寔之家 使殷之備 乃贈門生謂 宗
祠畢 候大研文同行 惠邑人辭去 諸三堡橋 塋亭巷 聲畜祝一禮 三堡
橋塋冢 拜至一新庵 皆姓尹王 孝修為 新修 費 三十二餘兩
過南門 衛出橋 舟已移泊 相候 返至舟 何移西門 如舜寄 以水淺 城中不可入
十八日癸丑 晴 ... 早食畢 同 ... 探 ... 久譯 ... 名譯 ...
陪侶叢 ... 鵝 ... 想游 ... 園亭 ... 華 ... 侯 ... 方 ... 譯
良久 ... 方 ... 寔之 ... 李 ... 伯 ... 正 ... 寔之 ... 師 ...
瑞山 ... 相地 ... 訪 ... 雲 ... 中

也經過陳氏甥女之墓 宿六姊住宿 住 即甥孫之甥女嫁家 仍至探率舟 翔留後餞相

候 再由太孫婦寄語 [illegible] 壽詩二版猶存

十九日甲寅晴 桂舟偕君十六日往 早發 未刻過寶華橋 夜泊和橋

二十日乙卯雨 早發 午抵宜興 泊校橋下 邑人史酒生兩女述堂書坊 因朱葉俯為

知之 招至舟少談 買 邀善 方彥 康熙時宜清修 徽門博書取 集 又若干 大雅 大文 康熙

年修書 所藏存硯樓集 夜李甥同之陽山舟回泊

廿一日丙辰晴 早偕三弟陽山及李甥合餞後 方畢已刻 相晤於東山 塋

歸畢陽山周視 [illegible] 過 下山 [illegible] 地一

視陽山 以 [illegible] 申刻下舟 [illegible] 夜 [illegible] 橋 三弟及李甥別去 返常

舟中無稿

廿二日丁巳晴 大順風 辰刻 [illegible] 橋 [illegible] 運村 未刻 [illegible] 入運河 申未

過無錫 [illegible] 飲 [illegible] 初 [illegible] 過舟

也 宿南潯 [illegible]

廿三日戊午晴 大霧 早發 無錫 午初抵 [illegible]

是日風甚不張帆而舟處上篙未初抵楓橋與來舟相觸幾覆僕証詳良久而晚乃泊閶門字家信

印青
任艇

廿四日己未 寒雨有雨 晴 早至閶門市中拾岳林坐 早飯之一筵 土花蓋要土設飲作和觀番閶書畫
坐肩輿無事可閱盡合市中 盞僅可舟至天今在日時也 收之揚得見抵碌不幸到 畢子彥拓
溫家路 賀奇證存 及壽拓姚星雜存墓本 直卸八條 是日作難事事僅不直

廿五日庚申 晴 早香畢 拓 碌不幸 渴壽舟以字拓蘭亭玄厄二種為重裱 上初舟行
未泊蘇門 借李爾生觀壽僕作碗茶 收僅覺仍壽了揚不直 次僅到河西步譯次
僅陸年農長不直 但而土山碑家 晚出畫時李久譚 識僕道亦舟甚近劃 雲舒李爾生

不出譯

廿六日辛酉 陰寒 午初大雪至暮 早畜齊門在新西齊門泊拾岳林至同訪李壽碌西瓜
揚慈公戒家壽僕宅之識其戒之子土會 道與李壽久譚出後僕與林時巡壽有
不思久韓性元直吳以錢年貿食往時之以兩拓屬劃 夫思土雪乃與之木便市牛
無酬適大年繝 心亡西 觀係 任品小舟到齊門 僕舟行泊城外
拾岳園君廿日

又寄兒初八日信

廿七日壬戌晴 早發蘇城 未刻過吳橋市 暮抵虞寓 二姊於碧岸

廿八日癸亥晴 王耕生來久譚 余詣叢桂所 明琴 耕生為寫揮扇 長夢而去

廿九日甲子晴 寄楓弟信 [illegible]仰吾 寄阿弟信 仰吾 寄森弟信 同上

寄雄弟丹信 寄阿弟陶姓信為一次 仰吾

接蘇州寄四南倩君廿二日信

又阿弟十四日信

又朝所伴廿三日信 云開已下世

又花生廿二日信

日記四十七

能靜居記

十一月戊子朔日乙丑晴

初二日丙寅晴 下午朱茗卿來久譚

接家信十月廿二日作

初三日丁卯晴 寄阿姜信加葉（內附春信函） 寄叔姊信寄家居五百餅（信附光甫 厚和九春） 又寄姊信（附信函）

陸約孝來候久譚

初四日戊辰晴 早飯後偕筆香訪陸雲梯 余立齋 蘇時香 程邠也 不直 又訪楊石峰 尚未

起（衣） 又訪朱茗卿與 不直 又訪（衣）趙仿人久譚 又訪趙伯侯上久譚 偕元王元章梅苑

巻來畫冊一寶也 又訪仰高久譚 賜金石拓精三百山餘種 皆購未致（校）程

研君從六舟萃拓而未之見也

接阿姜十月十九日信 以寓來年五十家賜 所拓不全存一冊 舊刻模糊存一冊

八大山人小照八葉 陸老壽仕女一幀 說宋宣紙四幅六 墨十六丸

又寄兒十月二十日信

初五日己巳寓 寄寓迪信（內附信函）

初六日庚午陰 寓宋雪帆侍郎 寓侍郎 寓彭季眉侍郎 寓侍郎 薛覲堂侍郎 寓李蘭蓀同年寓

初七日辛未大風陰晴相間 早會畢 中溏子貽袁子 過賀楊青城花杯壽

偕王耕生陸鈞孝久譚 晚至楊詠春處久譚

初八日壬申晴風寒 寓何子侍 寓宋雪帆侍郎 寓見任師 朱菊仰來訪久譚 印

去

初九日癸酉晴

初十日甲戌晴

十一日乙亥晴 早會白帝廟花雨氏之壽 過海印借子衍子晚自赴廣山西君夜相地四敍

君一顧 胥翔琴寄遺帖 侍假歸 是日趙次侯王耕生均來訪不值

十二日丙子晴 曉過無伊春 今年遇 先嫂方恭人八十歲 孤子不忍備儀 如歷

錄唐詩書金剛經一通 並薦福 是日翁亮齊 李升蘭來訪 候少時去 王

耕生後來訪 侍假乃去

接春雅書 初七日作

十三日丁丑寒大風

十四日戊寅　雨　夜雪

接周舒甫初十日信

又寄鄂卿十六日信

十五日己卯　雪　寄金剛經畢

十六日庚辰　雪　寄陸樗女追寄信　即寄信局

接陸樗女十四日信

十七日辛巳　陰雨　冬日暑日過　先妣誕日　午後設奠祀先，隣婦來看經者，為之自書誡慕石

之孤子禍福不戒事，既年老耄之壽，堅然有所思知，亦兩漢無所稍了為禮經中

歸矣

十八日壬午　陰雨
接陸樗伯商初十日信

十九日癸未　晴

二十日甲申　晴　冬至　早與眾同子雨至府西禪寺一日飲茶堂中而歸　午後合祀　先祖立匱

年華字宗相賀乃飲橘

廿一日乙酉　晴　陰下午雨　接楊復泰書，自四月為之寫書　侍德亭

廿二日丙戌 晴 早会华 字卅寿来 朱葉卿来久谭 又访李升兰 亦久谭出城
廿三日丁亥 晴 下午往访宙来访久谭
廿四日戊子 晴 蔡葉叢 汪春华 蔡又武 徽州八来访
廿五日己丑 晴 天色暄和 午前同南皆君学仿静溪瞿南亭久雪延陵茶物称
捏晓去
廿六日庚寅 晴 大风 下午朱笙卿来久谭 写郑尔武信 丙四谷 又李寿庚信 同前
接郑尔武廿四信
又郑李寿庚信
又陈锡启 信
廿七日辛卯 晴 前寒之暑表二十五分 南中派学也 学福来书 访来以欲剃商子见信
田值洋郡一圆 又赤物具名籍一圆 以和商子帘中春首日 宙易时另伴人接了
若乃阿之
接只恢廿二信
廿八日壬辰 晴 寒
廿九日癸巳 寒 下午雨雪 写只恢信 由五谷 行函 寅邵卿信 同上 程学舜 樱 孙家信 才材信 即发 孟恢安邵 恢方婿信 由四谷 行函
接郑尔武 李寿庚 阅以了

十二月己丑朔日甲午　陰微雨　寅子正後寅時入圍 同孫 初二日子正 朝服作揖 如面拜南

接覽帰陵十二月廿三申年

初二日乙未晴　寫頌比紅信 季懷 何首 [?]　星回以廚 與宅向坐命 宅竈不合重修之 [redacted] 廚在離方以避凶氣 寫竈宜西方外門向坤方以合本命卯之西二命

初三日丙申晴　辰刻印起　請竈神之主移於宮西 係與工 申刻未時合神 新竈更

安鐵　先葬舊圖將置迎神主移宮竈陞堂就中設祭卒寫入門禮　下午[?]僧伺副

將來候少停

初三日丙申晴　是日申刻大門內修補砌地及砌門外衛道 日時 擇取丙申為主命 令宵局地未可

植益丑良 問 時為主命 即待局批用之　山人李係學以勝與臣植之書屈為

初四日丁酉晴　與南陽君唱經 每念日晴 燒臨地在園上 燒背良久 又登西袖 [?]至塔 夜微度

闕道登南亭　名其亭為之橋曰飛廬 以亭為舟形 樓左亭上也　返休於東書閣 時其夕

乃歸

初五日戊戌晴　午刻吳接至見許青 五十月間以情嘶應喝之故 頁醉不[?]擺 廣東遇下性為

酒再三勸飲乃飲即吐 隨茶作大汗出此[?]身 體 甚懦 渠此精神大衰 予十一月初枉至為集之

理局事 初十見專腸不舒 次日初十日下達痛累吳帶 又服學煙燒肝殼 十五日以後問疾

勘過又服吃藥後入眷[illegible]從諸程二十日寅刻言余逝世余聞雨思墓修已手移不止

有閉啟讀心神流惜出陰澤力擇乃能蕭部發事悲之原事不知出何為可意

見阿丑不得畢生[illegible]修其身願學強隨不知養生之方余為之以久惟每易要

[illegible]迺昭錄詳讀見不住醫未用也並余見其作事固亟定實擬手著徵本

亦以之自寬不因為銀須其竟表時擬之手傳戮之四悽同得君喜為取遂見下行

距今八年中無集不從而未遺有秘之三感國鋪裏急遂成至訣余之端本警傷詳

垂然者自傳自帽為己詳稿要中所事蓋無之表無須待初七為要至五十一葉距旧擬另去

日詳蔓殘恨深所赴毒以盡念容詳報作出以初八點表之日丙辰辛亥

初九日己亥晴以葉學家未近始為急有遺旨君意制理詳稿錄日未得如息

接孫報賀蒼祕三十日

君陽豐生 在

初十日庚子晴午刻詣往雅中靈自家人哭甚成服兄弟之子一十已畢得戮之下午法來

行李送如子孫升赤賊末來佣事侄縣月旋杭亦定舟不得為路同伴余被一麾大一舟

定明德下板

初八日辛丑晴　宿張埜先生家（卯發）　是日為臘八日晨供臘八粥以行事謹告　宗祖堂
虞甫來談久談　楊雅臣自蘇州來以時婿娶未協煩以銀十餘金之返　下午李君梅卿
偕同往來談　楊訪香以西說再薦隨先君屬彭凡運讀之盛情　初談偕小舟
往南門外程門舟請朱幕卿丙夜不能寬心中怔忡大以不得安生州　夜半後乃已
接伯序大哥函
初九日壬寅晴逆風　卯刻發舟　午過吳堰阻風　酉刻偃門　夜泊陸墓鎮
初十日癸卯晴　早發陸墓　巳刻入齊門　薛安拜春晤　聊李壽春晤（宿李宅彭家）既出自卯門　午后胥門
泊程峯訪謝卿人江春華向題直其出不遇乃返　傍晚江春華來訪久談　晚杭州
謝卿由運路距六家自杭至謝之鄉口（來宿村）枝時有分着久為盤查中人殺傷自廣川待余
之至之甚且未　朱幕卿李程峯來返
接南翁書初九日寄
十一日甲辰晴順風　舟中九守江志之函至午乃了　後少讀書凡三遍一段枕如江頭一段衝口（鐵牛）
一路朱家村之后（宿家作卯行代寫）　未刻出李卿下船即行　申末過吳江　夜宿八尺　行六十里
十二日乙巳晴　早發　巳刻過平望　未刻過王江涇（余自咸豐丁巳西不行此路凡二十六年矣　是日行八十里）　申刻至嘉興府北門外泊舟　宿家行（卯發行舟）

等閒逢因聖年閑步一般。傍晚游舟。蒜似之雨。浮仰書遣。

哭兄五首

塞門來喜慕。兄弟各頭年。壁世逮五十。未辭手足毀。登兄從王事。惶惶車馬塵。方期雲出下。偕歸反耕春。相看霜露宴。一夕咽相隨。心望迢可畫。道遠誰能陳。天意良亦亦。勿言人世瞋。

讀書數十春。下筆最清新。古稿遺丹青。控緩左背指。榜開環已罷。將學老未止。一身世為遠。窮饑胡足恃。羇旅依恆嬰。貧言直以矢。撰術圖未工。寞辭道還死。寄痛向空蒼。天心豈得此。

一別已八載。人生能幾何。豈以常遠望。不知泥濤波。只書條南來。安得語無從。誰云旦暮向。一病成膏肓。悲哉鬼無夢。痛定還驚魂。情深白衣會。道遠空淒江陵。君殆老已矣。我生何好耶。

我辭（昨）脫塵鞅。築室羅春寧。還家積夏暑。親情兩戚圖。往書去歲十九相招呼。所冀無（冊）悔向。無老樂事俱。嗚呼天何酷。此志從悠悠。念悲不成辭。歸師泛梅。百年之吾侯。偶我形影孤。

孤舟泛江湖一日心百憂鐵陳宜來議賀此百年別將身求一飽歲月去如驚
自傷長良圖用心何所求蘇秦黨筆集觸目似深壹循徽秀化樓邁往事無
能任為守窮獨心意去子子悲傷何言注佛下如血
十三日丙午晴早黃泉異已劉過斗門夜宿石泉務
（東公青鋪十里斗門十里竹橋鋪十里和新橋十五里白沙林三十五里石門渡二十里石泉務）
路為賦兄詩夜臥追憶同行者石泉易別之別情東及見生平之所遇悵懷
不已聖君更為五律六首以抒其痛
易如西去何平雪深輕舸下急湍與君柳分行路杯尊難得旅
宴賓遲早知別去後千里何因倚竹訂嶺寒山見若待今日東送君應返
白衣冠
當年豪華赴戎州徐庾詩才在擅場已為軒車皆樂樂依然博塞要
近年一坐破策推春都獨撫文書夜漏長此境方觀為淵情不堪追
憶漫作樓
兔時作檄篇軍謀知己深愁來傳語豈夭新詩寄家住每因獨寄
我唐秋十年衫袖鳥成淚一夕頭顱白已稠自古文章同下說敢將

邅蹇羨時康。

津亭斜日過郵時。耕田情懇當歸去。教令[illegible]頭銜儘許盡一

圍知。便四天地奔羣傑。[illegible]丹黃付[illegible]帶。不是之萊之千古別。肯將[illegible]

與發

物理[illegible]無。但論[illegible]非夫。投閑[illegible]樂。[illegible]

[illegible]

[illegible]

芳草明齊[illegible]例並。信由人事豈由天。擇曾歷歷三千卷。揮手忽忽五十

年。猶隱已漸妻老病。獨床來下淚生憐。扁舟一夢江湖白。極

望寒雲不盡深。

十四日丁未 晴 早發 歷牛山塘西鎮 市集繁盛 有石亭 蓮湖中 疑雄此處也

抵瓜州北關外 登瀛橋宿 十四日過橋 二十里葛橋 四十里塘西鎮 五十里抵湖

十五日戊申 晴 早發 數里 過宋家涇 過蠣壩 抵湖州 三河 水來自[illegible] 繞湖州西 入湖處

東北 東風又 海寧之田下河即 運河 其水自[illegible] 與上河隔閘 數十里

上河隄高於下河數尺通州以北刻中某壩以堤隔之中有涇堰七十二處云

由此拖船過入上河直達城內已刻過壩又十餘里入艮山門又五六里後舟為

安橋下朱茀卿縣丞家　余寓明日即謁唐江千寓舟赴武溪　寓六橋作儲

寓客作日上　德生朱茀卿來送行　久談去

十六日己酉晴　已刻登岸舉作步行至城門出包已擇人自宇餘十里至海月橋即錢塘

唐樣塔先生朱茀卿為備又遣之馬送之至江干

江干旋陸臣四遣標行商務方達祖衛人至江春華為余作舟以待舟即也溪人

所雇名鰍舟舫狹甚止僅能坐臥約七日內趕到價洋銀二十四餅　寓客吳仰彭　余以友　未刻

舟發　五里至閘口青原局閘種弟子備云局中往呼之來　直登舟　送出至日　傍晚至閘客擁塘旨

原名雄舟出但赭市人煙極盛云係洪鄉米糧萃集之所前于賊圍杭城先據閘

寓據為巢穴殺戮數十萬人杭之隕墓字於此安女也又上溯十五里至義橋止

與此地相近　夜舟仍行　三鼓抵富陽縣城下泊停　五里鹿稜鋪　十里清風亭　十里深港

十里三渡船鋪　十里平安橋　五里樝山　余自咸豐丙辰七月先妣方孺人歿於富陽舟中至今

十五里大嶺頭　十里富陽縣　一五里閘口　五里煙泥漢　十五里虎山

二十五年不到此地其時尚髫中不復知富陽何所但聞距杭城江干十餘里耳

舊地重來流連憶痛江山雖美如余懷何

十七日庚戌 晴 順風 夜大風四五鼓雨 四鼓舟自富陽發行 午過桐廬 從江中看二瀨下為嚴瀨

以嚴子陵嘗隱此釣 明成化五年郡守戴府修祠 傳之今祠毀 土人父老云此即嚴君釣處

又有嚴子陵手跡 里山之下有嚴州府 嚴瀨即此 七里瀨 桐廬以近桐廬得名 過桐廬縣

寄住口官舟至江東岸 即此入江 出射岸為新城 嚴瀨口看小山在瀨之北 而瀨南君峯山巖

峭無路 惟見危石清流 嚴瀨十餘里至桐廬 嚴瀨起嚴州府至嘉興 桐江之流經桐廬縣 桐江出縣郭之左 其源來自天目山南 嚴子陵釣台

桐江之上流也 出口合徽婺三水東下 桐君山聳然水上上有崇寺 景物殊異 惜無

登眺 閒舟 劉入七里瀧 兩岸桐廬得十餘里山峽 峽合如川 其間望色不定 岸十餘里為

嚴子陵墓家 有嚴氏居 以為居民建以射嚴 子陵釣台 無異之 方平路居之所

又嚴過射臺 子陵釣台 兩石山君坡 立山半 一亭於其上 錦東西兩台 去江數十丈 相傳

在子陵之臣 滄石不可逢 送嚴下為東 水陸 羽將至兩第十九瀨 在二嶺 風雨大作 泊烏石灘 二更泊

二十里湯家埠 五里黃山瀨 十里陡山瀨 十五里至富春渚 廿里新坳港 東梓埠十五里 桐廬縣 卅里嚴陵 西十里釣台 過此七里瀧 十里烏石灘

此地舊年二十四歷 經嚴州洞 前曾以幕府之存視南康

曾過之 同行者和碧君 孝撰 撰軍中 雷以視余 君亦寄來江 淹首住官 沈公葆楨

湖州 謝寒朝夕過從 幕府中同事為吳國隊 孫先生 與 吏君戊辰四年 湘潭何伯宜

諸人 忽忽二十餘年 當沈以官胥指之 等演究 若撰撰門 何宜在 皆已逝世 舊儀禮之懷潮之

至蓼平，稍家乘來，促恍歎而已。

十八日辛未，陰雨。五鼓發烏石灘，晨至徽州府城南門，泊白伏津。灵跨祖徽港西（城在此北石山之上，歙南夷之）
此出口上有歙安江源來，自歙縣休寧黃山南雲溪而皆合之。山海經云：浙江出
三天子都，即此也。徽州本秦鄣郡、丹陽黝歙二縣之地，三國吳大帝年始置新都郡（新都郡）
隋令淳安，孫權置新安郡，晉改新安，隋改睦州，唐武德二年改歙州，今因之，宋宣和三年改徽州，而新安之名遂
隋歙州府，今仍之。過婺源、祁門、山黟四合，千隙百曲而下，歙七里瀧加數，水寬狹不等而灘
而水勢丹青照耀[redacted]已刻過街口浮橋，晡過下涯埠，夜
泊白沙埠（十里府城南　十里街口　十里朝陽塘　十里深渡　十里馬頭灘　十里下街　十里橫廣　十里白沙埠）

十九日壬申，晴，大風。四鼓發舟，已刻過秦園，未刻至棠，下午過歙山坡，風甚不得行，將泊港之舟
首尾過嚴風寶無可撥藉，引被寢首為之，中夜復起，夜泊環川之南，西有唐僧墓山工
（南識寺渡　五里獄橋渡　五里小溪岩　五里百步街　五里李園　十里宋村坂　十里深渡河　十里港口）

二十日癸酉，晴。黎明舟發，辰刻下過威坪，已刻至淳安縣，淳安吳所立新都郡所治也（縣在水北無城）
縣舊同為一郡。新安大好山水，即指此地也。按徽郡之水皆東入之江，則連黃山大嶺之東可
合歙而不為合，能逆此以此知古人封界山川無不有精意，非今之州之比。夜泊茶灘，水勢深

一日早發湄川　十里蘆茨埠　十里烏石灘　七里東梓關　三里富春驛　五里[illegible]

五里小金山　十里仰村園　十里[illegible]

過七里灘寄詩寫勝所寄稿尚內主

大帰貞蕭御宗[illegible]冬。小帰宛々隨老翁。南亭北亭唯相望。東堂西閣何[illegible]寒。天

公無作霖雲老熊。我一夜直坐穿牽牛。[illegible]角枕石烟外。雪聲道路[illegible]長風。

吳淞誰識老岸山清。目睛不看[illegible]舟蓬昨相傳出武林郊。十幅高掛斷江蓬。[illegible]山川

亦先甲天下。四面皆作青紫蔟。坐視不忍過不可。畫以錦傲為宋氣。我甘此後成府。

[illegible]泥直要[illegible]心[illegible]。[illegible]長[illegible]萬象。[illegible]相我塵心胃。境視[illegible]圖若爾。如從雨後

傳歷樓。五人舊々夢無拘。而西進學一津風腸[illegible]塵蒙。山神与我昔有素。卅載之別今了

桃蓬。桐君直上富春渚。江水百曲山千重。江田岸於方無所。山樹[illegible]來何聽。仙人

標髻羅衣空。澄碧萬斛玻璃箇。上下一保無邊中。瑤石亦愛作青瓏宮。盛之爲

柔拋吳宮。或言吳岸是所龍。詩人[illegible]身有[illegible]似。要以山澤偉為耐[illegible]。空知[illegible]

本朝[illegible]事所能[illegible]非[illegible]工。[illegible]不[illegible]盡奇[illegible]。宜有璵傳為天鍾。起旅霽雨[illegible]出

有漢張中生嵩。胡為韜叟一己窮吳老。世俟吳代賢哲皆傳窮。主英先生擅文雄。廚

賦三別許為通。由來名鉄道不缺。樂士如此孰竟聰。出國美人亦度相。[illegible]

梨涡红。一朝无端见颜色。社口[redacted]道作[redacted]社鹞。文辞自古不敢负。悔不入庭前倚
室。[redacted]乃知江山有神，性中狭。西阁高士[redacted]傍为深崇。不此春猿秋雀自来侍。昌门[redacted]酣
虚岬高磊三江东。昨[redacted]梁衔三江[redacted]看山村写图。[redacted]纵揽[redacted]雪颢如秀奇。扁舟月笑拥林
樾。青情直说学苍穹。人生遣视不可弃。贵[redacted]衔塞千里知时节，第四
食息阶[redacted]微[redacted]形。待书都子勿相忘。归计当及春花犹。家园所蕉山可望。六月十姑没
漫霭。朝烟挂树曳素练。夜月入沼涵青枫。此时与子重亭宇。何异仙居同飞聊。[redacted]叙长
[redacted]缘伏日相凌。轮左车毂磨左声。羡凡一[redacted]尽山陇。安用烦[redacted]心冲冲。青[illegible]择手更西[illegible]。
[redacted]所谈一篇惊禾争奔泻。[redacted]神身[illegible]风[illegible]不[redacted]不待烟子寐无觉。潇有夜梦随飞鸿。

虞美人 富春道中

富春江上山如绣。山鸟啼清昼。直舟[redacted]终日此山中。一任帆分南北任来风。 青山
岚口青长在。[redacted]不[redacted]有东流改。莫言难挽是韶光。尽有澄潭千顷住山阿。
一日畔宁情 此为舟中坐卧不安。香自壬戌以后，舟缘发通天下，此为挠稍稍
益不尝既花出二十余年矣。年以观心自持，受乐平等诸[redacted]因每心执着计为有
故随来随造，不以罣碍，自许[illegible]盛平静。宋宣和间[illegible]书法间杨世忠声败之

城據嶺為之三寨，諸將兼知所入，出者隘溪同向，挺身據其穴，攜贈以為城平，改青
溪有盛平洞，即此地。山谷幽陰，樹迂曲，易以藏奸，守土者不可不知。諸苗懷聽
界中門此者所設，稱為畫此一處矣。未刻至衡口入微境，有界碑在山邊道上。
泊舟。（作指揮者第一下也）時待暮中諸其行，稍相將詢，乃屯岸邊以貴不可信而止。夜泊章攢
灘。自西衡口水落灘蓋為[illegible]流為百六十里，不知何日方達耶。乃念如其夜不能
寐。
十里老人窩　五里猖门灘　五里雪頭灘　五里竹市灘　十里咸坪市　三里和[illegible]　二里青灘
二里[illegible]灘　三里[illegible]灘　五里衡口[illegible]　五里八郎廟　五里米灘　五里章攢灘
廿二日乙卯晴。天未明舟發，未刻至[illegible]渡。由衡郡城南（浦口）此（古）[illegible]八十里。若將上名若溪之灘。（或云自[illegible]揚之水至此八十里）
至陸。意舟將之郡也。撥浦口至[illegible]渡，[illegible]止四十里（餘）。蓋[illegible]下流之[illegible]。[illegible]仍[illegible]灘
五里[illegible]坪　五里[illegible]灘　五里境口　五里白石灘　五里[illegible]　五里信[illegible]
十里[illegible]灘　五里九[illegible]灘　五里蓬萊　五里[illegible]灘
廿三日丙辰晴。三[illegible]舟發。之刻至梅[illegible]田，世[illegible]舟表十餘停，佛不能行，著心念[illegible]不[illegible]。
陸無資糧，[illegible]不[illegible]，答[illegible]刀[illegible]之訪之，達人至朱家村，為十五里。過[illegible]計[illegible]
行[illegible]午刻[illegible]舟八里至[illegible]灘，[illegible]冬晴甚暖，喝[illegible]自[illegible]其[illegible]，如子[illegible]市[illegible]
中市人[illegible]為貨[illegible]其道。中道[illegible]朱村（村）[illegible]渡，[illegible]南入村，其村對小溪，[illegible]
府城[illegible]所[illegible]（[illegible]）也。[illegible]江春華書[illegible]江[illegible]門[illegible]主江[illegible]之[illegible]三[illegible]

春華於子相待極殷留稱酒醴四更王六四叔鵠舊皆集曙乃爲在中洗塵

宴罷回行夜宿汪氏樓上念吾兄喪後僅五十里倬去年寄來相見不知如何

之書今日往謝來歸何以爲心不覺悵惘自惕是日爲祀灶日爆竹喧闐徹夜

無歇悵望淚眼寸心如割

五里鳳亭 五里茅坑口 五里滄源 二里梅溪 安吉縣西岩

陸路八里猴源口 三里梅口 四里朱家村

廿六日丁巳晴早發過梅口桃村過源午下宿樹中店申刻抵安吉剃頭極倦不可

剃頭更以途中帳資錯亂作書遂以貽笑無處可見三日矣為此後相待之物詢將民俗笑

其郭鄉勸少休[illegible]諸將民生[illegible]細詢之生前所作詩事哽咽不能成語

而泣 在福之孫壽家小 前安葬一夢明不可忘生死瞑陽困惑耶

陸路五里桃村 五里神山橋 十里烟村

十里百里樹 十里姚家鋪 十里安慶

廿七日戊午晴 在福於此安葬因一夢而至既香並乃知委曲人間無後悲感甚

為之一慟 已刻候代理縣務胡企之 座徽武昌人 曾樁舒伽務 名譚 又偕局友汪壽仰 韓 休寧人 胡 帳房

友山 方喜 桂溪人 桃隆一樓 朱坤和卡 人 許理亭 回詞 傳家 人 名譚壽卿 之先之前插 壽年 墓地

風情爲從南製局自來所無[illegible]公事延緩不可

母婦壽木一具並必於歲卡相稅而後門本局借款及時以儲局館 並佛相 傭千六百文

两招债内西一千八百文自去春工账扎饬掃市估颠错之后而货皆借他局与吾商发
秘通受救蔡旧除补局用邮事解缴去城独此局照常办理所有石栎信年虑多
为上头不向也况商办小盐侵局道员陈 以需字为局为所已地负为局无年补
之款百余不等独来局市礼时亦不改道路两难既承要不能时时易孙道报
皆徒宣协员大和请上恨恨之不惟职者之桐仿南于佛下虞中不能自
止今日宜墙惟有犬敢凡移方人气兴寓为不可人安况者控逸传九先生升手
四怀 先府君领嗣通 百叶租庐烟室心者门理役开关以为教为作
侄开茶帽日劫月改货上其为 未余亦宜为如此以民弟与阳负争抄不阳其意雨
遣评覆一家父子之事爱吾大胆嵩山出一栉趣崩倚游白求当有举某何
集吟兄下见 方未敢九孤宽坐一挺色
但自惟属窝与 特将详谅先至局令资时传缘保银五十二俩者事一商等新呢
三款往之二目到届中同以料理目下所有饮无余外厚此视及需中费用
要乃当自立为难中甚怜他好之又生岁月希 先兄需自不在胡之事
家为高一不幸字计今要提诚立此怅惆不守画事可草别年一时不知留

此直為債以充衣食共二千元痛哉且漲且沛 閩中衣鄉情不可問 余世

為任代藩諸事耻之而已 夜以為惟不能眠耳

廿六日己未晴 謁撫按先生 真偽參差 所買有十卷 趙書跡相示 書後其用洋銀

三千八百餘圓 其中已入者三分之一 須存二千餘元 余外詳細計算 今日郵寄急務

以字畫為第一 先君有子四人 一已歿 字畫屬吾太勝 無不能字 吾蘇省向余不必

計此時不可以此字畫為傳 共為金一宗 別過吾將賣易 閩海所傳真畫矣

之賀謝息此二千圓之是以有蘇布之用矣 擬將觀大概可能字畫擬之 樣真下午

閩翔至蘇干係 切念之為你恭仰二年來居 信辭不理

廿七日庚申陰雨 午後車至卡順往參仰 恭偶以余藏之得同至布精觀其要

華山寺一覽 廣立山寺之 山宮兩對一年 恭仰指之存所廣東梅家使余為

遊華寺札章身 遊華寺郡人華亭僧氣者 陳這作住動福意將出巷

為華山寺之寮 山共禪內答兩可一 鐘僧少言簡

廿八日辛酉晴 謁海以金石書畫事視 金石精者不過數十種 字畫傳直物

小兒字聯皆出精了 吾養此兒大舟針 福為厦門一生勞之厚存 切親至為

香庵

蒼茫意情　天寒又同過今兵不可以與好好謀舍順正轉舟先物買屋定再

相逢此兩月計欲將已包資將中華貲又作情了唐四閱十叢合鄰蘇校設

遠者為共年六不可據罷論和同誰為有多數訴過須得行李免路斗錢信來

福正月初十方得了余在見寓甚日　容於衛身所夕難閱黃山白題

去此無適難之里且聊以過之

三十日蒙垂情　正月欲將閑讀為覆與鄰書知極千六下世話談不已並此復寄

二十日復先兩書遠常不知送[illegible]之期極千為秋平安為屬余吉至為之於早此處

姊氏思情無主向余輔不作結以辭為屬將書字收存收為可證余意為

物已為任且容宿之安了先之情理相陳先父兩名無所身之理下午寄此帖作並

請平老書作函　寄兩弟信另擬先君復本姻姊信函　三十日接鏈　近日書啟稿函復馬先之身後事正月初君

朱芳卿作作函正月初三書　覆古其信合上寄作湖葆函　初往家畢諸　先祖神影

運翁　先為兒送為八行畢　孤燈一字多做舊難四二枝道外

接六姊山二信

光緒七年歲在辛巳余年五十歲

正月庚寅元旦甲子晴 卯刻起焚香拜 天后 先聖洛神 十方諸佛

住持 先祖影(?)迎 先考以下諸先人遺像列於祀 入宿(?)特以余以(?)去(?)信心例不宜(?)游(?)月

曾以時之最(?)遠 又自月以初五令丁為亭子寄(?)弟(?)來工多(?)餘(?)此甚(?)快(?)於(?)湖(?)游(?)通之

於山水間年動(?)得(?)來(?)兩(?)月(?)以(?)自安(?)於雲山一游 或(?)罷陸(?)年 為戴(?)要(?)房(?)先生好(?)賞(?)

五里梅(?)行(?)渡(?)口(?)居(?)[illegible]自休寧[illegible]所(?)載[illegible]為

[illegible]十里江(?)渡(?)東(?)流(?)為(?)率(?)口(?)為(?)會(?)於(?)率(?)水(?)北(?)名(?)漸(?)溪(?)此(?)經(?)兩(?)浙(?)江(?)以(?)此(?)水(?)為

[illegible]山(?)隔(?)草(?)四(?)里(?)青(?)城(?)岩(?)巖一山枕溪之北上有廣(?)濟(?)橋(?)太(?)平(?)寬(?)宇(?)

記云某(?)休陽(?)水(?)至(?)令(?)橋(?)東(?)二里(?)名(?)枷(?)梓(?)為(?)羅(?)而(?)此矣 山下渡大橋為(?)水(?)南(?)村為(?)居(?)室(?)

春(?)仰(?)門(?)居(?)行(?)訪(?)少(?)漁(?) 又三里為西衡(?)至(?)本(?)局(?)分(?)卡(?)宿(?)局(?)為(?)黃(?)為(?)之(?)遣(?)寄(?)諸(?)橋(?)

臥(?)看(?)西(?)自(?)安(?)別(?)宗(?)

初二日乙丑卯辰間微雨旋霽晴日照(?)和暖如仲春 是日為余五十誕日 吉(?)歲(?)前(?)人(?)議(?)

置(?)酒(?)為(?)優(?)余(?)心(?)然(?)之(?)不(?)許(?)退(?)釋(?)出(?)林(?)清(?)讀(?)要(?)以(?)為(?)之(?)寓(?)[illegible]祀(?)未(?)可(?)

謂(?)其(?)不(?)得(?)命(?)曾(?)去(?)歲(?)以(?)來(?)[illegible]之(?)忘(?)之(?)矣(?)[illegible]為(?)余(?)誦(?)傳(?)余(?)以(?)去(?)不(?)相(?)

龔(?)且(?)几(?)延(?)之(?)何(?)暇(?)為(?)此(?)[illegible]山(?)水(?)之(?)游(?)逃(?)於(?)空(?)虛(?)為(?)景(?)也(?)季(?)作(?)記(?)於(?)家(?)中(?)拜(?)

天畢遊記

先祖父母畢乃告早令　自友［讀書］以[illegible]　西序望春　與[illegible]諸友遊甘[illegible]

劉門五里休寧縣城入東北[illegible]過揚休寧界橋兩里至東北黃休陽[illegible]

縣休寧北海陽橋貫穆海寧郡新安郡　唐武德初改為休寧縣　西南[illegible]之　出西行十里

至南渡名十里寶十五里福市岩前舖于[illegible]中午劉渡口五里抵舟[illegible]又五里齊雲

山下道南升山路口有石坊題　天下第一名山　坊內石壁大書齊雲仙境字甚精偉　過此

皆磴道　嶺西上升　兩旁多黃[illegible]　約三里過神仙[illegible]　景斷崖絕壁多古蹟　今惟中[illegible]　遂下山

初度大石橋名登步[illegible]橋其外兩石屏峙[illegible]　十[illegible]平暖[illegible]有　[redacted][illegible]清源[illegible]秀樹[illegible]與[illegible]山[illegible]劍峯相[illegible]

天門[illegible]　過[illegible]城關入門[illegible]街循廠下門[illegible]宮以數十計　[illegible]南路中首

為伍佛[illegible]　太素宮　宮後[illegible]上[illegible]珠[illegible]來直名[illegible]干　不見此峯　再過

過二天門　[illegible]　東轉歷諸道院　太素宮　正門外香爐峯　特起數十丈正當其

狀如來因有鐵亭其峯頂　[illegible]雲[illegible]以時鑄來入宮瞻仰　[illegible]道院　名長生房

[illegible]識[illegible]下橋小橋[illegible]香爐峯[illegible]對[illegible]畢　[illegible]　面山獨

以自慶　[illegible]五十年未有之[illegible]

光緒辛[illegible]元旦後一日乙丑余五十歲誕日[illegible]避壽[illegible]於齊雲山　舍於[illegible]道院

嵩岩獨酌花翠羅人府南向以誌其事（詢五十年中未有之奇遇也）

獨攜尊酒躡蓮峯，笑倚華臺覆玉醪。幽鳥盡吟千嶂曲，奇峯為佐萬年杯。九霄樂事塵寰少，許我蒼崖異境開。五十自知身勝健，欣逢升山第十回。嵩嶺尚留蓋世名，半千年。

初三日丙寅五鼓聽雨聲，辰後有霧，日出已霽，辰刻起盥沐畢，詣太素宮謁真武神象，世傳為鳥鵲銜泥所塑（若乾隆五十年辰已燬於火，今像乃木身泥人為之），殿宇崇宏，覆以銅瓦，銅燈獻高尺丈，兩邊有鐵方鼎二，座前文保左右石獅象，對立獅五頭，直登其殿，石欄兩邊諸衛碑亦不復見。殿後負玉屏峯，青蒼插天，左為積峯，右為妙峯，皆雄有為香爐峯，正前兩楹向天望此殺以構典，客說論之，亦為莫大之地矣，惜右砂略短，與近案香爐峯連接，石左砂偏短，石廟逼蓮薇較之（外郎堂亦欠端正）廬山好非同為通身。西看生勞早食畢，開西去廿餘里青石橋岩，午刻至羽士門，自宮院後升山，由石經西行數里，至紫霄岩石屋，露霞與為一天門內，下陡崖岩上小峯，冥冥名天燈峯，西下又三峯相接，名三姑峯，再西五峯挪峙西北指，名臻五老峯，皆峻削天成，玉佐以古樹，蒼翠繁密，非復人世，[illegible]，拝舞吟咏，此之哉

峯足源遠頗久乃川上有碑蓋下一大峯蓋兩獨得寨有白岳湖高處
地志載宋宣和年土人借寨避亂於此今訛之為方臘寨云方臘嘗據其地
也與志不符路繞不遠西出西天門疊嶂為門左五老峯之南坳過此下山得
碑道千餘級而下平地山勢鬱盤隱若來息將作怪佛之象下山後數里村店名
準口少息與同又三五里至長溪鄉（今名金衛）時已及申借氏家宿湫隘特甚
初四日丁卯食午刻大雨申刻（大）雪四侍同起喚徒程佛食畢（黎明）出長溪鄉覓導得山
溪間得十里右轉入山歷鼎村詢見一巖在澤谷中即石橋巖也路不甚峻（中）巖下
為佛殿數楹過右即石橋架空高得十餘丈廣六丈深四五丈半規如月橋內徑
後已磨樓其深家一石峯兩三條支分指幽奇不可名狀橋下有新安字銘孔
泐詩碣一通高定將中巖之右為觀音院本有石脈出泉瑞龍泉冷石可見
院上無僧香火人指今龍王石寶中積水常之殿為僧僧改作塔泉取直渡
此勝矣時已及巳刻遂去轉路西過出山西折川十里至漁亭（中）實漁亭屬
黟縣太平寰宇記云每歲西江漁船至祁門務乘舟登降止此東流次漆嶺侍郎始名漁
亭今估舟東來者止此陸行八十里到祁門（縣）舟川通江西蓋浙江之窮源江流

之分脊為祁門黟縣兩縣皆陽山嶺以隸徽郡村墟之勝等蓋未講也中宮第一點

日為雨大風舍舟登意自此東行十五里至康亭橋林行遙達黃山以兩世得未曾度

荒不可用命駕冒雨行至康亭雨蓋黑慨然以為與黃山無緣遂舉手以謝山

靈遙遙望至齋雲山是夜宿齋下農夫來言雲霧山巖

自齋雲山歸

歸路嶺崎是詩材。朝雨齋雲白芸來。接地皆好青峰節。峰空無石不

奇者。三年倦帶仙風返。五斗難留俗趣灰。縱使人間俗爾。最樹

端合為我開。

欲登黃山阻雪不果

雨空無雪小溪邊。相送黃山村邊 咫尺天都路不前。曾展畫圖垂入夢。

黃山余未嘗至之近見先兄遣選探浙江兩畫者都峯圖為神往 寧知泉石兩無緣。武

陵返後即標弱，明空迴漫寄新。歸路青山千為疊，謁從雲海學元

化也

初五日戊辰晴 天色晴可溯山顏視程村皆有德色道布駕過巖寺黃山之

歸儀丁晷申矣 天明自京負雪岸下 日已刻中岸發南渡 午過仿寧郡中
聿修九溪 夜與筠仙談
初六日己巳 陰 夜濃雪 午過局中與諸友談
初七日庚午 陰雨
初八日辛未 晴 是日為先兄正誠修七之期 傳惻淒寂 而家無人祝 姑婦設奠
晚修中秉擇扇長録 名不能止
初九日壬申 晴 謁撫料理謝本路畢 余與傳李路箸空明夕門 午後獨步將中
見宗詢寶花尊 高不過四寸 形偏方口斂腹 傳色如鸚哥 其異種也 又宣爐任
曼陶身大理石存青綠遠山畫筆同不能及 詢之價極高 遂不敢思 硃砂留
之益 丁南羽白描小像卷 古銅花尊 四事共價銀卅六
初十日癸酉 晴 仍與陽山郡暫郡移書者村大價正銀七錢 蓋下船與上海將也 早飯燃功
謁撫傳來 撫院之粉匣 抑金之來 僅婦來之舊價 午刻專僅切金之弄辭
日六生修嫡明辭先之凡從入辭狀內註銜之使無差 是行李下舟畢
二鼓辭出 寫長信兩紙送至舟 余一語為諸事 不覺淚下 但積之不可盡道從

暮雨稍止，對燭睡去，良久乃作

十一日，早起晴，天明舟發，出國門，巳刻乃至牛塘，有小島在此，島有徐鎮一來迎

余與至島者之少談，別舟渡門，午下過灘，出灘，以余所得名勝題

以詩，無集畫舍此村也。申刻過小梅神沙渡，有小嶼在水中，上建佛刹，名小南

海，樹石幽異，以舟登之，指似百首，八十五里，須計無從，八寸徘高十餘丈，其頂有亭已毀，下

坐傍苔，浣極眺，蒼望夕陽，紅日聊遣心目，下舟傍門，傍晚至雄村，有閘園甚壯麗

相與相書文正據鑰，是第也，門額竹山書院，中一亭，匾巨（子孫）云：其別墅未可知，對寺山四篇

柏主人，名秀峯，以矣，夜至朱村，至任振盛行主人任培之處，三皆不在，惟其友胡怡存以

巨金為據已蘇，以茶談（胡培）不可邦，詩之，寫題秀幽楹作，寫其溪（保銘）十園，為作四韻題寄

傍（即答 為胡怡存）

二十日，北座寒風，早發，已過雅潭口，水中巨石嵯峨，過舟行必折其間，水石激沖，駭艎

穿鵬蓋萬乎，舟人以巨桓維舟首，御索挽之，良久乃得過。余素（由）畏途，初不知其

險，義兄之國慢極深口，殊極牙石之說，以狀其險也。午過梅溪，即蒼陵行霽那國，又數中

過深渡，又數里泊

十二日丙子 舍舟晨風 夜有月 五鼓雨微止 早發來新安衙口泊舟候轎 即行 自此出徽郡

界入浙蓉如界 徒既過 盛平可數里 自徽郡萬山中 其脈來自黃山 北 歙縣西鄉山

勢自南而東 仰而險峻 殊無隙地 浙江流其間 千嶂百轉 水口之險 他處無以過之 石皆橫

穿水中 如自梯步上至衙口 數十里 澗為龍窟 其地山多田少 東鄉田一畝 直七十金 南鄉

北鄉之田 仰田稱為數上 二十倍 土人皆於山坡種茶 劇山為階 僅列植之 歷以腰樂竟

春初葉發 則合村男婦女咸摘之 蓋以其舒入世利甚多 地不宜麥黍 則藉茶以穫

舉秋為茶 舉家茶者皆赴之浙閩山中 於樵茶為業 一歲五十斤 其直亦五十兩已 風俗尚儉 民多商

賈 節嗇 沿黃為房 屋皆高墻 而中精小 形如名也 土神則奉祀隋時歙民汪華

為之立祠 稱之越國 其下則祀華之九子 蓋有於地方 華據歙郡時 有九子 只字一

隱而不彰也 水中不產魚 惟傳一種名鯗魚 味類吳中白魚 聞其亦有頻領膾者

遊者莫歎物 謝之重價 魚由水倡悍 而實齊耳 吾蜀甚難 價不過每斤 六錢文某

英列極少 雖戶不出全株 皆賣其葉 剪葉入市 每以兩計 不論斤也 此時亦其矣

世異故記之

歸途補錄

無復壽陽後玉卮。歸舟恨覓數家臨。千山月淨灘聲急。萬樹風寒接寄僧

悲。萬物皆隨六意寥。客懷雖遣遣愈紛。鄉塞君方猶能慣。止恨夷離事

之遲。

瑞子靜樂附詩道路難。詩人止嘗畫圖誤知廟舍府鳥啼曲盡在俯香聽孝詢霜

雨殊未作。支機雨昏平姊來家書。此標須令接家信。兩月為舟來遲。

夜雨聽舟睡自佳。曉推篷膝故茫茫。白雲隔塢依山久。依水岸隔下瀨頭長。篷

牕帆棄饒之極。層巒遠處出溪危樓。

十四日丁丑 今日下午雲霞夜月無際五峯隔雨 早發午過小金山看石峯出水遠隔高不過之

數丈穿穴甚多遇此者灘險過一舟二十餘艘候良久乃得行微人皆令樹壇水團

繞壇候每行三十丈擋西四千餘丈始推運為下小舟得載過十五包又洞門石行過灘竹滿力合

作一舟十餘人立水中推挽為上舟高攜女儕諸男子裸跣下股以上寒凍兩膝之間皆赤

可嗣也 未刻過濱安鎮 夜下溫雨隱口五月都野泊

十五日戊寅雨 早發 午過茶園小泊 自過衢以山勢大開 過厚安後漸合 無開封
不如衢郡之無一寸平地也 茶園一山峯石俱色赤 爲閩群蹊懸上寧六之閩閩
衢以東鄉皆碑石并無溪嶺 自清安以上爲縣者此處其舊世爲路而苦茶小衢港極此間爲尤勝也
桐廬程皆在杭郡隊 蓮此但石堰耳 下舟後行 夜泊楊溪 閘寧上就煙甚閑堪懷
天寧佳節 忱無好興
桃椰亭敘
殷及民福建蕃子克家 君之歸後何憾
行直隱文集上 識閩勒 夏孫世善草閱
十六日己卯 早霧侍 午霽 後陰 晡霞六散 五陵大 夜雨 衢且 早發 午不發 府西門泊 市蔬下
午傳至嚴園佳處 更 早後行 夜過七里瀧 泊瀧口
十七日庚辰 雨 傍晚雨霽 月甚佳 早發 已刻過桐廬 獨午過窄溪口 過舟來市
桐廬爲此邑名品 漁茶益奇 所序及寸 夜過富陽縣 獨坐舟首 月下遙望
城市聚落甚爲秀前 進記舊事泛下 此濤煙外佳夜未穩
釣臺六首 昨夜過七里瀧作
漢庭一昨使言歸。千載嚴陵有釣臺。此老胸中無一物。謾勞賢哲互疑猜。
失笑人間帝制頹，求田心覓異村為，是加幽腹尋常事，
道署衣冠上宰。
曼蘇子階舞文拜，但殊文負不殊情，焉搖心目存陸笑，物外
置腦眼韻明。
作達江湖老淚忘，如偏隨要瞅莫之，少年曾看露微悔，誤遣名
稱動帝王。
詩墨信搖帝乘珠，貌眉山此生解許，饒君在義消新起，若士
雲中計迹正無。
誤人千古是名高，正令宮廷一夜逃，我識幽雲千萬里，但為
頑石聽題襄。
過富陽哭外文陳槐亭二首
十夜歸舟過富春，卧循往事一酸辛。兩家涕淚依稀影，
卅載恩情愧故人，老去猶能為動直，宦游瑣頃非絕瑞碑。

憑君莫作尋常看，此是金剛不壞身。
請看我學九霄搏。丹穴何期老翮殘。宦久不高遷由氣直，文[illegible]識才寬。生平自許論交淡，[illegible]反別方知再晤難。一瞑千秋君記之。袂餘獨客淚沈瀾。

賀新郎 并序

歲癸丑正丙辰，[illegible]向姊丈[illegible]陸君桐孫于今富陽，舊兄弟及內人姊[illegible]侍先妣人[illegible]來，丙辰之秋，先妣人棄養，於是[illegible]蓋二十有六年矣。吾氏姊於先妣乙亥下世，距去先先年徵之長女橫塘桐亭辛亥丁未之郵物育[illegible]玉。親存者惟余及陳氏姊二人而已。辛巳正初來臺依余光[illegible]十七夜過富陽，與女之保邑寧[illegible]，撫今追昔，[illegible]注兹淚下，枕上占此闋以寄悲懷。

何處尋陳跡，有[illegible]斷家[illegible]火。一九[illegible]周。往事回頭重追憶，[illegible]早[illegible][illegible]不止，年逾三十，胃內潤零餘幾在，更滄桑城郭全非昔。使我相難拉[illegible]，年意氣干雲直，記春江[illegible]酒，玉[illegible]寄徵，[illegible]明。青山依不改，[illegible]我[illegible]髮，難挽住風流[illegible]付第[illegible]城都[illegible]行，早[illegible]。

踐局輪嵒巖歌。重過此。有船定。

十八日辛巳 晴 順風 舟至竟夜行 早過閩家堰 泥判杭州 泊于南星橋 舟便渡錢塘 使樟竹

理棧東子橋 久候 以先至頭擺渡 起梳洗之 舟後日三點 抵杭 月橋 泊仍至洪臣觀

察御 理方光祖 有貸府 留城 至家作 即留 下午出城門 傳晚至城內 至府三橋

楊吾已先往 客家陸 聿 沈家 遂至御獅 然少息 應 朱 某卿 閩余至 東訪久候

十九日壬午 陰 早合 雇 市香燭 謁城隍山 恭穀府君專祠 即謁 家府 大門 三楹

門北 亭 基 三楹 土 地 少西樓五楹 登樓 四面 西子湖 一覽 可盡 雞 人心 目 祠

自兵燹後 爭 任 小 從 前 略 蕩 非 一 紀 復 之 大 門 亭 基 係 另 地 而 樓 則 擴 大 之

蕭 主 物 六 屯 之 人 有 事 皆 集 於 此 實 勝 日 氏 也 余 住 在 吳 香 秀 廳 後 住 在 府 前 寓 于 杭

劉 客 生 名 佐 卿 今 名 清 與 吾 兄 弟 相 識 有 年 別 垂 二 十 年 矣 路 不 通 往 來 朱 某 卿 久 候 留

晡 飯 畢 同 訪 湯 壬 山 名 崇 文 湛 先 問 名 蕃 遠 近 不 甚 了 了 劉 出 西 寓 夜 有 呼 余

字 爲 又 卿 者 世 誰 也 理 諒 卿 識 有 陸 存 後 余 識 先 生 于 桂 林 二 十 餘 年 矣 前 住 桂 陰 西 判 叙 別 後 情 事

且 喜 且 悲 存 陵 如 葛 家 青 叔 入 世 久 未 改 殊 不 數 壯 宗 學 如 何 粘 補 能 讀 矣 二 鼓

客 去

二十日癸未雨竟日 早糊泥污了四二壁探中也茅满纸此余少年所最喜者 苦
餘合算尾二篇 今[redacted]（老矣）猶只[redacted]（羊）壬虎（勝）畫七篇（卿）無不自笑 殊念往時同此樂者
亡畫冊錄（不覺）撫案而起 嗟哉 不由[redacted] 訪陸存齋 略談 得夜照壁金籌 西窗書
壬畫考 復久談 此書 計俄事語之 下午趙元澤來訪 問消甫（曾為方伯之弟守）而去 抵
垣 朱蓉卿來訪 久談 夜 吳寄舍招同飯 同座陸存齋 二諸陶 若存室 君壬承安見
所藏山陰胡不精矣 宋拓西館帖廿一冊 交朱蓉卿帶回 借留
廿一日甲申 雪 午後晴 答顧端甫 祝其子生辰 門李湘客來賀 侯久談 年五十二矣
有六子 四女 所撫不見子 江之殘之 有子三人 門丁可為寄家書 道 侯 遣訪甫 吳
侯款元直 又侯蔡陶山（卿 蕃無錫人 向識之）（侯補道） 吏請假（收侯）（里人 壽石卿之子 侯補知縣）（壽翁祠 宋帖）
時不直 因會滌莊樹石 皆勝 蓋往游之 歎也 從之圖 無是說者 遂過朱蓉卿
久談 蓉卿留菜食之 來為借翠吳山游青衣詞 石谷（杭人 甚知余 有蓉卿觀）（日前曾為我持揚 姜書）
禱詢景甚勝 杭人新建院文達公祠 開宇灑然也 館為新的景園記詠酬
錢二房時風味[redacted] 倩曉[redacted] 蓉卿（邀同晚飯）襲（復）訪 吾士少詳 候了其家者 據述設茶
卿賀為慶文夫婦皆病 竭歷艱苦亦久矣 不安二拔 畫別去 望訂明日同游

西厢余亦屡为跋之，壁上碑未见传本，郑国残石亦有拓本及文献徵存录，亦有
五十卷，殆不可得已。尝之道下再向无锡，惜缺小西门，来徽淮南游此，山天上矣。
拓本，俾得君十八日作。余自新苏至来宾事及之甚多。
廿六日，雨，晴。早发，小船小雨，至塔河，行未刻过，晴，平望，山色苍翠，满目清旷，拓
吾友陈汝治，又好阅河 十里东新桥 五里九塔湾 四十五里平望 二十五里吾友
廿七日，丙戌，晴。早发，午过石门，晚过石门湾，夜抵嘉兴府。遂寺 三塔寺丹墨一新，以
晨发，未入寺。舟泊西门，驿前访朱某仰上甫宁卿 希颖 ，承嘉兴府应少谭邦
守陈六笙 蹟 广西人 余尝与同官员浦乙丑同官，十年不晤，访之，适赴会垣，不果面。
舟 守陈六笙信 西昔 送为墨 来，得仰为君访
廿八日，丁亥，晴，大顺风。早发，已刻过平望，午刻过吴江，酉刻已抵苏州府。于
府东吴门穷幽 守兰待作 西昔 玉阁甘人 子寓之待，宾客计五十余人。今上觐
钱仲位 西昔 玄作向 老葬闲惯，探设惯如久谈，始知杨于去年十二月十四
日下世。灵柩尚在宁波，携中之杖者择地安葬，以其太夫人灵柩在宁故
也。六妹携田孙先由海道旋常州，准月之十六日到此。寅见归，及诸孙随赴

常熟原下月方暢云下午訪李眉生不值訪吉如鄉石暇過舟稱伯晉门

廿四日戊子晴（晚甚陰夜大雨）早食畢移舟胥门至江壽芝所開太和油门内以江陰盛篤撫[illegible]之館

西付記遍由胥门步入城至觀前遊蘇安林至同儕飲又同飲霖記中客林吉余訪公武李無錫元橋巷譚甚久公武示宋拓九成宮極盛依墨皆宋物鋒穎畢露在氣骨殊遜余世雙之相傳馬虞李氏重刻其初拓皆為宋本書眉宣統(?)元明以前古墨拓之第一本昔千金此[illegible]下是[illegible]矣傍晚下舟（子言門）公武李無錫過余舟中再乃去吾林李舟談移時去同伯寿大姪邢先但吉世吴吾敦旃樣之至夜來皆安緒為持勿前考二十六年作之燈貸可惜之余勉助以洋銀三十圓共世六[illegible]謁偶[illegible]

又　賓光　六年十一月　初八廿五兩日作　三年

又　六物　六年十二月　作

又　方子所書鄉　七解　十二月　作

又　製楊伴　六年十二月　日兩次作　[illegible]

又　朱某佛　廿二日作

廿六日己丑陰雨雪大風甚寒夜大雪早發出胥门勉力至[illegible]日酒舟守風三日（昨日夜移泊楓橋今日過滸墅关[illegible]天時甚可畏也）

昔庚寅臘風雪正 吾時在香 晨起推窗兩岸已皓然矣 夜到過吳塘 字半葉

卯作偈 申刻抵龍南陽君小極尚未來 得餘借無慈 千里有人重見家寶

四視當年夢痕耳 張蓬生年自星門蜀稿余寄

接驛子楊萬十二日作寫居士像一幅 攜閒見一軸 偶得四年

廿八日辛卯雪雨

廿九日壬辰晴 晉壽楊壽侯之陳 攜得其船 張蓬生

二月辛卯朔三日癸巳晴傍晚陰寒暖 張君叔來談久譚 早飯畢出晤者偕李君素兄弟來晤次偕踏

偕卿少譚次偕陸翰臺生拼生拍不晤次偕訪作人久譚次偕馮虞甫李君梅辭返次 張雨亭

偕拍不晤次偕楊仰齋華晤李升蘭久譚次偕陸仲文不晤返寓次偕李訪相

談已久譚稿付刻者 予寓之見者延平人楊曉嵐

日臥陰譚良久 張豐生主藩星 來保內外稱謂之

接子寅之正月廿八日信

又仲毅柳栖兩卿正月十八日信共看也

初四日甲午寄李君梅書春訪久譚 留卿公哉信 李舂信 蕭安森信寄書

作存女姪又寫三十岡易作路 朱華卿信寄書 問備字釋字圖 詢內春 公內寄書

接孫公哉初一日信

接朱華卿正月廿九日信

下午設約請楊曉嵐先生飲是日閏所也

初五日乙未陰雨 早飯畢偕謝錫帆寄卿方 陸雲生楊仰齋等訪不直次

偕楊雲成久譚次偕嬰卿楊鏡泉不直次香偕雲卿久譚次偕寄李齋

境和挽人其姓月卿報南陽老為世姓往事若以為先兄相宅並托之推往一切 不晤返寓

初六日丙申陰夜雨雲甚寒

初五日丁丑陰風寒（夜雪）李山農來傳久談名為定盦 寄李少荃相國信計為

裁也（初十發）寄蘇州西張樵野帶西莫宋之赫德君宣之信 因發 子宜兄信 寄吳清卿

蕙卿二圖（初六書）作篇 郵船仲信 寄吳清卿見圖之蕙卿二圖（同上）

初六日戊寅大雪 接照先生送一匾書畫

接郵公武初三信

又朱蕃卿初四信

初七日己卯陰午後微雪（夜又雪）接照先生道送中書畫 寄郭香州信（同日交汪）

寄峯年代寄 寄汪壽一年信（同發）

初八日庚辰陰（夜作雪）寄宴兄信（初十發）寄張樵野書 趙作人來春信久談

初九日辛巳昨夜大雪君盤池亭畫上陰五石天霄是與楊曉莊子霖談

嘉於雪亭張南生來答信少談 寅卿借南湖春及詳女董院圖池南

陽病甫至出房一點覺甚眾非神為一旺 下午孟樵生來答信久

談

初十日壬午雨 寄張樵野信 寄吳清卿信（同日發）

十一日癸卯 陰雨 近

十二日甲辰 天青霧意應降雨

十三日乙巳 陰(晴) 摹跋天放樓藏字畫

十四日丙午 晴 稍寒 摹跋天放樓字畫

十五日丁未 晴 正月之初 園梅(已放)香 春寒雨雪所動 晝日晴霽 始見郊菜

之發 早谷舉與南陽君觀梅於東堂 坐對良久而返 午劉喜總

方千而自吳門來 偕趙雨奧翁 張叔拓之 摭佳 至存余於虞山梅

轉詩徵 暮 宙嚴甫長生佳 作題錯

攝 蓀甫五七十三作

十六日戊申 晴 同子而子 放棹小舟 出胥門 而子讀之頗 余不耐 病殘之

送壽京館 太子同過訪喬 之詩 以小碑錢之

攝六部 口腹

十七日己酉 晴 早同子而兄弟食 蔡華嘉來 偕尊 馮余寬 食序曾未定 題符

八日 張雨生季身之四半陸人二年 養屋 由於子弟 來訪良久去 而子而

那門並至癸丹　薄返西楊鎮甫又至北楊宅　狀怙森　華山寺　浦伊宜出

看居舅家借不能舍事忌路逢君訪黃君諸久譚

十八日庚戌晴　寫扇　季錫五作　薩安林作　印泉作取

十九日辛亥晴　揩題天放樓字畫

揩田柳門　十八日作　名鳴臺徵人居蘇官司農事常九之之姊婿也年少訪之此
書以 足之先未 主之作也

二十日壬子雨　揩題天放樓字畫畢　只藏名蹟卷　冊　軸六小

揩軸　遍　賦草　夜揩題先足(遺)一通稿帙

㊀揩郭季壽十九日作

廿一日癸丑陰雨　寫汪柳門作　郭季壽作　釋靜安作　寫此扇之扇一幅作

一部　偶題作四錄　王樾甘來久譚

廿二日甲寅晴　揩題天放樓一冊金石類

梅窗元正月廿一日作

廿三日乙卯晴

廿四日丙辰晴　下午陳邦臺來候久譚　吳應子云來蘇　應榜作手揩謀

讀

接邢孝廉廿二日信

廿五日丁巳晴　楊中丞來答候少譚　下午訪陳儀翁壽卿　曾禧書譜

久譚

接秦雲巖函　答候吟之表丈

廿六日戊午晴　黎孝廉來訪以同舍不晤來告也　寓齋作寄楊亭

題蝶一幅題硯之識一日遊日又寄完白書　再寄先便　因寄　次子完頭里門照識當夜門

接邢孝廉廿五日信

廿七日己未晴

廿八日庚申晴　早食畢揀小冊　書訪題作人不直　詹訪莊淦儀通錦齋　詞梅

園張金人座會共為楊訥齋生識　李壽梅　李丹竹蘭　華逸秋　張雨生　吳足作

人　下午飯畢　仍採舟蜻華逸秋　張雨生來訪　李壽來過　小酒亭

接張豐生信　又信

廿九日辛酉食猶雨下午霽　早食畢　看訪華逸秋　韓作人　張雨生招不遇　訪秦君

梅在大圓中宇亭久譚　看訪李鳳生譚阁

三十日壬戌晴

三月壬辰朔日癸亥晴　赴作人芝君處書譯

接鄭季垂二月廿八作

初二日甲子晴　蒼有書走告相宅簡不能函訴計赴静園之事南宮往居之所　全祥人訴芳

接道六號二月三十日作

接歷郵季垂二月廿四作　与許二變校寫番房日神蒼之度

初三日乙丑雨　祥人來謁無見　陳□為借閱与之

接子承初一日作

初四日丙寅晴　寄寅老信　印寄 郵張孝實　張孝實信　印寄 師回　秦漢如信　初六寄 師回　羅樹悉回

作師信 印寄 師回

接寅寬兒三月初一作

初五日丁卯晴　寄穎重函稿作　印寄 孝年　子承稿作　印寄 師回　鄒季垂作　羅安

趙作日書

初六日戊辰清明節　寒雨

初七日己巳　雨霽陰　寄寬兒信　印寄 師回

接樹滋稿　三作

初八日庚午晴　新建小村埋石　赴園點收

初九日辛未　晴　李君梅生、丹崖、曾君春君、君静来谈久谭
梅生子丙初六日往
初十日壬申　晴　陶天岁衡借南渚君黄晓修日
十一日癸酉　晴　赵君倚佑人子因其岁马氏王氏来祝李园
十二日甲戌　晴
接颖垂两函二月廿七日信　归椒无资来取也
十三日乙亥　阴风寒　早食毕出访曹君嘉不晤　出南门至后浜访沈
并萧母相地为吴之骏碌之所　至陶园晤李常两人谈甚久　出访李升
兰谷谭　次至李君梅处不直　次至杨评事处并晤黄士虎谭了晡
乃归
十四日丙子　阴风寒须衣裘　旁晚微雨
十五日丁丑　晴　寄颖垂两函　作墓宰岸铭二百
十七卷武昌吾华精字
接张廿三日信
十六日戊寅　晴　静园秉阔新宅　下午自居初剃木动工卯刻印赵园壁
学匠画壁营喜乃入

十七日己卯　陰大風微雨甚寒　晴　雪仍不暖　天氣冷[redacted]不正　廿前寅年　寫匠

春華信　即發　江瑤之信　即發　吳子才信　即發　朱某卿信　寄
接子瑜晴十二月信　仍叔　湖熟雪信內

十八日庚辰　晴　監視匠人剝木竟日

十九日辛巳　晴　監視匠人剝木畢

二十日壬午　陰雨大風寒

二十一日癸未　晴

接江婦十九日信

二十二日甲申　晴　李君梅來訪久譚

二十三日乙酉　晴　寬先試畢歸　寶先婦率諸孫皆歸

接子寶先初九信

二十四日丙戌　晴　汪嘉甫　顏欽人來訪久譚

二十五日丁亥　晴　黃阜人孔桂林來　留喜柳堂孫表一冊　顧信銀[redacted]四辭
接呂公之子山二十日信

二十六日戊子　晴　送諸孫從楊曉嵐讀

二十七日己丑　晴　寄六孫信　即發　寄大之信　同上　魏仲侯信　同上

二十八日庚寅陰雨
二十九日辛卯陰

四月癸巳朔日壬辰晴　東堂之東兩梅園之際植兩石如人形北石狀若叟撫接小兒題之曰石丈南石狀小兒宗抱題之曰石兒繞之以牡丹佳種十本兩石之西正中若爲花陽江兩石之東正中若爲清河白兩石之東北爲魏紫西南爲淇僊西北爲柳墨[redacted]陽陳此六種特異餘皆白如種又四品與彩希工恒有者

初二日癸巳晴　寄鄧季豪信初三書信郵

接容叔丈三月廿五日信

初三日甲午晴　天色甚暖胥爲意夜有雨與南陽書寧出觀牡丹

初四日乙未薄陰　天色溶寒如仲春　寄曾沅浦信卯春專遣　寄湘鄉信卯春付衙　由驛遞衙

復同上　發沅甫信函並寧子信卯寄由驛

接陝西函　日　日作

又季高書卿三月廿二日作

初五日丙申陰夜雨　早會客出城門訪沈侯久談　蒲團順道詠芝並看府師古虎叉

久候補遺稿

初六日丁酉陰雨

初七日戊戌陰雨
擬初八日赴初十日往
初八日己亥陰雨
擬呂實子初十日歸
初九日庚子陰
初十日辛丑晴 新菴完 今日巳刻破土旁築 積壹一旦騰出 仰承天祐 不勝忭躍
是日至工次監督竟日
十一日壬寅晴
十二日癸卯晴
十三日甲辰晴 東首營工築址已定（日暮又） 擇八月為棟梁 桁柱皆備 ◎明日上梁
立期可以竣工試事矣 擬翻腳伸初十日往
十四日乙巳晴 擇今日巳刻新宅前廳同時上梁 值辛巳年癸巳月乙巳日辛
巳時地支一氣 又喜暖壹之兩宮年命協合 甚為吉利 是日卯初即起盥洗
率赴工次 先具朝食 觴諸工匠 並立柱架梁 巳正升脊棟訖 乃返內 主樹生書

訪久談，亦以昨撰一時名詮去

十五日丙午 晴 下午微陰 獨乘小舟出南門至清涼臺 停濱之所 正盡接接蓮叢

謝弟午刻別 寄叔平信 併附家書 薛安叔信 月五

接叔平書 十四日信

十六日丁未 陰雨

接陔生 月 日信

十七日戊申 雨

十八日己酉 雨

十九日庚戌 晴

二十日辛亥 晴

廿一日壬子 晴 驟燠甚不勝單袷

廿二日癸丑 雨 驟寒重綿不溫

廿三日甲寅 寒 西風寒

接儀悅函 二六日信 寄到僧繼山石刻 并寄信六如來

廿四日乙卯。陰。

廿五日丙辰。雨。寫子寬兄信（即寄 仍局）子嘉弟信同上 徐悅甫（玉階，常熟人，寬兄之友）信同上 [illegible]內翰、陸春如信（即寄 仍局）

廿六日丁巳。晴。

廿七日戊午。晴。季嘉梅超以侯來訪。祝先兒遠送箋畫，午刻至晡分袂。

夜撥數稿

摘李府君世系表

廿八日己未。晴。

廿九日庚申。晴。早（出）谷訪曹鏡函少譚，又訪張俠卿，不直。又訪慈侶人，看新以書畫。又看謝玉柵畫，又看謝季梅，坐久談。又訪楊詠文，談甚久，日下

春乃歸。

三十日辛酉。晴。慈以信同芬女[illegible]來，觀書畫，自午至晡。留小飲，仍撥書

稿。

卅日壬戌 葬人亨 寄李爾生信 仲昭書 覆李子信 同上 趙作人來訪久譚

初一日癸亥 晴

接邢公武初一日信 寄閩省同志棗糕二匣 乃袁兄携於省垣

初二日甲子 晴 子耶古蘇解綏略

初三日乙丑 晴

接袁全子初三日信

初四日丙寅 晴 天中節 詣有泰旅先祠 出城來

接李少荃相國四日此字 五日信 寄 先兄詩集 白綾二方

初五日丁卯 晴 寄李相國信 初六寄 又致局 寄吳梅村函

初六日戊辰 晴

初七日己巳 陰雨 夜有月

初八日庚午 晴 東壁之前去冬植紫藤花甚盛 今春不芽 以為萎矣 不昨日發芽 茂若數日已

成孫隨布丁妻帳房

初九日辛未 晴 積兩日寫 莫吾輯本 紫陽巨冊 自以韓字定之 五日竟

接李宮保初九日信

十一日壬申 薄陰有微雨不雨 早食畢王君訪談 偕覽雲石刻 高學小舟以渡

主人方會客 遂轉至少云處 訪語堂 久談 晡歸

接子佩弟初六日信

十二日癸酉 晴 先兄諱辰 又不敢檢賞字五十餘矣 無復完好者 爲之慨然

昨日郵蘇詢寄與大人信并筆以英 擬寄遠 寄李宮保信

即督張孝生寫對共十二聯 閔某來之談久談

仍看

十三日甲戌 晴甚暑 蘇人已具舟不得歸也 早食畢會訪陳老先生不值下

午過子敬同舟赴蘇 夜泊吳樓

十四日乙亥 晴 晨起午初到蘇門訪李壺久談 又訪安某少談 又訪公武

久談到暮 令下舟 予亦赴館書 夜安某來舟

十五日丙子 陰 午間雨 昨約予同存齋君到 因訪虎阜 舟行過閶門而西沿

獅弱橋下 冒雨到花市觀花 良久雨盛 且不及登山西過留園 入園並遊

請諫下晡兩人去 余舟過訪江春華 詢其情與接子會歎之 別未知

運什之物仍不同棕行為了惆惆夜泊平望仍若廣宗朱南雲來舟一談
十六日五更晴炎熱早食罷登岸入城訪錢竹初朱蓴卿蕭子亭居
出宋藝圃未至午下舟飯後蔣丙王月亭訪談良久又過李侍郎久
坐夜泊舟中畫擬宴假運船而坐二鼓後乃眠[redacted]
十七日微陰晨起辰初中舟局促不克敷中寸也早以寄與李侍郎以先
至西園陳公子人夫聞華園晚觀應其李碩東海晚以來致諸家之題
陳鳴岐來燈下寫信與之回便得銀錢五百五千仍園羨君夏二千贈其李
又以蘇州寄陳書並送園禮與詩師李傅翁來詩[redacted]大以陵華擬之
酬指餐二紙而筆了收到黑宮陽燈燈際園[redacted]作了望石之昊務之
同向無實之下午舟至南門泊東西訪翎行氏連零六五人詩二題之西樣來舟
守瀛陰君任仰山谷守敦香如陌侍行甸
十八日二鼓陰晨起看雲欲止而見日色氣候漸暖早食畢與林至門轉舟至酬七祠
園樹一遊前賞良久同至說兩園市見元至夫人陳十六應兵精華了之陵
道中泛和尚頭蓋吳縣各名勝依中華福寺陵興紀義竹寺中一石卯

峯為從緣起也 字与阮梅子樵 又過顧氏園 延眺歷覽書畫 所見中次者
註釋國朝學 見清湘畫人冊十葉 傳青主冊八葉 山水皆奇 下午秋樵
中丞約 一飯 香雪來 久譚
十九日 立春 陰 送浮翁 早食畢 出為修學 訪勞仲平 一談 汪西子聽信中丞
次訪吳平齋 久之 留坐食 平齋出示所藏西園書 楓 蓮 蘭亭 宋拓 張 不精
善 出示東坡墨筆 山水花卉人物冊共三十六幅 思翁 閔華 畫幅 母樹詩
蘭 兄 男人 又 閔 名 字 之 山水十幅 大 皆
墨林 一二 之 又 宮 山 之 又訪
華石直 又訪李存 久譚 又至閔 久譚 回舟 字
搖舟 十八 日
二十日 晴
安
廿一日 晴 訪 久譚 又 人來 理

豈盡誌係張雲直舟未刻可畫勝伯雅雲吳西順雨過男場彥初
拾家
廿二日癸未陰雨 下午潘伯寅自里門來久談留飯並與之同舟楊各寺
上字人 子年御之 至余静園 二時去冒雨送之登舟
廿三日甲申陰 下午張青史來
廿四日乙酉陰 寫本月生信 寫玄探情陪星卿作函 吳平齋信 余甚
廿五日丙戌陰 晨起合祀 先祖兩世祖晴后 張青生書擾河子示本生日談 傍晚
家報去
廿六日丁亥 蕭后 与后齋 韓信人指飲 宋書后在張君美墨館 庚申設
程賦令嵗重 秋和城畫運之既剛台家 以爲之也 家李竹之園 春李梅楷題
在知傳考錄已解 題年御吏 序來容嘆母孫涯此后卅 借留有舍龍題
因有此一聯 傳德饒碧腦
張君美墨館碑 按親稿使卅一日作
廿七日 年華房交 閩遠來 初香雨諸日來 相園看閱

一角青山仍向我　重攜杯待月　傳聲節危

廿七日戊子　晴　寫額香兩將信　寄宜蔭　又寄日本友人

廿八日己丑　大雷雨　泛舟北湖

廿九日庚寅　晴　午陰　韓居生函　是日颱風　寫周惕安信　蘇函若信　作函

六月乙未朔日辛卯 晴 早古愚來訪 晉君來久譚 遂訪楊鄭夋譚 午下晴乃

歸 得胡先生寄來宋本文選一部 明板左史一部 抄本明中志一部 宋槧[illegible]一部 共價付若干

積若干積共生銀價十七枚

初二日壬辰 晴

初三日癸巳 晴 趙作人君志來訪久譚

初四日甲午 早雨 雜午霽 夜有雷午生井思二宿不寐 掃榻潮恒兆内 甚不愜意 （午前内增不住）

初五日乙未 晴 不入直 [illegible]惕安而三日行

初六日丙申 晴

初七日丁酉 晴 午後欲雨 午後大風 雨旋霽 早至董伯儀家 雨甚不晝 寄卯

早訪[illegible]作 李壽作 作記 繹[illegible]細 [illegible]萍[illegible]地 河南伊陽縣知縣 來見久譚

初八日戊戌 陰

初九日己亥 雨 [illegible]陽來 降日 家人移加下午 令高領畢 重陽 上下名[illegible]款

稱賀以重陽大病不能理 不勝詫 （[illegible]裁送家） 又以飲茗過多 夜間嘔數十行

下雨 夜簷の支 抽搐 痛不自知 腰 陽[illegible] 其效 甚有氣脘入條 養錄于少

許研芝移寓

接穎叔五月十五日信

又李眉生初六日信

初十日庚子陰　昨發泄利一二次　身痛如被撻擊

十一日辛丑晴　鹿園雅集　方子馥　元徵吳道頃　來自京門

十二日壬寅晴　夜月甚陰　譚廉秋　是日始食乾飯　午間始出與子馥譚

十三日癸卯晴　時有雨　此番甚盛不減去年　與南陽世丈商北亭事　並兩三縱度

輕不隨也

十四日甲辰陰雨　接約李眉生十一日信　寄穎叔信　印書　寄沈高亭　江經三信　同寄　寄雲子信　印書　寄舫仙處

翰　接仲信　印書　信局　李眉生信　印書　信般　朱季卿信　印書　寄沈高　薛叔耘信　同上

十五日乙巳晴

十六日丙午晴　是夕月甚皎　早飯後出　候親鍾帆　每僕不值　又候葉茂伯酬

將久談　又告候保少初　久談　遂訪淳文晴鵑

接鶴汀十三日信

又劉雲樵十二日信
十七日丁未晴。醉寐
植物名彙十五日信
十八日戊申晴。醉寐
十九日己酉晴。醉寐
二十日庚戌。含大風雨　迎春閣群鶯集旌星
廿一日辛亥。大風雨
廿二日壬子陰。風雨
廿三日癸丑晴。傍晚有雨陣
廿四日甲寅晴　守愚仍寄信　初四日發　劉雲樵信　初十日發　武陵霧　王霖生信　五月卅日發　陰小
青年信　全上
接閣鄉女　日信
廿五日乙卯晴　蔡靜安自蘇來訪，久譚而楊南亭　守子仍信　初四日發
接吳宗之廿日信

廿六日丙辰晴　琉璃廠　寄吳興九十五元　夜與靜安上人譚
廿七日丁巳晴　琉璃廠
廿八日戊午晴　琉璃廠　從白祿祖搨阿上西石經殘石一本　靜安在蘇寓
廿九日己未晴　夜三時風雨雷止
接子、雨婿共六人
三十日庚申晴　琉璃廠　買定子佺例內晉伯敏　楊守敬書贈王絕妙寫本
南監本宋齊梁陳隋北魏北齊北周南史北史五代宋遼金元史十六種價
洋銀七十圓　蘇松佩文韻府一部　陽刻古本元一部　陸刻通鑑綱目一部
價洋銀五十圓

七月丙申朔日辛酉陰爽勢稍蘇 下午訪陳季[illegible]丙[illegible]七少[illegible]良[illegible]

初二日壬戌晴

初三日癸亥晴酷熱如蒸

初四日甲子晴 晚至往陪鈞堂祝壽觀壽圖卜 是日延之 下午與王楙

生先之[illegible]飲子初散乃去

接潘少峯六月十六日信

又若宮之初三日信

初五日乙丑晴 熱作苦

初六日丙寅晴

初七日丁卯晴 熱不可耐 下午大風雨 張[illegible]甫來久談

初八日戊辰晴 午後陰風雨稍止 子時雨復陰以之徽僑之配 簡宜人忌日也

是日[illegible]午間至 [illegible]往[illegible]初五生世矣

接朱某卿 六月某日又卅日兩次信

初九日己巳晴 寫朱某卿信 寫姻弟郭鍾瑞一函 [illegible]發 [illegible]伊[illegible]

初十日庚午晴

十一日辛未晴 趙佑人來訪少譚 館僮楊[illegible]以母病旋里 去 先是合家患病[illegible]不寧 奴僕亦身染之 [illegible]一月以來先後盡去 門庭闃然 亦足異也

十二日壬申晴 下午偕少和表譚

十三日癸酉晴 午後有風雨旋作旋止 夜月極皎 接[illegible]函 [illegible]同人黃[illegible]月初[illegible]書[illegible]庭[illegible]惜以[illegible]及二子[illegible]欲為[illegible]乃去

接家書[illegible]二日[illegible]

十四日甲戌晴 [illegible]

[illegible]子[illegible]內[illegible]

十五日乙亥晴 [illegible] 下午[illegible]中夜乃解

十六日丙子晴 是日[illegible] 趙[illegible]

庭蘭[illegible]

十七日丁丑晴 [illegible]

接[illegible]月內[illegible]一壁

十八日戊寅 下午風雨 獨冒浮來 是日寒甚 不可

十九日己卯 晴 子敬薩書如 浦仲宣來

二十日庚辰 晴

廿一日辛巳 晴 連日稍有小風雨 而秋意仍熾 余感秋寒甚厲 盤中滿阻

食不受 夜外煩燥 而氣起 溫盤之病是也 恐以無醫 終不服藥

廿二日壬午 晴

接吳平齋廿一日信

廿三日癸未 晴

廿四日甲申 晴 擬出門小步 三點為風

廿五日乙酉 晴

廿六日丙戌 晴

廿七日丁亥 晴

廿八日戊子 晴

廿九日己丑 晴

三十日庚寅晴

閏七月朔日辛卯晴　慶邸平安，終係假

初二日壬辰晴　下午大風雨，早氣稍涼

初三日癸巳晴　夜大風雨　寄吉山都兄弟以作內書多是[illegible]若奇人道　先兄曜
儀內銀錢也

初四日甲午大風雨驟涼　工部秋收昨課祖將不勝，今于御蔭佈告令石正之
此不足也

初五日乙未陰微風

初六日丙申晴

初七日丁酉陰有雨

初八日戊戌晴

初九日己亥晴

初十日庚子晴　夜月甚皎，半夜下雨

十一日辛丑晴　寄吳平齋信，寄銀二兩，仍郵　李仲先信，寄書[illegible]
因得學蘭四　五亭樓冊　全上

十二日壬寅晴

十三日癸卯晴風 爲蔡處二弟寄同書後記 施均父壽序 張祿卿夫人壽

暉叔 楳生

十四日甲辰晴 杜蒼洛蠟 禄卿夫人壽 楳生壽書

十五日乙巳晴 午刻赴吳訪王神以處無工作罷

十六日丙午晴

接吳平齋十四日信 寄太宰頌敦拓本 二器銘七字一陽款一陰識 吉陶器 三千餘年不毀識見之

十七日丁未陰

十八日戊申晴

十九日己酉風時雨時霽

二十日庚戌晴風 施均父寄以經籍跋 考林十種 杜詩鏡銓 歸者 集古錄 識 阿彌陀經 金石契 張商言石志 吳子苾捃古録 積研齋金石搨 凡廿十種 未全 價洋銀卅元

接邵公八月十七日信

又致季齋 口信

廿一日辛亥晴風傍晚雨 下午趙佶人楊青同省圖小山曾桂 湘西溆浦府 來觀奈

閏重九乃亥

接方子可十月信，託其冊題宜人之責，自身之雅足也

廿二日壬子晴 寄吳平齋信（附書行齋） 方子可信 寄弟妝方宜人莫不回圖（詩三發行旬）

廿三日癸丑雨 得唐鄂生五年所寄過生春一小冊，頗精，直銀一圓半

廿四日甲寅晴 寄邵季和（試）信（附書作為）

接邵季壽廿二日信（又李瀚章廿日信）

廿五日乙卯雨 寄寶兒信（附書寄庫文報山） 題冊俯信同上 答如如信（附書作為寄庫）

任蔭氏任加共邨山書也 擬寫書詩爲壽序（附書姻寶兒信內） 寶兒題江

廿六日丙辰雨 題祝穎孫若生提謁古金拓本 陸隴試

廿七日丁巳雨旦 題佰人手譯

廿八日戊午雨 題沈僕事之譯

廿九日己未雨 得孫月常寄書畫跋，已於擬寫肉直澤舫病侍

接寬兒廿七日信

八月丁酉朔日庚申晴 秋分節 午正合祀先祖之禮

[redacted]晴

孫男子一回問百廿六次

又舅平兩周百卅七次 寫壽黃換拓文又一冊 另函君寄拓以加三古印

拓十二

初二日辛酉丙晴 曼祀撫誠鐘鼎文畢了 寫李仰之作 異筆之兩作 薛

若林作寫寄隸書幅子（仰蒼作啟）

初三日壬戌晴 午後畢君誘題決侯及作人均不直 訪緣文閣處之

甚篤讀書暗習不知人事了塗 寫毀鎖件作寫字寄靖孫壽（仰蒼作啟）

初四日癸亥晴 寫六幅作寫字寄新孫壽（仰蒼作局）

初五日甲子晴 訪緣文處並篤並往探其家人圍繞床下言久不甚

見乃將未稿附為幽魂不余自北歸居處七年能共談者一人而已今

昔契陶緣文年七十無子悲然余之來居為自慟耳

初六日乙丑晴 傍晚往哭緣文 寫字情失聲淚不止到言久乃出坐蹤戲晃

圖誌仿人診復劉吉卿至吉虎說人而已孫寧丁已成劑大旋中乃迅胃

診視養病安臥不穩

翌日丙戌 晴

初八日丁亥 晴

初九日戊子 陰 撫六帥函六侄

初十日己丑 陰 寶晃山試不能作予順華陽日御江 富十排又任 寧安九帥

撫侄楣侄函楣侄六年十二月日侯

莫如十圖卿答 李仰青侄 仰航 旋臥 寶保來自京城蜀楣

經學任排恒西八體用徵六書理著後能舊拜重

貴書良不易准千年為樣萬里危言無路遇嵩藻

十一日庚寅 晴 同寶保談夜寺

十二日辛卯 晴

十三日壬辰 晴 夜月迅 下午鼓仿人暨君表威伯漢民國二子及仁京陵

來訪不值

子惠子

接胡公武初十日信

又鄭時仲　日信

十四日癸巳晴　夜月甚佳　連夕赴寺家人院月池上庭深月迴寢

十五日甲午陰小雨　夜無月　寄胡公武信　仍附前　薛與林信　全上　鄭時仲信　仍附寄

晚看月餘殘　先祖家人轉賀立祖事

十六日乙未晴陰細雨

十七日丙申晴

十八日丁酉雨

十九日戊戌晴雨

接諸之譯七月十八日信

又雷霈初　日信

二十日己亥雨

廿一日庚子雨

廿二日辛丑雨

接穎叔十二月信云之旋初十歡已離時不接來書又二月矣因閱稿益

廿三日壬寅晴下午陰

廿四日癸卯雨

接子京壻　日信

又朱蓉卿廿三日信

廿五日甲辰雨午后雨霽霽定　寄子京信仰蘅　穎叔二姪信仰蘅為　朱蓉卿信仰蘅

接寶兒阿青等字

又信蘅兒阿青十八日信

廿六日乙巳陰作畫　早飯後訪沈信之久譚次訪君梅亦久譚次訪吳聽卿楊少泉久少譚次沢香訪楊孝廉鞠生仰詢不遇

廿七日丙午晴　偕人四小舟求渡以洋銀二十五餅易了為瀛門之助

廿八日丁未晴

廿九日戊申晴

三十三、姆情

九月戊戌朔日庚寅 帚西寄書 以蜀刻楊升庵津書易函題跋及侯一册 成元极寄
西津書與書致文极齋津書交成二部 書本樹本尚未就 字題好作人寄作
接顧孫八月廿日函 已函校讎 不日可抄就
又 壬申 晴
初二日辛卯晴 ~~下午王湘舟來 未帶舉本 接舟中抄本 作跋 又緒 作傳 作祝 題 題壽年~~
初三日壬辰晴 早至西梅舟處 下請傳意 作跋所祝 並顧春年 孫苏來自崇來
接顧孫初二日信 已抄就
又初四 癸巳 初五日作
初六日癸巳晴 傳家書來 迎顧姊來自書函 與劉定先生 雲樾舟下 西門出坡 趙舟笑
迎舉兄 妝氏 洪姊 奈先 擇今日及初七吉期 請妝氏入居新宅 以時甫及
午 同全 鶴壽舟下 西門 傳我 賀陸吾 劉 簪來 全居 皆至 行李 前貨 上
畢 房字寬敞 妝氏以下皆喜 余亦為之心慰
初七日甲午晴 定初七日往遊鎮 清涼庵是道人 住西料院 假 星日許
共知交 孫芸來 夜去

初六日乙未 晴 午刻赴總署 那祝辦務 方子順 浦仲宣 寶定先 皆來

寄子琴函 書楹帖 楊少泉借晚宴位 及發原陸設 皆畢乃歸

初七日丙申 晴 宗正府赴借 寬見子順 仲宣 合華天祥 聞 再請

雲樵 煜蓭 陸保 保全等 總署 夜 初壽安 說 府 家 駁 宗 自在 崇 階 錫

崇華 (王伯都 崇之高) 自堂 君梅 款作人等 皆來得 首 午刻 宗 與 畫 意 中

刻 散 顏 聽 自 到 神 之 道 齋 主 入 新 居 處 所 程 局 家 設 時 已 酉 刻

初八日丁酉 晴

初九日戊戌 晴

初十日己亥 晴 早出城畢 懂 [redacted] (歸家之) 與 先生不相見耳 晚 題 作人久

譚 下午歸

十一日庚子 陰 雨 韓 將 歸 加 内 舉 一 子 錫 名 新 與

後 張雲生 初十日 候

十二日辛丑 陰 晚晴 月佳

十三日壬寅 陰

十四日癸卯陰
接國再甥十一日來信
十五日甲辰晴
接胡子繩初五日信 并攜柳氏之父名岳系德清人官寧國教諭
十六日乙巳晴 立冬
○十七日丙午晴 接子丙勤之勝兄十五日信 寄出兄奠分二元

題鄉錄所畫海揚帆圖

鄭板橋流寓之際批船野老乘麻書生自有素樗軒不是人
向據題橋

十八日丁未晴 蔡履熙來 陳定宗侃來 萬為湛宜下午別
十九日戊申陰 丁孟農同方 祝萼之子 及其弟 西元 贈 易仲之弟 希珍之子 韻
瑞甫之孫 仲固之子 自甲門來 見僅久談而去
廿日己酉雨 沈書可 岑仲人 以雨不克往
廿一日庚戌陰 寄子嗣雅之兩兄信 伯田晤嵩

廿二日辛亥陰　柘湖翁仲十八日作　張子和十九日作　不知其人雜書法偶憶之耳

廿三日壬子晴

廿四日癸丑晴

廿五日甲寅晴　澄君静盦　偕步潭

廿六日乙卯晴　李濤虞君袁君勤之弟來

廿七日丙辰雨　宋寶先作宗壽生書高弟仲叩君　作句寫了借去　替為作　作句

廿八日丁巳雨　初寒披衣皮

題墨華庵世守之石圖　墨華迪秋心　迪秋十四世祖墨庵成化間生於吳江趙士隱此圖墨庵贊圖久亡矣先傳戊寅迪秋而得之年六十生於衛因人題之詞

吾族百年留世守。清門奕代有清才。慕情陸素如我葉親見高西鉅蘇來。次卷中條有穉見向時

歸來事事到春風。滿東湖去君子。於蕤方心人向陽。把卷今餘舉來悵。以卷中有西君郡向題　迪秋早年從事

婆娑老子錢塘背。娠女弄雷化霄。今前微禪十丙是。君宗五六省正麟符。次卷中女從持郡向題

廿九日戊午晴　甚寒

三十日己未晴

日記四十八　鞠裳手記

十月己亥朔日庚申晴　攜偕南陽君為積之之游　是日命具舟　季君梅生日

往賀　並屬侯葉雲伯偕少農暖湯少詩歸

初二日辛酉晴寒

初三日壬戌陰大風　舟具將行　以風不果　傍晚仍偕南陽君挈妾瑪酥幼女櫻桃

小舟出城登吳船

初四日癸亥晴　曉發　碧梧　舟日中初抵蘇州泊新橋上岸　訪鄧樹人李梧久

直訪鄧又武亦不直　坐候良久　又武偕其兩弟皆歸　蔣安林　閣余至二來　又久

譚　與安林及其宗少堂步回舟　南陽君至其宗（兩樹人季堂）寓　二詩來　折回　宇寬

定往　邱晉　作賦

初五日甲子晴　早令舉棹小舟訪園物　觀德上星閣　市何子永來　同便君觀中

良久　安林至　屬由世　余與子永　猶令市樓　仍同來室　少選　又武來　傍晚仍棹

舟回新橋　南陽君挈女櫻　別其弟又武宗　二詩來　折回

初六日乙丑陰細雨　早舟行繞閶門至山塘　冒雨入虎市　訪若梅一茶樓、虎邱六

月當夕一時在船處處可喜 下午移舟對園 偕南陽君等游觀良久去之傍
晚泊胥門外
初七日丙寅陰午後雨 早飯畢 上山子入胥門 偕朱華卿飲茶樓中 待良久午刻
偕小舟至臨頓路 上岸到西林家 浮紫翁入陸走來 付書冊軸二幅 件件皆便
至壽聖畢飯 西林前時舟已移婁門內 雨甚 下舟 南陽君已先回 遂歸
訂閱帖寫字而返
初八日丁卯晴 早飯畢 偕南陽君並馮女蒙游拙政園 閱觀良久 返舟 余別
易舟 以原舟送南陽君回常熟 未刻開 下午西林來 舟移閶門 譚子何 下午赴邗
公武足兩招飲 至亦上表燈 二鼓返舟
接寬兒初五七日兩信
初九日戊辰晴 後陰晦 下午雨 早飯畢 樹人來舟 與西林上岸至樹人寓 同西林
上岸閱帖 秀書樹 飲茶 遊園 歸舖 午飯畢 寓寄信 候晚返 樹人
季舜如譯二種物
初十日己巳陰 早飯畢 偕吳子永飲中茶 譯訪吳季老托寫 代售

先是夏卿來送物　平老出示潘鄭盦尚書隸作以篆為致釋古磚文
字精為推兩至若人之言無一字不確　義終以古拓照違碑拙併之　平
老敦看唐人扇填書畫墨跡係青麻潤墨係古色黝然有係異示
象該延特送金賓氏西湖書字印朱泥燦爛序推係工下字跡則未
見大過今人處　前有燗如先生銘　後有張維求跋告云賣秋峰壁
本舍得賤出賣子至何書作盟壬兩　買譚唱雜不足信而楷之體色
印色法記　宋以的物董香人仿賈正兔　閱不必毀善也　平老堅題之
別平老過訪留鑒齋尚未全　延肴所宗久談　不告而別　悵宗又久甚懷
過舟　晡食　歸安林來談　寄宗伯仰蘇　浦仲伯於思谷　觀郡伸作仰句
接定兒初九日書
又浦伸伯同日作
十一日庚午　晴　午後安林來舟同上山看壽材數具　一林下有言寡道
公式久談過舟　寄宗伯仰蘇　唐安林來　樹人寄藥來　殷乃去
接南陽書初十日作

又贈仲初七古作

十二日辛未陰雨 吾邪來墨 寓安東寓作 字以 先兄遺墨送書畫多 午至邵公式丞處

與曹樹人顧吉孝壽因至觀察史寓園酒樓小酌 華燈五亦至 飲畢 冒雨歸

得李口武寄少安楚宰孔 返舟

梅定見十日來書

十三日壬申晴 寓浦仲宣僑州寓君寶史作序 午後 移舟山塘 工岸 觀覽平

橋野收多照燦然 蓋以為美 買盆梅三株 返舟 至晉宅

十四日癸酉 早至畢買雨晉家飲茶 市橋 觀朱某與陳久談 下午雅

去舟 收務自作 出觀花塢 寓宅寄作作 序

接湘蘭君十二日作

十五日甲戌晴 早至唐安林來門 乃吾鄉中 觀嵩林歎家 飲茶 市橋 下午返舟 移泊楊子河

得李來之詩二律 並答乃去

接定見十日來書

又浦仲宣同日作

十六日乙亥晴 早至丹訪賞竹亭 並晤君子 即懷之詩 往柳門 鳴雲亭

丞天少譚別去訪吳季清久談[illegible]論托書函求貸之事 平老出示寓

揭帝(?)姑墳記 囑余肯諾為字篇為錄之 次晨訪鄧海兩不值 追訪

仲甄事不直遂歸 舟傍晚 至安林家 華輝 季番少壯為賀 南舟中寓家

仲仰(仲申) 夜季鑫來久談二鼓寓去

梅寔(?)也十五六也季(?)

十七日丙子陰 早食畢 安林來舟同上岸至龍衚(龍翁) 書肆看畫 從西大

街市書 見値銀五條又得銅大洗中有宜侯王三字 其直銀十二條 伯子

叔來同飲茗 游市樓(晚) [illegible](少達安林亦至余與子和)同過仙師華 視其新宅 下午出返舟 晚歸區

十八日丁丑晴 舟人稼安不移前寓 道海易一舟 移燒笑天聚(?)以舟內船尉園門

外 寫高陽閣作跋 黄安林至 云高三石翁日年多存一怪筵 余初識之 郭

樂寓午至今凡二十六年 為人有才氣 嘉泰內嚴於以拿人匯年積舍

試登皆群要人門 佐其所獻多士 進試之日 安人視貢書其嘉若日

私日安栩奪其卷 以保高槐石縣(?)撫安元炳同試我奪治置此高一名優

陛方江蘇知縣補吳縣 吳適來帥蘇 高以事解任久不進用 譚信朋楞(石)

蘇彥好毛髮細軟才高任之豬鑼吴孫未嘗有書並無人宗道輔筆
高高同某生宗女尚隆姑陸不得志[blot]於蘇納名倡去氏五六年名弱宗
念以深嫣請題通西路高之故極懿任之不疑若得圍之援其賢生怪自
陰氏向謀並高又欲謀旨疼使道以他事捕便某游御亦家不開守解出道人
獄中蘇皋詩座樂壽香釋敎儒流出入官署時訴之詩圍已甚矣今年之
取踪圍之以契大獄雜其元大西以母死去官諍境蘇撰蒸者以情雅作病殁
隨雅任事之中愕蘇伸破出形[blot]嘛其女夫御史不念宋以入其李言查
女獄又辣高之君恨遊之病之日作連年年為未五十七高是功和為令君摇祀
長命皆具何死雖二詩姜其不得援之破為工部不奉誡宮燈嗤怖情中催
奇以高煩國人吏正謹風旨訪人獨人獨一高我李經傳高之手為邪遇皆
不偶使不知耕商入官作身白衣以來虜陳見名其不墓志
丁未安某為良國成首尸外同上四年初其新劍之市
承又同者蘇材三弟二皆疑為並某久未耗一旦日程巡皆不成再見還相放泊
莫若者

十九日戊寅晴　寄張集之信（仍著）　寄寧中靜寄　寄王宗信（仍寄）　安林來邨宇　是日未上

山岸舟中讀律書六卷

接南陽君十七日信

又寅兒十八日字

二十日己卯晴　李森來舟久譚　主安林來（稿舟）同赴齊門外木行買成器材二十探皆

園四已左右　惜不甚乾　其主價約九十三兩　余夫婦年過五十　多病　天氣

不可知　與其合年爲之　再寄先軍賦園　此日當風　君若十歲　皆小不中

程雖出江西深山所產　木理最密　與他處及平地之木異　尺寸又嫌不易

可定擬選購　擇十一月廿三未時翻工解板　度之淨談其乾而後成之以備

誤置者林原因　年十日辛亥年辛丑月辛亥日乙未時　余夫婦皆辛卯命

天干三辛　地支三亥　時日隨乙祿到卯　地支亥丑拱成金局　以助三辛金之意　未拱助木局以

助卯木　爲上吉也（皆云三辰吾生）　傍晚舟過日本序伯之行　訪（安林在舟上　上岸）樹人　李森久譚　爲方子順乞

谷樹人女　是日夜歸　初鼓返舟　寄宗信（仍印著）

接南仲任十九日信

廿一日庚辰陰雨　檄小舟到親家衙　買物　獨往方樓　覓書　賞偶

接寬甫廿日信

廿二日辛巳 陰 為林茁之譯書 寫寄作人信 偕德訪樹人季茀不直 夜為

林茁樹人季茀上午來 為林茁寫 樹人照季茀二信書寄

接南陵君廿一日信

廿三日壬午 薄陰 晨訪為林茁少譯印書 又到典同寓 出去看戲不去門外

陶遜幼子取舊材同門 寫子信 樹玉作函 吴君去信 作函 書 柳子健 信 張溪

入顯將表叉作書 子禮信 晚木材取 歐冊 數里 泊陵墓 饒

廿四日癸未 薄陰 晨風 取為暮 未到 出 吴 憶去 劉 楊宗 寫林為林信

寄家信作函

接中孫十二日作 寄印先兄新幣以等

又謝彦意蘭生里人 幽中為謝 日作 寄郵上去一部

廿五日甲申 晴 雲 微雨

廿六日乙酉 晴 陰 接子亦廿三日信 寫子亦作信函

廿七日丙戌 晴 寫阿口武作信函 為木樹人作 全上 到幽南未信文譯

廿六日丁亥晴　晉侯鄭幽兩不直　侯男服御　以吸煙辛屋　芋侍女出詞也

之語　信芥書孔賀若子入學女生開君　侯男子屋　幸吏蘇　新生使所國罷　不入部不

直菜服　楊茂業之詩乃歸　同里余原字錫楨　余詠吉第一　五未字　先府君

未五年　更題澤銀百圓

廿七日戊子晴　出詩正壽泰君韓先弟之詩

接翔仁武卅二信

十一月庚子朔日己丑晴 早出畢 叔侯葉暨伯不晤 得書饋酒加賀子

堅官之長少譚訪趙澳侯久譚晤

初二日庚寅雨 老臣 午后祀先祖凡卅年一 祀畢子忠為安凡筐川柳

初三日辛卯晴 堪輿人朱少真來 寄子愼井信 (初五發 子定見) 與娣信 全上 (等)

黃中信 全上 方子可信 仝上

接子和初一日信

初四日壬辰晴 寄子和信 寄吉臣信 寄合肥相國六千壽序稿 (即書 作航)

接張蓋生十月廿八日信

初五日癸巳陰 (微雨雪) 還盧寬先函 帝鄉及宜興叔子歸 先塋余以家況不能分

身也

初六日甲午陰

初七日乙未晴 下午陰 寄李申耆信 寄鄭千壽序一篇 十一書 (初八寄信) 寄寬先信 (十一日發 托鄭如雨帶去)

鄭如雨信 (初九發 子所) 寄子卿信 (仰伯帶)

初八日丙申晴 北東詹君王山 觀山上為寺以延遠景以立塔之午方歟其旋

居宅為福壽殿，其前為五思，不宜高大，其殿於山樹為小而亭，其址高於地一丈

八尺，面對西山，六里以挖，廣象矣。用本日辰時平土，合申子辰水局，以制南方炎

上至象亭後接蓄土山，接為圓阜，上有白雲巖岌，字子亦佳佳名

接子亦初六日信

初九日丁酉晴　張傳卿來訪久談

初十日戊戌晴　吳仲英恒鑲旗人前松江同知來信久談，其人好金石，知文字，屬莫善徵

閱余君好批石壽錄有佳而已也

十一日己亥晴　早飯後答候吳仲英久談，知余所藏竟只項晉江稚書兩碣也

醉孝拓搨本已皆拓結，並非全本，反為稿本也，但不題何人，要不

真偽。訪張仲仰久談，見張氏所藏宋佳刻通鑑無注本十一冊，紙墨精絕

齋為黃蕘圃物，後歸閔源宗，而歸瞿氏，今又宋槧四冊以下兩宋所藏也

得李錫文及此為最精，此冊即錫文所又臣得李氏

接李暢女初十日信

尹翔公武初十日信

十二日庚子晴　訪梁玉西，戴之以不是日，石工李大來，無几。寄郁冬武信　郁—

季壽信（仰蘇轉）　聞任安盛本前由津來，現在饒壽蓉君直齋館小住

接寬兒十一日信

十三日辛丑陰　偕王星甫（樹榆，大名府人，貢生）少談以歸。師梅曉廷談，張佩卿來

寄季謀兒　寄魏聘仲信（仰青轉寄），李仲才信　仲書

接季兒十一日信

十四日壬寅陰雨　寄子示弟信（仰蘇）　薛安林信　全上

接高陽謝聘

人忠才力君子才多，十載兩相逢，仗策尋城高世驕歸杜陵草—

有氣山虹，有聲山戟，一室三任已罷，並芳藝撥謁庭聽楚與孫

十五日癸卯—　寄王星甫來處信　楊恩立（同福，祁州廩生）來，信談久之　寄薛安林信

寄子春來三十字（仰蘇）

十六日甲辰陰　寄寬兒，自揚差次州來，知杜撫無恙

接季兒初十日信

又子健拜初八日作
又爲子武十五日作
又爲子西初九日作
十七日乙巳雨
十八日丙午昨夜微雪晨起更携鏞白戲開霽午間放晴甚寒 於吳仲英
陸雲生黃君志素韓鞋佑人午飯精譚傍晚客去 寫賀李喜人作
擬子所增十六日作
又爲詩樓十七日作
又郭日南日作
十九日丁未晴 先兄小祥禮懺晨起 寫子所作
二十日戊申晴 午刻詣先兄几筵前奠拜釋服 訪東士卓茅亭於中
剿士舉六合申子辰局也
茅亭題跋
壓海經中亡無雜之地

孤峰頂上有把茅蓋頭
廿一日己酉晴甚寒 唐月舲談 寄子原信 作函畫 薛安舟信 謝方 李荀生信 作函畫
寄子勤大嶽書一幅 吳季高信 作函 寄茗送代題 唐將軍雪花 稚昭大宅
雜道場歸口 經泥三僧踏步圍中 月寒月如冰 海大雨
廿二日庚戌晴 下午趙吟信來訪
廿三日辛亥晴 是日聞畚材為板 見孫祠畚星求福 [illegible]
廿四日壬子晴 是日由門不順 棹小舟出西門至西山下看吳家祠地 叔要
性三塋傳迹 爲馬氏古塋 未可用 申刻過又至世斷頷 中陰意宅相度
陰陽向背 宜思之理 空房審許自得便路
廿五日癸丑晴 平子寬孫子穎香 袁孫方子順 會鈔正院 舊傭化本
書鈔奏 余謁武壽化 寬孫崇志 題竹幕信下竟 外嵌傳立子順 西城諸曼
見而歸
廿六日甲寅晴
接張君生廿二日信

又得天平翁廿二日信

廿七日乙卯晴 寫郁李香信 附茶 附書

廿八日丙辰夜雨辰刻止陰霽 寫吳平齋信 附書 陸翁李信 附書

〃接子雨婿廿五日信

又張星吾廿五日信

廿九日丁巳晴 肅亭暑白華第竟 寧海王寫露篆上竟 寫子承

信 附書 薛安補信 同上

接君秀婿廿日信

三十日戊午晴 訪曾(春)泰同訪陸雲生不直

接寶兒八月廿二日書

又宋蘇卿廿八日信

十二月辛丑朔日己未晴

初二日庚申晴 寫朱蓉卿信附邸鈔 薛安甫信 日上

接朱蓉卿十一月三十日信

初三日辛酉晴 天色轉暖 傍晚小毛雨 館師楊曉滄去

初四日壬戌晴 寫鄭季雅信附邸鈔 吳平齋信 樹卿 李眉生信附邸鈔

初五日癸亥晴午後陰夜雨 寫子密信附邸鈔

接鄭季雅初四日信

又朱季卿同日信

初六日甲子陰雨

初七日乙丑晴 寫季雅信附邸鈔

初八日丙寅陰 下午雪

接子密初六日信

又鄭玉武 初七日信

初九日丁卯雨 寫吳平齋信 寫馮庸臣仲培信附邸鈔 寫朱蓉卿信

助賑之恩圖 合上 寄子縣信 同上 已刻萬莫生 先祖為寬宜納采

江寧鄧氏 公或了四世兄程畢送奴子次為賁程安了聘禮行

寄李眉生信 仍卽日發

接李眉生初八日信

初十日戊辰 陰雨 寄陸星農信 仍同日發

十一日己巳 陰

十二日庚午 大雪 辰午雪甚厚六七寸 見峯玉南陽君話舊夜 雪亭方謀賞雪

雨題仿人買雪子圖 款曰之 下午乃晴

接陸星農初九日信

又吳平齋初十日信

十三日辛未 陰 寄吳平齋信 仍同日發 陸星農信 仍同日發 陸錫之信 同上

十四日壬申 陰 鄧氏允婚書來 子永婿自吳門歸 寄吳平齋信 仍同日發

十五日癸酉 晴 接 鄧季戴十二日信 吳平齋初十 十一日兩信 朱葆卿初十日信

十六日甲戌 晴 立春 辰午薦春餅 祀 先祠並先塋 鄧氏婚事

十七日乙亥晴　寫與姊信（附內姪函）　陳婿子承繆家橋居城東，僅屋三椽相依
凡四年。或云方氏頗重此生，子承性戇，有稚弱知識，小人之口可畏
哉。
十八日丙子晴　寫銘伯信　寫仲鄉書　覆俊卿信（附信）
播雷震初　片信
十九日丁丑晴　下午子承兄來談　余屬宇隨語借來寄還，先君同治十
一年曾見桂孫亦持一契來，為娶婦欠數，得銀二百圓，當以遠債付給銀百
兩，了結欄稅雲百圓之契，求據（前）指此另寫二十金，第二年又寫去二
十金（第二年），余原寫亦未直予處，現經濟與之金，茲度因此欠已付過四十保金與
余。桂生所開所持之契了結，時相仿，又支家業著急迫，故予償銀賸，畫此之意，乃
余見大不為然之，桂生所將與此無干，然其酒之無可和合，姑勸其下為之
二十日戊寅晴　余屬宇來，為頗非甚應允　張世貞十七日信
二十一日己卯晴　余屬宇來，讀良久，不能相就，仍辭去。　接朱華卿二十六日信　吳仲丞片信
二十二日庚辰陰　早入城，至吳女家，視其新居，與為安，別訪張佐伯久譚　（寄張世貞信，仲蘭片信）

又晝訪韙伯人華慎季君梅少譚 又訪楊鶴峯久譚 又晝訪等

原字不明鴨 余原字未晤使源吉

接□日平安京來信

二十三日辛巳晴 [illegible] 陳穎娟示余原字每中煙以五十番餅 下午余寄

家遷原白石到 寄吳平寫信御館 夜祀竈山根事

二十四日壬午晴 寄鄭嶼伊信御館 朱寄御信御館

接印君壽信

二十五日癸未晴 辛陰詳高祚佛山根事 寄吳平寫信 寄言浩韜書函

林陶如上律館二十圓御館 浩韜來信御館 高英初信御館 近者林鶴吳仲

吳信御館 藤安井信御館

二十六日甲申雨 年終祀神饗祖山根事 下午與家人諸子婦飲福 寄鄭崇熙信御館

二十七日乙酉寒大風雪 買寄爾隨筆四冊書二十部直四十八圓 接井在郎二十二日信

二十八日丙戌寒 子順來久譚

以張佩芬學博撰

嵩壽廬山下。蕭蕭畫樓閑。賞翫書廬似。碑墨兒孺孫。佳樹陰成幕。

吾甫少前買得一本在滁州西金霞居處。寒衣包正殼。喧遝城市聲。此味我

久諳。

二月九日丁亥，晴。家事從省，祀先儀則完足嚴敬。承余以直達東

堂之工書原樞，中依華贊進健自喜，又未嘗也。書賣鈍拜寬持

昭文壹劉宗往與無復本園樞泰佳，又作為不問日星正元與文昇本

其賢可結婚真之寶書也，以為館二十六餅為之。書林又增一壯觀矣。下

晡感昭示祀，如往年。家人稱賀團聚。

光緒八年歲在壬午余年五十有一

正月壬寅朔日戊子晴 前宵雲氣西南風 黎明暨偕南陽君率子孫婦女

拜 天 拜 先師孔子 拜 佛菩薩 拜 竈神 拜 先祖父

母遂合家拜賀 旅子 先在几筵前行禮 並謁姚氏遺像 前顧曾文

正公像前 祠堂午薦 率子寔孫子頵重齡穀孫帚氏千秋跪讀

于浦府君像贊并大中丞文序 保先我 祖宗九死一生苦守讀書恒

業子孫何當今日列旌清仲不墜家聲世恩報爲不可畏也 下午昭安堂

君墨溪危 大中丞人 李侯訪（再三辭）目不可 乃延入書堂道其來意久之

詩來告爲其壽整僞人讀了又少昭煩弱寄 靜園尊李樹玩

成之象數照燈自 祠堂薦祖園中開燭六如火（寶番燒萬遍數二百火）祖與南陽君喝

記書生之言不過如斯一嘆

初二日己丑晴 早薦畢 陸丹士來侯談訓侯讀了頃久談（子小子晴之弟正）尊學生侯

許君賀年 睡起題詩 侄子祖自揚州歸 諸侄人之所君踐休均

不直逕到清源舊 先兄殯前行禮 並俱往閱所 下午赴家人候余錫

視灼俟酒以待 中麦為一雨 視去年燭豬澤山蕎味大不侔矣 夜赴范
燈火中看 卑高請人同飲
初三日庚寅（室）晴 午赴畢收 先祖歎叙 夜赴書鏡酒 浦伴室 鄭子重席人飲
初四日辛卯 晴 午赴程少泉方氏昆仲及顧李二君飲 又同至市中茶室
初五日壬辰 晴
初六日癸巳 晴
初七日甲午 晴 中橋析西三間為內廳 昔日（室）翻上
初八日乙未 [redacted] 晴 藝華墓 時與妹 傳黃耀河來 筆 麦陵久坐
初九日丙申 陰 大風
初十日丁酉 陰 大風 傍晚雨露 浦伴宣礼 來
十一日戊戌 陰 容相來 來信 寄家 鄭子 爾上
十二日己亥 晴
十三日庚子 晴（贛寶兄七年十一月放在）
十四日辛丑 晴 侯陰 浦女久譚 蒼侯黃耀河不直 至羅古家久坐 訪張

仰久譯

十五日壬寅晴　梧宮兄七十年十二月十七日任　中茶府又覓來　年劉張庭仰接候　因世季君梅華心相顧府琴廟仍借價格

同里梅子芳宗久七吸　藝以侯同年往之事訪久譯

同至寺前閱市　又同至陸琳文初堅言人不立少

出乃出西門至神廟觀燈　言久未見月闕

梧弟李壽二三日任

十六日癸卯晴　寫梧弟李壽信　仰叔

十七日甲辰晴　張使仰　孫蘇琴事客仿候久譯　錢師王星垣樹梧來候　梧思

梧弟李壽十六日任　藝同祠研字之子來候仰

十八日乙巳晴

十九日丙午晴　居家　先祠遣價持蔣節至蘇州郡宅門向名倘查倘微

請期之柑　寫弟季壽信　仰叔　下午王星垣來向信　夜訪朋默詩譯學

一條仰屆子承之南仲陸　寫張世季信　仰叔

二十日丁未晴

廿一日戊申晴　午後偕禮秦　鄭氏四十壽辰　先祖

梧弟李壽七七日任

二十二日己酉晴 答信楊愚齋不直 又晉信 黃漢庵 亦不直 訪趙次侯 又譚半

城路 寫鄧彥遠信 附鄧信 蒲伯宜同畢樸齋

二十三日庚戌晴 午後至李家衕 書館 又至龍溪 詩存 既留半日 聯句 又

訪西君 惠袁昶 颭若 新園 各攜酒

接吳平齋 廿一日信

又朱芷卿 十三信

廿四日辛亥晴

廿五日壬子陰

廿六日癸丑晴 下午招李益梅 程壽城 陸雲 董惠卿 上弟題信人見弟便夜歸

廿七日甲寅晴 今月朱青雨 天色炎燥 特甚 皮裘不勝其御 園梅野詞

新種之牡丹皆有苞 為南陽嘉主 棠李 黃陂 使日將暮 又至東亭 [illegible]

夜夕山深 [illegible] 映以新柳 [illegible] 人間無 [illegible] 方 [illegible] 也

廿八日乙卯晴 寄吳平齋信 附 [illegible] 李眉生信 同上 朱芷卿信 同上 李憐女信 [illegible]

吾生 [illegible] 作 同上 [illegible] 壬午 癸卯 乙卯 乙酉

廿九日丙辰晴 晨赴陰雲生家祝其母夫人壽

二月癸卯朔日丁巳陰大風寒前日衣夾袍今日復衣皮

初二日戊午陰大風

接邵兄武初十日信

又張鏊生正月　日信

初三日己未晴 春分 寄張鏊生信 附書作片 午後奉祀 先祖以禮

初四日庚申晴 寄邵兄季壽信 附書作複

接邵兄季壽初二日信

初五日辛酉晴

初六日壬戌晴 陳惕敷自里門來

接六姊初六日信

初七日癸亥日昏微雨

初八日甲子晴

初九日乙丑晴 楊溍石之子思皋來少譚去

初十日丙寅晴 下午陳惕敷去

十一日丁卯晴

十二日戊辰雨旋止 寄郁李壽信 薛安林信 印書仍船

接賓兄五月十日書

又李少荃相國正月初七日信

十三日己巳晴

十四日庚午陰疾雷雨

接宋芳卿廿一信

十五日辛未陰雨 寄宋芳卿信 寄澤卿三十圓 印書作船 薛安林信 同上

接張星生十二日信

十六日壬申 陰寒午霽夜雨 寄郁李壽信 印書郵船 薛安林信 同上

接郁李書十五日信

十七日癸酉 陰寒午刻雨雪傍晚霽 寄郁李壽信 印書作船

接宋芳卿十六日信

十八日甲戌陰微有日色 周衍臣自蘇來賀 留下榻

接趙阿仲十二月廿二作

又張琴壬 小賀帖

十九日乙亥晴 汪史寬寬寬宴 謝其月之二十二日內外[redacted]陪設 是日[redacted]

[redacted]完[redacted]具蘇嫁宅[redacted]迎親船發來白自蘇啓川

二十日丙子陰風 女舟申刻至泊閘門外專迎李姦來之詩晚飯後去

二十一日丁丑陰雨意下午放晴 李君梅來賀之詩 趙作人來賀 巳刻設從禮

首鑲迎 先祖神主升堂 生紫山時祭禮 李樊樹用樂 禮成遊 主入祠乃

退 下午女氏送嫁匠同舟載入都濱 省賀之 送禮媒氏鄧李姦方子衍旋去

心靈和陸賓出

二十二日戊寅薄陰有日合未刻行禮 巳刻媒氏至晚飯同赴女氏舟午刻畢賓先赴舟

親迎 贊以姚代雁延來刻畢農迎女申刻女至 寬迎新婦合巹親宴皆山

禮 是日賀客至者 厭氏圖 趙斯十吃飯至 消至園 煙焰 雲君 春太 君靜 雲伯 偉楨

書城 李祖庚 重樓 四 楊子京 秦 萬舫 楚翹 伍平 宗吉 王哀人 及 戴侯 就 楊帆

十餘人 至二

接李惕簃廿九日作

廿二日己卯 晴 夜雷雨 五刻 新婦見舅姑及諸親於前廳 遂率以見於 先祖

皆廟 專祭畢 姑有歸寧 新婦見於 宗廟 禮成 合家移賀山廟付保 遣定謝

安夫婦於中堂還（余亦丹）候御舉 主人孫不候 下午 醴婦於寢 用樂 自此以前

禮節皆循舊家齋規 而以古禮時風參酌之 詳余室喜記目中 季兼來譚

是日 夜寒 家務車畢乃大雷雨 今日以為吉兆也

廿四日庚辰 陰 微雨 下午出邵遊 新親家（邵）公武 季垂兄弟及公武之子來飯 亦

邵公武夫人孫氏及其女（妯）於內 午甚家宴 和請家客

接李惕廿二日作

又寄季卿 廿三日作

廿五日辛巳 陰雨 邵公武來譚 是日 定兒及其婦至丹徒省侃田四門也

廿六日壬午 晴 大風 得孫氏兄弟書 子亡命及子新路虞山之新 予丹中少六夷上

借靡季上問安 邵（祝師麦處）問子劍門 館柱自久 有也人發竹亭 借寄舫小題

入峯來 相待 頤俾山人之趣 遂至三峯寺 晴 分孝以返 梢少凉 讀書寺

平盈世兄侍從偕邵世兄明日踐行渠過食及别 遣完丁丹送行

廿三日癸未晴 午刻出城謝賀客 惟小雅叢玉云伯文譯又題 萬安宗少堂

廿四日甲申晴 徐文卿 邑人 來訪

廿五日乙酉晴

廿六日丙戌晴

三月甲辰朔日丁亥晴　答訪樸文卿不直　至蛇井　寄書坊久堂　又至耘稼樓
孫少甫歿　仲穎孫自蘇來函稱
初二日戊子晴
接鄧文武初一日信
又鄧季壽同日信
初三日己丑晴　寄雲璈兩函
接寅兄二月廿四日信
又鄧文武初二日信
初四日庚寅陰
初五日辛卯陰晴相間
初六日壬辰晴　下午同兩穉、四姐偕游翡翠坊內（張石僧看之弟）平霧盡人方
（三孫）穉以時芳名家屬存疑，將訂之矣　張俠卿來訪久談，以所攜畫相較未合（號景翀芳席）來訪
蕃序
初七日癸巳晴　寫六姊信　仰衡　李暢仲青信　寫程和園　仰衡　張其生信

印若示冊頁題句 李眉生作 印吉作聯 朱季卿作 印若題聯

接子宜書 初三日信

初七日甲午陰微雨 同程勉之校振彝傳及嵩三十八傳

校對開生 光緒五年君從曾劼剛太常赴英法國充二等參贊 今年

正月杪返海 竟不起 正盛年 二月廿五日下世 余与君交最久

錢光甫門懸其像為長聯以寄挽詞

何至年未五十即終也。至今讀行。有才俱獄。獨於身計缺焉。熱心腸於人心。是四方

暮節一錢。

上新園西。上離菁離。上離廣大。上杜挂樹。而為龍慧不識。请為心宗眼。证明末

這破重關。

初八日乙未陰微雨 寄鄭小武作 邵季垂作 印若 擬魏仲作 印若作句

初十日丙申雲夜風 子宜來談

接李眉生 初九日信

又朱季卿 初八日信

十一日丁酉晴 寫朱芸卿信 寄[illegible]

十二日戊戌晴

接周再暘叢十一日信

十三日己亥晴 早食後赴鼓樓訪候容甫 弔其子婦饒氏之喪 因湖舟偕西順登山相地

是偕虞寺東一地似可用 偕山人明日來諒

十四日庚子晴 子雨子順丹季來譚

十五日辛丑晴 熱甚不能程擇行 約徐文儒 汪藹川來飯 飯後合張鑾程之華偕

子雨子昨與謀修德家室 額婦歸向相子健 請奉傳宣人 宮國府討探 來自宣城楊穎

擬寄家中信譚

十六日壬寅立春 雨 雪 晨起候相子健 子嗣揆偕並偕至東之雨陵 下午[illegible]道別

[illegible]

接六騎十四日信

又朱芸卿十二日信

十七日癸卯晴 南階來 久有游武林之意 逮年以事不果 茲擬偕閏川以

錢琳伯、愼舟（遠山、惠夫）舍先赴蘇，再候舟相送，至劉川，夜來泊

十六日 早夜晴 至新城蘇伯壽門，偕安林至舟內談，叔翁、竹蒸之梅，又閱楞嚴

家語于金陵人鄒鳴產昆，湖縱又約茶叙，午後訪子武，與子武及安林遊傍

晚又訪樹人，香君少坐下舟，寫字八紙（寫字八紙）扇，季秉秉久談

十七日 己巳 晴 安林來舟，同至東門，在舟二人（為安林）游閒寫一扇，迎南陽君，寫字作（為吳季書扇）秋（午後）

至山塘圍花塚，下午舟過安林寓，稍坐，同至閶門訪朱蓮卿、吳子祥甫、之屈萃卿

同飯畢，相久談

二十日 雨 竟雨 得樹人函，以蘇銀四十餘圓，屬呈宗揚，吳本葉山寺，得漢墨高古可

喜之至，與新糊舟齋門，安林來久談，傍晚乃冒雨去

接南陽君十八、十九日信

又得曼生十三日信

又得錢壽十六日信

廿一日 丁未 陰 早食後訪費闕子久談，又訪吳秉鈞久談，見王友瑞、禮五、費吾律（律）

之子，又訪李履生久譚，與諸陸碩三種文，至閑陽宗久之，遂回，南陽君來

姪婿及女五女輩皆至　傍夕我郡人來訪

廿一日戊申晴　巳刻移舟胥門泊　上岸訪朱棠卿　同小舟至坊巷達觀急就久談

寄書遣舟　字衛生子寔見供字留吾五番各回銀鋪　雨霽　張安林代送信回

廿二日己酉晴　晨舟齋午過吳縣　申欲過手理　夜泊司徒涇　寫家信　若春未寫信回

廿三日庚戌晴　晨發巳刻挽舟婁啟泊韓門　遣書與仙舟父母由海鶴書並之布

松兒省四弟過抵也過舟少談　九妝上下　余宗舟中与南陽東相照雨別去

登岸園探明錫寶　文儿已業二字　又回覺歧樓美人一幅　王遠山水一幀均佳　張沈綿園事

淡綿之園　下舟移泊南湖煙雨樓　借南陽東等登眺　撑小艇正對東城

下晚湖州南更清湖之臨　若士更久達　到宮生撥春來游　過余舟衡燈

告僕南風遠程就泊南小亭　伊其女之來是南陽志詩亦稿暑到

余舟之移南門泊

廿五日辛亥陰雨　舟晨發午過平門　夜泊石門杭南鄉　寄南陽歡詩三章

欽使五廣潤泰贊沿南信摘道　劉南生輪信

讀事南蘭信睦路。時猷律是對。人向靈玉秋碎穠。世外衰豈有儀。君昂爲蘇橋雷翊如存擇汪文以前今已无業 吾道竟甚踰才孤出蘇而飄樸遍大志猶爲焉 子駱傳周孔在，知我[illegible]

當門遊，廿年無謂相唱酬。外地簫寧亂來休。君與世不第家第[illegible]未感書 而識澤蓬徽情要等與角見哭 [illegible]遠廿年

大識[illegible]和君李同在里門，[illegible]桂既歸，詩事書不務，最安德此假軍旋江之論曰少

不知誰厚理子孫，吾友人居道口按疾近之，乃來學者，言曰後道不淺，可君爲之

針不知無恫然

能之周題文揚樓，空齋同音樓附顏。每以徽之聲四座，便周騰[illegible]

蹇摩莫。先兄官居江存柳去周徽君殷甫與君乃集[illegible]府無參漢之識。其摩知無 之論四海同之。每揚去不下以爲禮命卿也

嶽經見柳蘭含羅拉。假此乘爲之寄畫野，去埋羲家時情。庚申家當居 於于若福壽

家鄉君於手人口比今壬午爲君又 於于遠復詩我蘇[illegible]

未隨轎館出廓亭，忽參轎前撫孫方，去周閉茵所遊入南粵。

宣山嵐陵要盛。君以今年正月相別上海，二月卒於旅寓也。 家參登世聚殺，易債要仁澤使英法國，洪濤於風夫

宇濤連澆斷覓海，要告城清，家不盡家人事，利有假樓浸開意。

廿二日壬子晴。月日君春與將塘西山門，[illegible]杭州府武林門外下馬談，守家信

作句 早夜 務丹杉木廠，地近錢塘門，去湖濱里許

接寬兒廿一日信

廿七日癸丑晴　朱菉卿之弟詳卿同余至出鐵塘門至昭慶寺徵相候登

山岸經之門領君湖濱識昭慶寺經房僧應瀍，余和會僧明作湖樓（寺在錢湖之北）

山[illegible]正對吳山，而[illegible]孤山如畫，性[illegible]僧（指西有鄉林場特來從天西則青王慧日諸峰，南北兩高峰協立西南，[illegible]）

空石山自云孤三面環西，下視孤山之程，蘇堤一二可指

每月得錢十二儲，聽節不積也。下午詳卿去，余留下舟

廿八日甲寅大雨雷　早食畢冒雨遷入僧宅　送為浩君等皆至　還園堂眺山入

仙界　寫寄偉作　即返　作局

廿九日乙卯晴　晚食畢出步至斷橋望眺良久　憶咸豐辛卯冬与鄭君孝拔同寓湖上

一月　與君傳謀三種　亦至斷橋　不意亂後不可蹤跡矣　前年避僧閒君復

前陳君埋寺　訂君向吳鄭君孝拔　[illegible]成　亦將共餘倆生林逕着　山東與

次發廬　同此詩　即林浩城諸相君等　不能詳憶　屈指二十年　盡隔荒壤

山卯子以情情而老去　孤蹤樹憶難再

晚上斷橋看雲

蓋子酒從杏蕭。芳菲原少竹樓。雖亦看宜宜。但有鶴古湯圓。林斷鳥鄉傍湯

空人影孤影虛橋背在但從蒼山缺

閏月乙巳朔日雨后晴 晨起書畢 乘石舟至城内吴山 恭謁府君祠 居謂經我

顯祖功德在民豈言不絶 小子不敏 自甘放廢 殊無悔也 下山至訪朱洋卿

久譚 又過陶舉日祠 茶一甌 有文字 非子孫矣已 下午過寓樓

初二日丁巳晴 居停主人瞿德新偕博色人 來訪久譚

接家兒 言思作

初三日戊午晴 清晨偕君至 借南屏來鴻雁 女孫 女樣 游雲空 初至鳳林寺 少

坐 應鳥窠禪師道場也 其後略而岸 歷覽南郭達 行看未畢 次至安王墳上 乱

陳 敬達 耿樓不設 既至淨寺 觀寺僧畫 佛像 寶蓮池上三樓 北山清淑勝

四月五日木魚 世壽 追 合掌 叙

舉手 歸薦 未久五色不具 久之 不得 隨山門外 方作寺家 有内家 侍女家 挈

將寺皆女子 合掌入山門 至殿來拜 從兒子卅年前 曾經此山 因

余所見法要之際 寫寬要面 以江西石樣 為此為岩 而石樣無樹 石質

復 徑不可以

相仰相仰矣 寺壯觀 而寺門 入寺門 天王殿 西即殿 像妻 蔡 傳 存 大殿 皆

為小屋三楹 但安其旁處 在山之麓 不及什一 寺兩側 故無茶 的經 他處 花

應存路一窗 樓正對 淮此山 讀處遠兒之江西 亦湘山 主几席下 君枕此為寺

林霞雲岩之奇，循寺而右，攬真隱洞也。已又下山，循溪右過法華寺，少上

出山門，右行即天竺道，一徑平坦，不一里即下天竺寺，正對飛來峯之背，向

東石塢甚多，未及游。武林中天竺寺，又一里上天竺寺，其道皆寺僕設，欄以（峯頂有捲陰神，元吉利塔也）

待游客，市肴糧，井下往來甚便。為程僧寺，左白雲洞，寶所峯，向門

殿宇俯壯，帆影中經大士發信之，晉天福間僧道翊得異木於

遠福雨陽世界，雲異顯靈，大士像蓋於日下，高闕載　　探記云　宋御

祀此之晚之舊，如此方祀香火之盛，傳其年間意來，夕竣莫入寺，乃青島晴柳

畢，下寓寺中，是日也，下春雪，始陰，雲飛洛寺門外，轉寺門西，九里松門

春稍轉北，仍過岳墳，林寺經過大佛寺，即保叔大佛，傳內有不儀佛，傳思寺（門外前有湖面，即保叔塔也，下為大佛，佛前寺，淨寺）

暮色昇之際，殘戲劃平，開日曾將弟躲，及雨有所似，至已返寓，已西刻矣

初四日，己未，大雨，以天陰，游人寡少，置舟攜酒，加以言語，乃下舟西雨，至循白沙堤，戚寧

登蘇堤，至一游，山水翠殺，寂寥，林蘇之台，錢塘青藍，寂滅，畫手尚其，解此哉

舊觀，青擁墳，岳安林墓，狗，戚舉而之雅，宮伸樹葬此間，以第宮祀之，四林多

祠堂，祇祠新增寺，舟復門外西泠橋，下孤山，前泊蘇公祠，舊蹟不存，時以

前詩可名蓋灘溪名湘陰時者即換傳稱自魯改收筆祠祀之中有花
園一亭在山上名曰置思是自能遊以兩進宗人不可理甚初無正平湘秋月共夢
四門官陰住之華中傳安樓聲國亭六止門廡而平湘秋月好樓前未改也就
僅宗置俗市魚膾尋菜談不平中追宗人好尋持鶴對雨含朱光賞可嘉
人可過下舟兩甚從每不可支蓋鄉　長日朱帶仰自蘇明遺使相訊向
接詩大歸三月四八日作

初五日庚申晴

初六日辛酉晴

岳王墳

千古樓霞嶺。清湘逝暮鐘。雲生樓殿白，日射墓雨紅，成敗誰能識

英藏自不同，如何天下士，竟算任和戎，

玉泉寺觀魚

禪居三樓俯。深潭觀一泓明。琉璃凝有色。珠汞泛無聲。

車在鏡中游，鯉魚何妨水中清，真識知我樂觀道待開年。　儕野逢人

募魚肥可含，争千山遊杖，策洋屬待此情，

飛來峯冷泉亭

亭下游蹤風。雲烟三十年。戊申仲冬來游

困言行，深聲曲靜夜，世來心冷煖，要問源流。無情夢可。時在此山邊。時閏郭桂有插依自說者 石懸

韜光菴

幽探入窈冥，崖徑玉泠泠，家惡簷俯俯，便居烟大青，幾光當短榻

倦雜上疏松，何日擲東林，徹君。遲斜一醉醒。

天竺寺

滿目青林下。方從自遠來。度橋香市過，穿塢清塵開，龍象今何在，人

天畫可哀，飛泉松家向何處，絕塵埃，

林處士墓

是處青山下，秀風流絕筆書，千秋存高志，一節貴於採，孤存吾不返，新

梅從上徐隱，名字習聽如息影哀，

行宮文瀾閣

青琅石年年草，丹黃曲之境，湖山市料館，圖史窮兒藏，贊自詡鶴儒英

竟日未游　叢林奉令得慨悚，水天雲黯黯，擬中晴晚景猶立意茫茫。

望湖樓月亭（游平湖秋月　返宋黃飲）

望嚴孤山路。平湖烟霧飄。杯羨芙蕖，朝摘錦華滋。鰱初肥，雨急珠泥散雲

況望新徽，闌吟比富的。舊霧雨香衣。

初七日壬戌　晴　早食後棹瓜皮艇至湧金門步入城，市往步游覽過朱茶御樓不至

下午歸

初八日癸亥　午後陰晴雨　是月四月八日，香會最盛，士女如雲，早食畢

（宋天禧四年王欽若奏請以西湖為放生池，四月八日為放生會，在山放佛誕日放生湖中，八百餘年，此俗未改）

步至孤山觀之，至平湖秋月亭，蔣公祠，謁彭公祠，飲茶（參九一）棹瓜皮艇至湖心亭　一

眺亭樹，啖枇杷，西泠堂故址，下午歸　釋標致文十首

初九日甲子　薄陰

題俗師陳禪鐘樓踏花亭

嵩雨寮時，日島內通鑑輯本。有大字中字小字之附釋文未附釋文之殊。自明迄

今，藏書家往往知其名。而[illegible]殘帙不可得觀。其著南北，南渡以後，蜀本

郡遺傳者罕見。有音有目，本。昔時之龍爪通鑑。有胡三省音注，如元末臨海刻之。

明代武功所以藏國子監者。蓋南雍本咸佚不傳。嘉慶朝鄱陽胡果泉中丞以元興文署本不甚美。翻[illegible]布海內。學之士家置一編。人人以為據。就之陳[illegible]。更[illegible]失之矣。中書局為之補刊。今所得為本若是。[illegible]山張嘉[illegible]卿。種學傳文。五十之年。紹[illegible]不[illegible]也。故藏於內。以藏書名其家。乃就假之[illegible]文異本[illegible]之別存於。以校局本。得誤五千條。又假宋[illegible]本以正之本。得誤五千條。其如[illegible]周[illegible]五十二年之事。元本刻[illegible]一年下。而伏世本他。若依宋本一一[illegible]之。又謝前人校議而見於[illegible]刊焉。視其[illegible]之書。宋[illegible][illegible]在重[illegible]厘[illegible][illegible]存之。[illegible]善矣。夫[illegible]學視學。有學[illegible]視書。不為學則[illegible]處。不便書明無微。[illegible][illegible]而名[illegible]其間。[illegible]夫以三[illegible]為[illegible]。[illegible]書之存者亡無[illegible]收校讎之學。自[illegible]以[illegible]之。本[illegible]傳[illegible]。[illegible]相[illegible]。其不以[illegible]正其字[illegible][illegible]之[illegible]。[illegible][illegible]不[illegible]離[illegible]本之異同。不可以為學。[illegible]之指之過。[illegible][illegible]心[illegible]。[illegible]下學上達之言。不[illegible]之。[illegible]閱物之訓。凡七閱寒暑為[illegible][illegible]。讀者不[illegible]一物焉。[illegible]自[illegible]不[illegible]書。凡八[illegible]年。書成元[illegible]七年甲子。身之[illegible]上[illegible]年。書[illegible]丙[illegible]二十二年乙亥[illegible]宗[illegible]正。若[illegible]。若[illegible]麟。以及今世陳[illegible]之[illegible]。[illegible]

指爲臻儀。是所謂異己之術。自前不可復容其解經之人。毋以僞心害之可也。

初十日乙丑晴 晴窗出入昭慶律寺 惟山門新建（菩薩戒壇遺址 寺舊爲證湘樓故址 寺資家恒出 曉大付讀壽誌）乙始不可見。尋僧詠誦偈二三四人，面粵犷紀湘上猿提燈，夢一存直時人西歸。至橫亨資古也。訪白蓮華菴

得以傳其自命，獨與佳物象之點二氏以自張其說（南道之），而猶居二氏（菴）勉筍法之不

旅率無一人能崇信淨宗。萬壽向道者猶擅之林上乘實路（方）下者，可見包傷哉

！內外之典，盡溼傷樸之案。並慶慶來方興，有識之士嘗爲雲棲

十一日丙寅晴 早食畢，買舟至三家村入昭湘吳道孤山入荷祠，謁扁聯旁回祠葉回

竹閣日已遲，亭已毀，舉閣猶存其名，而爲務（坊）其地爲吳人高刊書者安放古本

以爲書舍，割爲盒。今此類者名爲僞本而古法不可觀。遠甚。世人不華本（淺人以爲）

雅點其一端而已。去孤山入蘇堤橋，蘇堤自北而南第一橋也。橋以內曰裡西湖，南山下（四宗文書院門外亭爲曲院風荷，有碑題詩名歌未卄說湘）

而題之，堤之東常橋斷阻舟，仍當蹲虹橋，循堤而北入壓堤橋，第三橋也。裡湖

南北兩峯之奧幽曲，棲霞山在層疊起伏之間，桃皺深映水中，一望色陰濃

淡相間。雖隱與不能及也。去而易舟出跨湖爲第五橋，謁南門宗祠

堤有宋廬園故址今移爲堤記旦芳歡慶廬五月廬舟循南山下露荷芙蓉亘堤
堤晴如花時湖水清澈日照之光香條是耀水照當年湖中堤上今猶此年入湖心係
寫亭[illegible]地今名三潭印月水出左右比翌峰穿水坊竹徑畫爲曲橋有亭翼其
橋畫浮竹畫浮橋橋之南之左新建小便隱水樹其堂更南又爲曲橋小亭橋畫境
湖佳樹正齊南屏暮日峰下西南諸山抱之隱隱翠於其村兩岸無路烟火味矣已
久下舟日已下春回煙樹而好南下行向東界御[illegible]舍理湖亭十後使小舫就之相見
移舫同居同食薔薇送之去乃返
蘇堤遺址 今名湖心亭三潭印月宋蘇軾開湖之日以存小石塔時界日大湖以此泉諸向建湖心亭於北堤遺址
劃水古三塔。跨湖今設橋。亭言容有疏。蘇[illegible]如初一覽見孰尊。係滅
蔣公儀。青稀柳不修。湖中蘇東坡時無寒水光大湖濟湖之南廬段為諸堤亂以種柳皆存館十拓八九生世氣使其耶 猶存斑白史開
坐談前年。

蘇堤

十里長堤亘。聯舟蘇路未刊。祇今詩句裡。併作畫圖看。樂與賓僚共。飢
同辛伍餐。南民諠手口8此意正湯湯8

南塘查地三墳之一也大曆五嘗謂為唐三十五年撰記以下嘉祐廟所載呢陵湖等誠為湖中之湖嘆為被望之所四垂十

北中亭湖龍湖南畔西石塘三處謂之三潭金方廣今為東三潭印月亭 夢懷蘇雲璧宮麻、蹴萃慶禪院東北隅接年四百餘年師極

事居之今志通不知

水稻園園亭8亭依夜村橋8不聞清磬聲8但見竹千竿8寺自宋至唐更而事 雨札以唐址皆以竹補之

家有磨羊渡8風追采寒道8越山青數重8惱謂聲走遠8

廿一日丁卯晴夜月甚皎 晴食畢以天寒阻訪在前有月可南渴者謀買棹往西

蘇曰放船暮霭裡山青蒼更異高唐湖心亭三潭印月亭月之嘉在東山之上時以

之雪滿棹而碧湖亭攬雲興旋平上舉可宗人踐雲踏影前宮平湖于時真如有

冰壺瑤暖之緊 平生看月以此夜為中秋至蘇西湖壇寺及此者為無上勝

境待市塵之鋪帳棠家傳錦燈火闌人靜乃出清輝折過家舍畢乃睡

通雨夜矣

廿二日戊辰晴早食畢撑小舟至湧金門入城市趣朱蔡卿于門紫崇家下午返

廿三日己巳晴夜月光頗為樓窕窗見不寐外

接寅兒初十日來書

廿四日庚午晴 留宗侄印出府 召朱宅 張伯伋作謝宗侄內 來草卿來同晤谷同

撑舟至望湖亭黃家久憩各返

夜過湖上玩月

平湖潛浪浸寒霄，照得月色寒。靜觀冰地潑，仙隱玉壺寬。山俯添層望，波浮兩丸。月今發吾留，信遍踏闌干。

十六日辛未晴夜雨

十七日壬申晨大雨，午霽晴後雨。將游五雲山，適以雨不果。早食畢雨止，攜舟直叩南山下。雨後烟光四圍，西巖翠柔，夜深觀幽，將使客心醉。復萬把塔涇小港，抵淨慈寺門登岸了。雷峯塔下，按傳三十三一小阜，阜頂塔據其巔。塔中徑八丈二寸，高止五層，純用磚疊，掣砌不施木植。中為四龕，塔直通塔頂。龕身與四壁，西層有孔竅，當時以架框旋梯，與塔外層簷閣梯，久燬於火，不可登矣。據紀載，為吳越國王所造。像用磚石料堆成，百萬今雖千餘之石，猶成此塔。下北眺全湖，南眺諸山，實攬其勝。惜院宇頽廢，無復是處。循舊日下山，將舟過錢王祠。舊在龍山，宋時已廢，遷於此，無後重造，亦係舊觀。中殿為五王像，西廡有明人重摹吳越王像碑，真蹟據石不可見。舟過湧金門，徽雨不止，以三錢為入祠方中西方玉洪一寺，於鶴冠目以來觀也。晴時。許益齋培和人來，許不過，讀書

（淨慈寺門路）

寫中移[illegible]匡孫壽知余名以係甚久攸來訪至紘政劉佃之商討雲亭詞因

其友王佰鉀 姓蔡山陰縣人工篆文 兼

十八日 晴 朱華卿代[illegible]與至豐通寺一遊 寶子亦偕游 夜割與

南留春豐路南山 循大佛寺鴛鴦山麓至寶陰橋 穿蘇堤 畫橋為總

祝魚丹三台山謂明于忠肅祠 廳祠左墓東上兩廊香畫遊外 平臺設石像

西壁有大書古今罕正丹心照月赤子擎天十二字皆大方文楷 耐佛不知出誰手筆

座像有石刻嘉慶權尺碑 匾 季象南照其三孫為公之祖父也 墓前為門 廳門

內列石獸六 再過一門 另為倖回 嘉靖也工 又過三券門 公墳居中 君碑碣 旁又六墳

未詳何人 循于祠之右墻一徑上升 而東山陰相[illegible]為吳黟時長身和尚肉身

祠[illegible]書稱佛[illegible]至 寶建古鏡匣 寺左額[illegible]鴨中山 門 數楹中殿 以處肉身 居左廂

旁殿 塑金象中 西表刷 鼻甚巨 身存不肯 履開工 修骨相長短亦如中人 因 目奉瞻

身皆鍍以漆 安正坐 冠履帽 指大紅袈衣 緣以木擂工 寺僧 為余言康卿寫[illegible] 男[illegible]祠後有樹

有匡職 揮刀斷其兩手 並割左臂 祇 手去 夜見其怪 為賊 從寺知[illegible]移季中 私室

以漆將圍之 覆斷處裂 作肉紅色 西瞻[illegible]既[illegible]出寺 仍返于祠西門 坡隴外

隆倚故里遊鳳凰嶺至龍井寺，寺名延恩衍慶院，宋元豐中辯才法師退休So
舊址，此寺為大剎，屢燬屢建，今存房舍數楹，上如故矣，傍有閣廊，神龕
石七星臺，洪濤及宋賢題詠，不可見，龍井在左，茶屋一小間，下為老龍井，在樟葬
中，和既為數里外寺基處，處天下為第中，泉皆層疊生，坡山拱，護便是明徵
署兩壁相煙石鋼，附理一遭也，由此經獅子峯下至雲棲，以經灰不能通，豐於石
華行則高約七八里，寺為青石山，與附見湖光，至為宗山，從南高峯壇，並近壇
下南林莊，等寺樹叢，路人所居，即烟霧洞，洞口南向，倚石為室，洞內高約八丈
寬丈餘，兩壁有二十二尊，一十八尊者象，相傳尊者像本六，是越王等傳，今十二
因名，洞之東北一室，暖猶，中有武春，妙通人安頓也，洞西一石，正教春
鼻，後對石浮壁，稍舊，蹟壇，洞前則屋，傍樹，西村，前見隴，到若屋，隔隴，惠缺
要見之江，西自泉，西見富春諸山，李由浮丘，據幽獨之句，不知為此境而作也，時
山，道埔，龍便借，借保客之，[redacted] 甚廿下山，經南見隴，左約五六里，約石塘，西至楊山過印
九溪十八澗之地，入理安寺，庵舍齋房，寮門以內盡毀，楹藉閣，除對一寺，惟存殆
諸僧雨泉亦，林草行，寒不勝，慨然寺便方，庵材，營建，此乃由南門過二寺

陟澗壑里山勢斷崗一徑直達江干九龍頭此去羅宗峯由雲棲來附利

經者（昔賢保過紀作開懷達）諸之山嶺西行隔五里即花村小路折而入山則香梧行矣山勢益

入益幽初如兩翼共斷作際探過三疊亭高竹森路巨頭直桅高踏五六丈聽楓

直不可為烟雨所之舒人心目快有前賢文之士於方之矣再入為洗心亭在

路右西臨小池竹先四合靡蔭為屋上合久循徑而上得見一亭無名亭數十

步過御碑亭之雲棲寺門乃在高閣之上左方拾級數十以登佛殿前世頗不

世僧廣孫語曰無山門中無大殿其蓋蓮池遺制然也為明季之黃宿秘傳

收身宮下補靜室以補勞倦僧時收心道也

據寬見初十又年

又 子函將初九日往

十九日早飯後登寶石山日落登靈隱禮佛入僧房僧觀慧恩白金剛經生疏

依照錄三十二號字明號 字心行楷無誤讀之甚當有 使翻譯語及對山詩

此畫為此書書冊弟特世 御筆上二不類宋為眼見題之近未何人為之

若又蓮池大師手札卷一二十 卷中不言事 悉附一紙 讀之僧收 平青 年

二鼠隨佛上天二句未必[illegible]數十橫斜[illegible]不一若此佛心二字[illegible]書
之[illegible]乙卯歲十七年十月某日寺燬于火先一日有人[illegible]會稽者
遣書一[illegible]來及問[illegible]事實後數年而智[illegible]以為是年[illegible]月
日皆子別二鼠也然知為大師所示現化詭異[illegible]入舍[illegible]
諸禪師[illegible]蓮池[illegible]此步[illegible]洗心亭少立乃行佛殿[illegible]
門後我山月橋[illegible]下六和塔[illegible]
數人不皆登閣上有玉皇宮[illegible]又祀青[illegible]玉[illegible]平[illegible]大慈山入[illegible]
[illegible]師所[illegible]神人[illegible]南[illegible]子[illegible]二虎[illegible]
寺上第[illegible]入山門[illegible]大福[illegible]左右[illegible]
[illegible]向[illegible]以升[illegible]正殿[illegible]
[illegible]因此[illegible]
[illegible]
左[illegible]
[illegible]北出[illegible]山[illegible]南[illegible]山[illegible]

筆陣書成萬州 悄婦中秋萬舊鷹年 收鑄畢山歸猶存年

新為佛館 工僧讀經芳中見家不能長隨人意 幽經法傍含識

壇上門深湘上屏路車新探窩

謁于忠肅公墓

一死真良會。為生積善國。起[illegible]雅[illegible]國。辛苦自成身。儀獻張千角。

從古偕佩律。[illegible]書石[illegible]。[illegible]計[illegible]助磨礪。

法相律寺證空光真身

清淨身常在。千年古有黃。雲山遠老風。樫出亞洋龕。寶是千輪懷。

千年庵北吳越國時距今千年

虔禮一缽鐸。泥洹讀儀義。[illegible]國師奉。

咸豐庚申春粵匪犯浙寺毀真身兩腕斷僕之以銅蓋見先怪送浙寺存之

烟霞洞

石廣亭亭出。豎仔一道碑。初瞻法王座。真似野夫家。雲樹西巖漫。

風烟[illegible]富者沙。[illegible]湘工家。[illegible]出畫。

雲棲道中竹

昔上叢林路。幽心為竹身。那知出塵境。惟有此中宜。

恭和[illegible]先生[illegible] 友過[illegible]詩[illegible]

烟火青之內以為畫一隻竹之美無過是矣　殷御雲烟青衣衣飄露粉披[illegible]

此正雪梅乃知古出君上但石為賦此間也

眉簾易改一為好胖[illegible]

江干月攜筝

煙籠楊鶴。荒圃寺少僧。仕嬉揉與窶。白浪自硼礴。去艇竟踏没[illegible]

孤虎窮曾。吳天[illegible]城門 東月攜筝卞 江山[illegible]間寂無路空見勝。

大慈山寺論泉

真者指就井。名泉論虎跑。簷伸[illegible]事。[illegible]石青新家。雪[illegible]白來空。

蘭若崇右岩。東志禪僧在。且莫覺撥茲。蘇醫東增瑕祖護泥討刻石為存

二十日乙亥晴　早台東華豐入錢唐門底訪明府邵對久譚見所藏書秋帆稱許

蔡右凡六人保三精善可喜　次第朱集仍要久譚下午再訪許並孫鄉

居櫻園有花石之勝孟求者讀趙子昂中峯和尚帖并贊又到文清題

氏某田記陽種程　又通文貴[illegible]江天雪霽圖卷附書諸遺字與陳之

也下午返寓

二十一日丙子　陰晴互雨早出候濤至湧金門出訪華仰山之志日譚下午[illegible]直

雨

二十二日丁丑大雨。雪樓上銳之來湘烟靄，湖山畫隱，溪溪無際，與南陽君款

不能搭，憶去歲在成寧，丗五吉時也。

二十三日戊寅大雨。

湘上雜述

華髮新知少，黃壚舊雨多，如如若林室，意覓語天邊聞鷓鴣。

山深春群巖，雲知鷓鴣，全搖豐彥蝶。

別錢湘　原書地理志但云武林水十三，縣志云穆水合四樹湘共存名西湘乃邑人從於湘東方丹山處

老杜鶴間　軒刀詩舊體，思人意，悟談舞客心濃。能飲西泠水。

煙煙北嶺橋。倚醉天馬寒。夢語倚鷓鴣。

別客氏樓　樓在明宗季爵古九曲城地，客氏法明日畫樓，亦以為戲

九曲城邊路，清明樓，三徑屏，雲鳥一窗收月白，閒妝鏡山

青苔江頭，知無梅花，歲歲木蘭舟

二十四日己卯陰雨，下午常帶兩買雨來，遇久諦隆蓉乃去。

二十五日庚辰 午刻答禹贵所拟来信两咨恭候[illegible]不能抽掉初传[illegible]济[illegible]门

外新马须乃程舟舟二大小如来财帮

二十六日辛巳 晴 早发 午过塘栖[illegible] 刻[illegible]此[illegible]以[illegible]来[illegible]

二十七日壬午 晴 早发 辰刻石门湾 旧舟资莱叩门 写朱莘卿信 写诗二首 即寄朱莘卿

晴[illegible]沿东门外往蔺陈氏女[illegible]六妹[illegible]廿二日下世[illegible]无措一年以

来[illegible]相见[illegible]事[illegible]年[illegible]不[illegible]

速[illegible]天[illegible]心[illegible]

余以[illegible]诗[illegible]卿道不足[illegible]

中[illegible]朱莘卿[illegible]风雨中相送 加上题句志别

[illegible]三年久。[illegible]月[illegible]。[illegible]。[illegible]。

鱼美天宋[illegible]。[illegible]阔[illegible]。[illegible]一章书。 不因郑[illegible]

雪卿

袅袅讲堂买亭来可斋 修[illegible]尚[illegible]项[illegible]在止[illegible]山[illegible]穿穴[illegible]

诗祇[illegible] 霜晨[illegible]一挥[illegible]来[illegible]补[illegible]

二十八日癸未 阴 晨发[illegible]已刻过王江泾 写宝[illegible]信[illegible]八人

二十九日甲申 晴 晨发 午过吴江 未刻到苏[illegible]南阳君[illegible]宅 [illegible]

門少泊偕穆閣門 寓宗伯 師母偕船
二十日乙丑晴 遣張舟送妻瑪女姬等先到余舟上 移齊門 招蘇安數舟同至
觀前園得回 謁獅白石庵 尊高尺餘 雅潔可喜 耳目瑞價可印 敬守
小蓬印價十餘金 山腰豆二目 既去見 嘉篇 張子青 副府 拓蜀 題 八顏金
鎖燈善 主恩事業 長雲衢 司馬原以泥追出 借價值十二萬 有高貞之示
聞為也 酒座晤談 卸李壽少詩下舟 拜吳武壽詩 良久去
接寬兒廿二日信 知陸大姨之赴 袁姻之諸

五月丙午朔日丙戌雨 彥超邦彥來久譚 薛安來 梅生丹來訪 邦工武久譚
下午至子武齋 壽同至視中蘇寄久坐 價洪中輝同元板字季三部致要書止
此外買直正小板錯蓋斯書價五存勢季滄筆寄齋好如是炭秀又元板程
視尊說大令十本價四圓又私本都二詩篆二本價二圓 部呂南像 部移也
得小說園抄本又土禮居物中貨賣壺園摩刻記日見所來一冊姊姊上卷二之又明柏
點匡正所西大五本閣五本價十二圓又初拓顏勤園高帖殘本三冊價二圓 下午回
自南昌來通上子發丹至蔣家留 寄年丈信作印宿
初二日丁未雨 晨曹請屋子過吳捷市至劉秋宗
接陸約書 任
初三日戊子陰 寄陳內姨信作印書 薛安侶信作印書 發陳年信寄家書價二十七元左上
初四日己丑晴 會曾君靜來訪久譚 又余義武林湖趙作人洪信約往遊 午刻
出北門答訪趙次侯久之詩次至作人處並晤季嘉梅方啟葉弟不戲少坐
出訪澹陳仰不直 訪石蔣女家婿不來已往前月北上赴順天試 唔子順少譚
訪謝偉文仰不直 訪李訪曾君靜 又訪董春服 訪劉邦壽 今中德筠

初五日庚寅 蕭宗瑞子布禮 先祠蕭甫壽 下午 張伯卿來 者訴冬 訟

初六日辛卯 晴 為子布 事向時祭之禮

初七日壬辰 陰

攝劉郎中 初一日作

初八日癸巳 陰 赴吳瑞金 婦氏之 夜晚下 再來春

初九日甲午 大雨 晨發 至廟 迎九里柵 旋回 新壇橋 距麥福 莊

初十日乙未 陰 晨發 歷新橋 趨福 小酒 買鮭菜 寫本 華卿 信 仰尚 再寄 留 甲面 橫林 戊 剎 到曲家 橋宿

輓六姊聯

成名有子 翔業有家 二十年辛苦備嘗 撫子 處 勉 婦無少

蕭墓照見 令爰 哭婦 于百里 奔 馳 孔亟 推心 痛悔 理言屬

哭六姊三首

大斐夏 淒風 更雨來。扁舟 有 客 正 衝 哀。百年 戡 曳 備 嘗事 一瞑 真 同 壹 大 從。

天外 飛鴻 避 島影。更中 暮 鯉 注 新 哉。三月十六日 西 姊 于 青 十 杏 舍 改 哉 林 未 還 去 世 比 病 正 家 無 遇

閉 姊 訃 距 西 姊 四十 日 耳 書 為 存 匯 中 美 蓉 湲 上 山 千 叠。就 遠 愁 看 阮 項 開。

宦游萬里逐江流。辛苦螢窗孫有鋼。甲寅陳氏姻因我宦京寓四川已無世舊札不可得乃下吉至見之十子衔一椽一瓦皆伊力所致焉

君不問也有子撐持垂老計。大姊歿庚辰召座弟遊祿養未遂也前宗滅墨仰慈。群不德己閑三釐。

不挪寸產撥兩甥。姊喜喜羽鑰居淮杭遷姊喜兩弟關係時心喝和雖同人世無羽負。隣姊想身世吾澤

恨。

淚流頻年酒逝波。心情淅瀝事銷磨。偏傷僂臺理身果8臨聽呼猶入耳

多8同氣只餘哀老黄。主8兩家慈兒孝無幾8殺學同相神丹了8哭無因熱

理則那8余與廣南兩姊姻閩氏姊逝年物世所能之成實君女夫方性旗碧保定吾女柔禮以身殉庚辰冬先見所根未濟辛於十月而姊夫鄧孫壽則以

十二月經兩上宮簽兩宗均未候者五是姊又之葉屢墟矣八年之中哭隔未乾自頭東埼園不如見故黃壤之存爲也

十一日丙申 晴 夜刻舟抵毘陵北閘翠岸經過里巷已夜不剖入門樹重凡假

聲一哭淚下不能數行遍覽小腹隱隱跳動知不可治歸乃畫作劇發息所詳悟

向於此大不能起入室見床榻依然則又不能起凡三哭次將重對先生助書稿竹

出休於外室慶衍偕息良久氣事好定時陳氏仍明日合市家來佑吉當大請

張楚生兜子鈞及李物信房題此則而先生吾先生弟與次姊重三人爲之一一抑見睡詢

精刑閱實見獨哭也頗無心靈之無如何也爲孫謹無束方樹廷張氏下午撰見之戚

劃下船君以氣虛又心境晦暗甚覺熱竟夕不能安眠

十二日丁酉寫字數幅既畢即赴許氏入哭盡哀遂居書齋帀下帷家子

料理之弔者約有十人明孫九子寫挽幛及部人蘇程宗悼伯方劉雲樵訓

訥山等陸續皆爲盡其相人子弟者宿寮之孫道備目睹景皆存不性未劇

既歸余爲柳氏程夫人懺悔三日下午請照寺僧伺來淨壇余禮佛並誦畢

乃下舟姚孝嘉來舟見訪曾才拜有目揚加面聞余下亦來訪約晤

夜時仲孝袁偕來少談見余疲甚遂去

十三日戊戌雨寫字經候節印了柳宗禮佛竟燒送子宿畢出候悼伯方久談次

候張青生次候君曾才拜久談才拜之狀宗伯方訥山陸孝有蘇從有約明頃

余以大功之喪有弟婦姪服且禮佛爲壽請張三印之才拜里得明晴具壽

餅一盤不能已諾之次候劉雲樵多談次候張楚生不直次晉候姚孝袁少談

次候蘇杏宗譚之久以其外家方氏新喪在新城陸廟爲基祀隆旺春棧蕭氏談之

十二年前上海逃難時事爲之撫掌大笑春孫子有之婦錢氏率其子女皆出拜

次候劉而山久談時已下午且甚雨修譜寫漏亦爲之候乃竟賠晚下舟

十四日己酉晴，夜大雨。晨起至柳宗禮佛竟，早食，出赴天寧寺，信宗識僧有龍（信宗校勘向在天寧寺充職），本僧六二十餘年前為僧也，有師同余至該書，邀飯，以無暇卻之，頃來訪，且久談，引余歷觀寺中興後寺宇，自大殿以外，如力能及者十餘所，又大蓮閣甚為莊嚴，宗教之素萬師能大興復，皆依舊制為之，有屋二百樣，有眾二千指，僧共叢林氣象，規模亦巨整肅，為之喜悅。余旋赴南生藏植處一哭，向在東嶽廟而之人，高戶出，爲不果。旋入東門，詣宗祠拜謁，已入尺十一拜，母吾庭宗生兄少談，出便子寓見，久談，並值全人有次谓侄十拜並不寓去，服處均不直，次至吾千弟寓，謂兄拜母少談，次便舊有又次侄陸亭有，均不直，次便來住君，談朝蔚作來吾拜，久談，次便徐吾光不直，次五才拜姚彥表，齊根萬，劉仰如，皆至伊處之餘甚精，暢談尤美，吾舊信暖畅，夜梁伯芳來吾訪久談，乃去，余乃下舟，故交來訪，僕者自觀，及珠修之不絕。

十五日庚戌子陰。舟人恐病甚高，啟碇尚遲(?)，舟人竹卯方睡，以來為競渡之戲，宗之生記無與而信乃訂原舟十七來與載余赴陽五談，石禮被登岸下，楊陸氏寄宗信，師為禮，吉物亭住合上，母子生處，閱其之手作書，談英芝葆，吾與之書，信謝久深，述其留居外國時及病故諸事，又言母氏亦痛，殊不能生云，余無由觀其或相見耶。

余偕相息路勳一頁舊懷瑩之余積痾兼胃不覺相向洗淘良久乃寫 下午懺事
畢余談奉儀祭佛內哭盡哀乃皆痛為匯傳來保護助施眾主傳德潭
年六十一齊天寧寺苦村傳偃足探子逐形不知三生石上重逢之概余以淚為腦
中心痛心禮而退不能待終事臥寓聽梵音淒厲亦未合睡也
十一日辛丑 室 雨 早食畢往為開弔生為主人以他事出圓丹詩為仍不果訪子宣見之久譚
又訪張蒼生仍不直為返 岳生甫來 子宣見來
十二日壬寅 陰 雨 子宣見來 素湘生倩 壽甫卿之 君 孫 來訪久談 午到東南門外諸明
寺設譯經祭 太原府君以下諸瑩 若雨經旬泥濘難勝 古丹大廟之所兩處順
失容明廣正原所余 尹 又不克久留根為此處劉而遍趣李往訪坡尹省識兆域余
為之傷後因雖為人念前之乃返 途過方氏門入少坐旁訪素湘生不直晚李帽
來余為作書到訴此圖一〇〇幅 下午厚再來遷
接南陽君十四日信
十四日癸卯 晴 早食畢入辭佛堂子吳之余偕止於此吳先聲暢謝懷中又以
余之所見初識之以盡余心據佛而未 萬道西寒見處少譚 又訪才拜不直乃

下舟聞鄰舟聲似雜樂呼之果庭蕤表弟舟久談始去[illegible]子寒兒乃

挑亭表叔新叢舍李蝶仍舟來還家舍舟回夜泊南塘市

十九日甲寅夜雨陰晨發初過和橋轉西泉橋宜興城泊長橋下遣奴子定

加祭品

二十日乙卯已大雨晨起見有雨意而祭物已具遂放舟東山前解後雨大至冒雨

擇達墓於舟中望祭畢冒雨登山之北大墓隔洞之道皆深七八尺不可

踰越遂從山椒逕隔六段陡余素不善行路又十餘年未來登墓險此

至凡再跌泥中衣襪盡污於茅屋中伏地四叩起視兆域無恙新柱杉

秩大僕公著蹲眺稍時雨勢將歇歸舟似可惆下午解維傍晚泊和橋

二十一日丙辰風雨早過西和橋午過運村夜泊北新莊橋

二十二日丁未晴早發巳刻過皮杜午后無錫泊惠山下攜訪井泉試第二泉畫

經下舟即行未刻過無錫城北門小河遂達滸墅泊約六十里泊太平橋去無錫境

二十三日戊申大風雨早發過蘇州閶門住蘇閶以冰阻稍候以平望出口浮華

篙櫓首風惟雨一時大風[illegible]蘆墟車中避之二十四日戌晨向楊家

二十四日己酉 晴

接吳君遂初一日信 寄還明拓國山碑八幅

又吳丈平齋初十日信 寄附潘伯寅尚書搨見贈彝器百六種

又陳壽卿三月廿三日信

二十五日庚戌 晴 寄朱蓉卿信 寄季鄭安以碑一幅 卯莊作白

接安平二月二十二日信

又朱華卿十九日信

二十六日辛亥 晴

二十七日壬子 晴 寄安平信 印山拓仍補

二十八日癸丑 晴 趙晚侯來久談

二十九日甲寅 晴 謝仲宣 穆光卿

六月丁未朔乙卯晴 寄邵村人往看袁爽秋于順治門 仍寄行李

初二日丙辰晴 寄夫婦自羅踏歸

初三日丁巳晴 暑甚

初四日戊午晴 趙仲人來久譚

初五日己未陰（接周茗照初一信） 寄鄧公武信 仍寄鐵 蔣曉梅信 同上

接李少泉相國 六信

初六日庚申雨 下午露坐看月 與南陽君乘涼長橋上見流星大于盞（星形）橘園 正係自斗牛之分越天河西南隱于雲中不知何宿變也 余生平凡三見一九歲時在龍如楼與一二十四歲時在衢州舟中大小頗相等而今者所見則最鉅尤可駭云

初七日辛酉陰 寄朱蓉卿信 仍寄白發

接子沐五月十四日信

又朱蓉卿初三日信

初八日壬戌晴 于竹虛（寄之山東人 前正部物日識獄來虛）來偕久譚 借憩乃去

接鄧公武初七日信

初九日癸亥晴 南昌袁福宗人雍親 下午出己就郭 看竹于竹虛不直

接周茗照初六日信

初十日甲子　黎明雷雨　君秀往白隄

接師許人初九日信

十一日乙丑　寅正二刻　接于竹雲示　叙久談　寄師許人信　寄方宅偶宋書札

御史周蘭階信　六壽　柳六我作　全書　劉[illegible]何件使　作函　全書

十二日丙寅晴　寄節止才信　寄尚益陳和素信　作函

十三日丁卯晴　寄子寬兄信　張[illegible]寄[illegible]租息洋銀九十九圓　十五叔收之

十四日戊辰晴　夜雨即止　得中孚麻姑仙壇記精拓本　此刻世不多見　價頗過昂　庚子

錢石把云　[illegible]寄見之　它本不[illegible]　宋本有蘇錄　余藏者未年可

一本　顧文勤　吳山子先生之物　[illegible]內中　謂為[illegible]　乃今不意　又得一本[illegible]

前且[illegible]聲拓　[illegible]之　又得[illegible]中之[illegible]

可[illegible]為指[illegible]求[illegible]

接翁士成十二日信

又師許人同日信

十五日己巳晴　夜月甚皎　寄翁士成信　與南陽君玩月于北亭　二鼓盡[illegible]

六日庚午晴 傍暮雨時作時輟 月仍被遮 夜與君惠携其友周韻香來 快譚篝燈
上巳之乃去
十七日辛未晴 池荷先以米除不出 今暑年之盛 不覺盛大開 卯刻與南陽
君往池上賞荷 早食於亭中
●接寶兒五月十四日信 寅刻 葉季卿午刻去洛 寄鐫新題識一本 四
十八日壬申 晴時雨時輟 晴雨時有 霞或云東御有雪 天甚涼 皆在襟
接卿 公武十一日信
十九日癸酉 晴陰 寄陳秉喬信 椒寅兒信 寶兒信 椒子回條 李雨人信 備書 仲白
二十日甲戌 陰
接子寶兒十七日信
又劉縉卿廿八日信
二十一日乙亥晴
二十二日丙子晴 早甚涼 申刻地震 廳屋房屋俱戰 聲一動即止 當是西寧陽
樹叢也

二十三日丁丑 陰晴相間

二十四日戊寅 晴

二十五日己卯（立秋） 雨 移居 垂楊 補仲宣自衢來

接鄧公武安書作

二十六日庚辰晴 稚過 香嚴之意 得嘉拓國山碑 武氏石闕（桂拓） 三公山碑

三公山神碑 華嶽碑 西門豹祠碑 華陰 闕康之 武孝昭 世之稀有 直隸 錄七種

藏而讀文篆釋一卷 聊廿一日 聊書之敘 暮葉案以集諸家釋以之志

是正之 閱生計等弟傳

二十七日辛巳晴 早食畢 訪黃君袁久譚 寄李府書作 題移碑

筆之種 何舊 許益之作 寄題老人 冊（寶上） 劉詠 仝上 鄧公武作 仍署

鄧季垂作 寄季書信 鄧之圖 仝上

二十八日壬午晴 錢辨 寄刻阮氏 移錄 題詠見贈 寄子寶 作題

作為弟 箬蓆作 圖上 張此孝作 （答）

二十九日癸未晴 早食後 訪次侯久譚 又訪張仲仰 亦久譚 並索世家

接族姪仲穎廿五日信

三十日平未晴

# 日記四十九

七月戊申朔日乙酉晴
初二日丙戌晴
接鄧季垂六月卅日信
初三日丁亥雨
接鄧公武初二日信
初四日戊子晴
初五日己丑晴 接張慎菴來函 毘陵
接李西亭初二日信
初六日庚寅晴 寄李眉生信 印書信紙 寄李西亭信 寄羅孝和宗丙介澤紹七圖 印書信紙 寄公武
信 同上 寄季垂信 信紙 同上 情菴將寄
初七日辛卯晴
初八日壬辰晴 趙伯人陳雲生吳嵩泰來訪久譚
接邵子晏南禄德六月廿八日信
初九日癸巳晴 黃堯河來

初十日甲午 晴 在月世殿 陸賜之妹之婦李氏殁母來

接寶見、旌孫蓮初八日信

又鄭孝垂初六日信

十一日乙未 晴 傍晚雨即止 在月世殿 寫子寔見信 即日寄 並李遠 陸賜最信 同發 吳賜琛

寫婦之事 握折 恨未如一朝之相不得可念 潘閣華有以然為之 母諒大庆也

十二日丙申晴

接李眉生初六日信

又旌孫字穀初十日信

十三日丙申晴 寫仲穎姪信 字匡郎六園 作函即寄 附衣背信 寫西邑書之庭信 又匡郎卅

四園書寄一斤 君 鄭孝垂信 作函即寄 李眉生信 作函即寄

十四日丁酉晴

十五日戊戌晴 接周陽女十一日信 早入閣 至坊 題作人 陸庶生 書不直 訪鄭孝凡久談

接鄭元武十三日信

又朱某卿 初六 初九 二日信

十五日己亥 寫 寫宋茂甫作 兩體模池一印 印書作白 教子歌作 印書作朱

十六日庚子 雨 寫范陽作 印書作白

接陳暢范十九信

十七日辛丑 晴

十八日壬寅 晴 黃堯河來譚

十九日癸卯 陰 方子順來久譚 寫子寒之作 印書作白 蔣亦梅作 印書作朱

二十日甲辰 陰 寫寶兒作 寫王放生題識二百字 印書作白

接羽老書十八日信

廿一日乙巳 陰 寫童穎甫作 諧萍 蔣亦梅作 印書作朱 羽老書作 印書作白

廿二日丙午 晴 天逸居來 寫范陽作 印書作白 寫吳作 同上 星吾暢歸去

接范陽廿日信

廿三日丁未 晴 舉世 西園中早桂皆放

廿四日戊申 陰 清涼

廿五日己酉 陰 寫

廿四日庚戌　陰

廿五日辛亥　陰　寫方存之信　寄誠印若　交孝夫之

接方存之廿四作

廿六日壬子　陰

廿七日癸丑　陰

八月乙酉朔日甲寅晴　葉苹伯來便走接見

初二日乙卯晴

初三日丙辰晴

初四日丁巳晴

接鄧季壽初二信

初五日戊午晴　寄鄧季壽信（即書信局）　寄府中信（即書信局）　寄山栗五百斤　諸兼臣

王（?）伍（?）之微同回婺州來久譚　王虞臣同來虞臣所（昂（?）人　吾（?）微（?））久譚

[illegible]

[illegible]

初六日己未晴（午大雨）　晨詣王虞臣不直

接宦兒六月廿六日信

初七日庚申晴　游沈瑪（?）生白茌（?）祝　寄吳平齋信寄新栗　初五武信同上（附即書信局）

初八日辛酉晴

接宦兒七月十八日信

又子永七月廿五日信

又葉苹伯七月十七日信

初九日壬戌陰　寫李宮保函信　印十九信局

初十日癸亥陰雨

十一日甲子陰雨　寫子寅兄信　寄去十一件母節用洋銀二圓　即發信局　君觀　胡仲信　寄去

新棠抵第　回發　待事臣未久也乃去

接吳卓亭初九日信

十二日乙丑陰雨　秋分夜祀　先祖之禮

十三日丙寅晴　母親壽午　陳事畢也　催諒歸帆之讓　奉侯業畢而不直

接寅兄初二日信

十四日丁卯晴　寫寅兄信　印十九信局

接寅兄七月廿六日信　寄回吳府劉陳陸傅稿

十五日戊辰晴　中秋　桂月之服數年無又　遣呼蕭女歸　夜設宴延吾上　與妻妾兩女室

賞桂款

十六日己巳晴月朗　亦昨　接新李書南廿七日信　代購詞學叢書一部　讀書雜求記一部

十七日庚午晴

接野口武七信

十八日辛未陰雨

十九日壬申陰雨

二十日癸酉晴 康吾崖樹盛留飯 吾來下午去 寄野口武信 寄康信 謝之函寄

二十一日甲戌雪

二十二日乙亥陰 寬見送其婦至蘇州去

二十三日丙子晴

二十四日丁丑雪大風 桂藥灶藏丸出 天香中五日 異叔學唐八百功德

二十五日戊寅雪 啟新不樸傳安宗 來明日將葬其祖葬也 吾孩偕人厥民團及時

文召信急治庵久譚 午後歸

接野口武第二信

二十六日己卯早食微雨 出為信安君引至某西門 錢送之 因換人舟歸西來仰

及好帝至信郎兩兩久譚乃歸

二十七日庚辰晴 方存之 實誠桐城人 真靜月官 來與蘇孫侯至來訪 此請王廣時其學生占

同寓久保偕去　岩倉邸便來候兩人同偕回行明日飲鴻爵園

二十八日辛巳晴　午刻岩倉邸方存之去應保及存之攸子樾亭來　看余之杉家

又謁黃公度　為抄疑及是日偕陳蛟渠下浦乃歸

接陸賓彤範　定明日辭別

二十九日壬午晴　君下午赴梅地中小井訪方存之　已好作書不至宜返　宮郡少武候　不晤

物集高垂候　同上　陸賓彤範候　不晤

接陸賓彤範　信

又郵局武田七卿

又郵局委出口信

三十日癸未晴　下午倩書云子君贊君之來謁蔣請向君先等　前倩寄久保書子

順來久談

接寄見十八日信　言域閣人在撤換兵　書事宜之函　要入閣亡后決權誤一篇詳示閱也

九月一日甲申朔日早甲晴 拜青宜自常熟來 同東鏡西過訪 寄子寬兒信 附寶信函

接子寬兒八月廿 信

又甘上將八月初五信 代寄寶兒服鏡上廳裝保手

初二日乙酉晴

接狗兒武初一信

初三日丙戌晴 先祖造家龕五座 花紙 於今日午刻奉 神主入龕 平宏人拜奠 題

接侄來名譚 寄狗兒武信 附寄伯函

初四日丁亥晴

接孫郎在湖初二日信 寄孫盦

初五日戊子陰 寄孫郎在郎信 附寄孫手書

初六日己丑陰

接狗兒武初五信

初七日庚寅陰雨 大風

初八日辛卯陰

初九日壬辰晴 未刻赴非習延壽以脈案見示 下午子順來

初十日癸巳晴 醫人以余脈案用麻黃一分 劑藥有膽仍覺不服 余急屬

世兄常寫寬 乃服藥[illegible]之[illegible]仍[illegible]微[illegible]為[illegible]

痛頭痛 [illegible]為[illegible]少不成[illegible]困[illegible]不[illegible]試如此

十一日甲午陰 困臥不適

十二日乙未晴 中氣餒 [illegible]中書[illegible]一年[illegible]足也

接李耀(?)女初十日信

十三日丙申晴 日午時微雨 [illegible]周池 芙蓉盛開 [illegible]白加映 今年

秋花無一不茂 [illegible]地年耶

接胡公(?)[illegible]十二日信

十四日丁酉晴 [illegible]休[illegible]下[illegible]

十五日戊戌晴 寫[illegible]信

十六日己亥晴 閱北閩報[illegible] 無今[illegible]福

[illegible]以[illegible]切[illegible]

十七日庚子　晴　早飯後往謁程人賀君子君留南關旅館十一點黃君偕罷諸處不直

往謁陳仰之譚又至晤晏少譚李候補少余不直晤

十八日辛丑　晴

接旗帥十六日信（通芝石）

又金鵬卿　十一日信二件

十九日壬寅　晴　寄黃元帥信仰多發　寄鵬卿信同上　余自五月以後心境頗緣未

嘗一日得寬閒之暇內火燔灼心肺亦莫名不安求一張一弛文武之道思出游以張之

亦振奮之道也此時尚未書了長讀慨然之念不見已十四年因命好子買舟游湖

二鼓下舟

二十日癸卯　晴（夜雨）風　早發過劉邑　經華林昭文新陽接界處地名望亭不知何本　午過巳城

經滸墅巳城湖申過（湖）獅山橋望玉峯獅望出見如在舟　旧城門外繞東門入鶴閘泊

伯陸宗庭

廿一日甲辰　大（夜雨）雨　早發　過四[illegible]子　午過黃埭　未過周太僕祠　又十里過傳細旧[illegible]

謁思市大先偉及天年

廿一日乙巳　晴　在西四牌樓舟泊英閘　辰刻　送姪子上岸　更有邦不先由倫儀余上海之局

僕人摩畢即同乘東洋車小之程橋　[illegible]為難　一人伝僱前　換行五元　真以人

代辦一事之　富寶善術春來樓府　市井[illegible]所[illegible]　同飲茶閣　夜市一樓　樓三層

積摘閣麗　自來居樓之所　無主人　謂此以待游女論說之所　余不在乎　[illegible]宜

也　迫富諸公　下午　同閱市　數步即歸　在同德　經何某君樓六上其門　數步

戌刻　歸　小閑　送工畢　[illegible]正喧　丑刻　[illegible]寢

廿二日丙午　寄　寄[illegible]山作　[illegible]作　寄[illegible]作　附[illegible]　南陽[illegible]作寄洋[illegible][illegible]　[illegible]作

午間同安邦閱肆　鹿工所借[illegible]　皆[illegible]物以[illegible]　為[illegible]西海之民所最嗜也　同[illegible]

數[illegible]無[illegible]雜玩　而所此事　直西民賽會之會　以為勝舉　並宜東洋車而為場

觀之　場周[illegible]十里或六十五里　當游一周　為時僅二刻半　以十里計之　一時可二百四十里

塔　[illegible]在十二時　前可二千八百八十里　捷不可比　蓋塔之廣　[illegible]未嘗[illegible]　高三百[illegible]

首[illegible]學為張君數年　倍[illegible]　小時　與人[illegible]　中　有[illegible]樓　在華　衆會　新設電

氣燈　為西洋新法　中國無特　往觀之　燈[illegible]以陂陽為光　燈[illegible]中　以二鐵[illegible]通不　電氣為[illegible]　自然

光亞白　望之似月　而其明[illegible]　照四壁　若日初出　及何[illegible]時　亦異觀也　[illegible]　過日本

芸樵入座，看日本女子四人以糖菓來勸客，衣綦紅段，布裙(?)，居(?)以膝下，圍以被而(?)

裙(?)戴(?)前後，雙(?)工(?)髮(?)髻(?)，坐圍以(?)後(?)五(?)，仁(?)依(?)為(?)網(?)，備(?)足(?)前(?)后(?)，髮(?)貫(?)畫(?)(?)以(?)蒔(?)(?)

報(?)夜(?)真(?)正(?)(?)，秀(?)定(?)不為陋(?)而(?)華(?)，韻(?)別(?)雅(?)，不待(?)為華(?)而(?)價(?)，知(?)其(?)之(?)二字(?)且(?)(?)(?)

力日(?)猶(?)五(?)矣，少坐歸臥(?)

廿日丁未 晴 甚寒 子石(?)來(?) 午後畢 与安井入城，訪竹門(?)閣(?)，借(?)余(?)於(?)上野(?)所見(?)飲

茗，旅(?)城隍廟(?)園 無(?)祿(?) 五十(?) 下午歸 傍晚 校(?)如人(?)加(?)稱(?)書(?)來(?)，齋(?)(?)識(?)，並(?)書(?)寄(?)之(?)

擬以 先生遺(?)畫(?)托裝(?) 夜与安井同入劇場觀劇，子刻乃歸

廿一日戊申 晴 寫(?)南陽君(?)作字(?)，寄(?)安(?)譯(?)稿(?)一小通(?)，(?)后(?) 午後(?)安井及(?)東(?)(?)(?)來(?)(?)

為伊(?)入同(?)至(?)劇場觀劇，下午歸

廿二日己酉 晴 東(?)石(?)樓至(?)彥(?)，同(?)余(?)至(?)東(?)訪(?)名(?)談(?) 午後(?)偕(?)安井去，(?)(?)訪(?)鍾(?)壽(?)，歸(?)(?)

積(?)堂(?)侍(?)收(?)歸 夜至安花(?)樓(?)，(?)來(?)要(?)(?)(?)，歸(?)小(?)(?)，竟(?)又(?)要(?)至(?)君(?)樓(?)，(?)女(?)(?)(?)詞(?)，(?)之(?)夜(?)

刻乃一枝(?)(?)(?)(?)人(?)(?)余(?)(?)女(?)市(?)，余(?)待(?)急(?)力(?)辭(?)歸(?)臥(?)

廿三日庚戌 晴 寫(?)南陽君(?)作(?)(?)(?)（下午寫(?)(?)） 安花(?)樓(?)來，少坐去 午後同(?)安井至(?)凌雲閣(?)最(?)上(?)層(?)

歸以 先生遺字畫(?)(?)(?)(?)(?)(?)(?)(?)(?)(?) 晡(?)至(?)閣(?)(?)(?)(?)(?)花(?)(?)歸 安花樓又來(?)(?)(?)

廿八日辛亥晴 作書與卯季垂來譯午刻 李少子同至皆至暢之別所一切道同至返坪
小野湖山見邀同訪卯翁仙少坐下午李垂父子安井資馬車游都府寺二十五坪墻西北十餘
里新開高原直接東京復有蘇州之濱以便往來於中此登岸橋直樓也寺本
高利近上野佛殿門外有泉可飲經營以從意上無可觀也 趣拜已厚膝寺西
茶店傍坪八角居賣茶一壺須錢百七十文雖古之雅園不若是之昂矣書與人例此為
東匹寫十票乃不過數秒時便通信須銀一圓中十分之八 乘前來至原馬車皆坪
角東方步來其全則每每書之傳上一日盡此時時運轉路馬騎人熱既傳於臉外
西人智巧便利凡事爭先以之鐵車利益甚不知天下禍患皆生之中 南條來相聯交閱
並石黃華人慕之不知如此傾之集體遠上乎是矣 夜和季雨同余至李詩語面三晤門
去
廿九日壬子晴 辰刻卯季雨來同子來探候報恭世倍之新通商 宮本當住家屏報錢函頭四十
枚卯季伯昌 午后同安井至閣安橋君探望此女如雲錦綺珠翠弟目皆是不識者究
連府接望此種盛態殊不可耐歸寓靜坐子二時 卯季雨泊來譯

三十日癸丑陰 柳榭仙來訪久譚 下午同家姊兄諸爾遊之于劇場 傍晚乃歸 夜初訪史花樓

來久譚 以債家逼迫亡援 持得銀十餘元

接蘭陽君廿六日兩信 一定是代筆

君子眠春好萼白信

又程仟洲廿七日信

十月辛亥初一日甲寅陰雨 早食畢 閱釋碑詞字書畢 一部價洋銀一圓六角 寫楹帖事

一部價一角 午刻畢寫

初二日乙卯雨竟日 下午遣人至書肆購四庫全書提要一部價洋銀二圓八角 詩壽金石

一部價洋銀四元八角 夜閱壽椿樓帖十二

初三日丙辰雨 下午閱壽椿樓帖 有張篆國川濮（僅錄四種）花如人來訪 薛香人 蔭城 楊芸 華 盛 蓋忠

傳觀古畫 聊齋兩事久談

初四日丁巳雨 早食畢 冒雨出 至東洋車 閱儀志洋貨肆二家而歸 寫南陽君信 印書局

撥雨陰甚

初五日戊午雨 連日霖雨陰晦 並致張堅客御清書狀 以書本遣人而已

接南陽君初一日信

初六日己未晴 早食畢 與西林閱肆 買洋人所製木器等未成 過自來水機器局 方

鳩工未竣 中為煙突（職所）高逾十丈 立方六鐵柱 以三四丈鑄鐵管貫地下以通水 過於東

塲 其大者經數二尺 工作之巨可知矣 下午慕樓久坐 同過女市 見徐慧貞 滬上之翹

楚也 觀其工中所之安 頗少雨逸寫 夜欲作川未 因再三導游 後乃有月識

申后坐一时辭歸考了，並在譯館西旅徐而[illegible]馮姻遇之，既歸，乃遇徐氏龍孫
往一西鄉二館餅肆之乙，在俟世西逛
初七日庚申晴。晨在鄉雨，安林佐生來，獨與譚嘉輝道逢邦春人自南滙解館滿
鹽季甚父子邀我並同至寫尚三人，午後畢乃歸。下午獨步茶樓，西邀後川至
招邀至范氏久坐，主人設飲，余自稱老叟，未可學少年，微醺托辭而出，偕兩沈黃良
其居果善，葉鍇生、鄭孝胥寄書遣，安林代擬叔和辭，以僕之不為花月消磨之十
四年，此皆而止，尚無投稚道耳。後季雨來久談，至三鼓寢。
接南陵先初五日信
又來華僑九月十一日信
初八日辛卯晴。早飯畢，同安林[illegible]賃馬車至小東門，買高嘉秀四兩，並寫十兩
仍賃馬車還，往來約七八里，兩人費錢八十文。去不極美矣，先是華人所設有馬車者
之非藏，今不可邪之路來承多難，至道不並駛，皆馬車每日停車道中以護究
之南北市法界[illegible] 八得錢二十千，猶索在辛苦華人游玩
之多，此計之實觀三數年，剎時畢，仍不知市聞。十下午聽律訂，夜[illegible]

請說剛自京陽盛行拍曲爲請市人學其[illegible]見粗壯戲不知崑曲爲何物也
日偕華嵩君院久譜姑蘇之曲爲屢長無可指之者是蘇陽後竹今日爲前數日
一日偕人奏技調查所表演於戲音樂之二黃 大鼓起于湖北之黃安 目案戲之地於今二黃 柳子 柳子起于山西以竹柳和曲於柳子
此所擊鼓之意也 自有雲璈之別開俗之耐唐矣
接樁無聊 初一 與仁宇同赴華無聊一笑
初九日 長嘯雨 午與仁宇同安林之屋觀羅太洋琴一具 和播憂鬱之外更為風瀟上排
洪宵嬌動如瀾自發氣象入宵以分賓南洋浦皆中國之小曲西[illegible]江江萬曆花柳春殘
之類半卻世諸君為何笑其真厚紙七十餘 余性古人萬事以本依古派以意解中之陽
十洲使[illegible]動而不濟最宜指授之理即不惜和候陽之為餘錢清遂之誇 餘不免稱雅
手欲而忘在寡之生活世子稱戒不[illegible]病全也
初十日 陸處著會 吳花樓晏仰青 宮植與仁宇 仁宇南陽君偕仁宇 [illegible]仁宇 下午同安林
至虹口大橋一眺 下橋入外國花園平蕪數畝中建戲亭一所 道旁置鐵床數張為已無 與西洋人月戲等仿中
至憶目觸最希得能保調揆頒世卽黃藍卿舍來秋皆群艷數出於羅旌國目者
有澈僻然十歲也 遊宮直吳花樓 郭彥川相繼來 兼請府未得

接南海君初八日信

十一日甲子 晴。同西林、輝中早午食，互談嬉作，金華西若樓大生逝寓。下午

到鏡香處談瑣碎之件，將金邊亦弹詞數種、沈川上來同入座傳泥戲。夜李雨

來，加福壹貨字畫碑，至傳得三十五條銀來抵押，轉以酒金仁也，劃貨給借止

七錢銀

十二日乙丑 晨起，偶看孫修丹雜錄，余生志[redacted]買妾，閣屢上人材之眾，必為進

擇來此二句，陷上相逢，詢為佳否，但閨閣十萬錢，無一獻良家，縱使不爲修降

心相從，定向此中物色[redacted]身價之高，亦非寒流所能向[redacted]者，既望美材，又[求]

完璧，千萬中僅一二[redacted]中稍知書，亦未甘流落之人，未必盡無，乃今世邪夫，本言甘帶

重以網羅若輩之財，其吐之皆是奴[redacted]侍客，以山防盜賊[redacted]不輕與人輕道

存世，西擇人為東之匹配，[餘諸]善自持色藝，本此不屑[redacted]習氣，讓存良家

對不能堂邪，尤不必言矣。偶詢息我，每倘僅易降時，自言乎國家受亂，無共之謹，不

[redacted]惜此為憐，此地既無山水之觀，又無友朋之樂，久留何益，擬決計言歸，且了[蘇]去

請求數日以詳擬備可耳。早午 晝，登訪那李雨，不直[借]□[識]，仍不讓，蓋識滿

訓郎（伯寅人 本無兄弟字）大謬極荒惟叢殘瑣屑耳數日窮老之計 午新返家
遣奴輩運行裝下舟 根據行李同逸菴擇少實者去 下午借安林同赴舟次
寄南齋君信加夾（子青作函）
十三日丙寅晴（微雨）早發 午過芦席 夜泊小諸屯港
十四日丁卯陰大風 早發 夜抵崑山 陸行四十里
十五日戊辰陰大風寒 早發 沿路寒風 夜泊真義鎮 陸行十里
十六日己巳晴（大風寒）早發 沿路寒風 未刻抵蘇州 泊胥門 安林上岸去 寄南齋君信（附安林函）
十七日庚午晴 早合華橋小舟至（同鄉）祠堂理屋 祀中雜件閱之整理一新 樹植不觀
至蘇紀鄉閱坪 過子祀中藏橋 逢安林久坐 同合湯館極佳美 歸舟詩卯
公武大謬 夜過子青舟
十八日辛未晴 早合華侶梅小安訪卯 大人大謬 又至祀中理之屋 餘置于祀堂庶樓
安林與子高人同遊玉器城隍廟 全置燭原舟 安林青事去 寄南齋君信（附安林）
接胡隨君十七日信
又寄兄初十六日信

又族姪莊氏十二月信

又朱善卿十二月信

又顧蒼川十二月信

十九日壬申晴 亭午與林來少談即去 搖舟閶門至虎丘並花埠一游 復搖舟胥門登岸

訪朱善卿並晤世弟善卿 葉卿適移是日赴宜興 知任川舟之具 以拿至時候子

戲川譚至初鼓始歸

二十日癸酉晴 朱善卿來舟久譚 亭午登岸 飲茗館中 善卿來同步 君薇又葉

卿譚良久下舟 下午仍搖舟胥門

接南湖君十八二九日信

又顧蒼川 信

廿一日甲戌晴 與林來同至閶門買衣料數種 即去 舍操小舟至園訪親家一錯 並訪笑

武久譚 天氣近見寒 紫霞寄局來一縷 史世雅處 下午返舟 夜與林來久譚 夜擬

明日返虞山 寄南湖老信 寄油雞一尾 作札 即寄

廿二日乙亥晴 順風 辰刻開舟 午過吳塔市 申刻抵家

接寅兒九月廿七日信
廿三日丙子晴 未初詣懋勤殿 易寫四象 子頌來久談
廿四日丁丑晴 園中臘梅以晴已盛開 寄南陽君書
接南陽君廿四日信
又邵子健初一日信
又程蕃心 信
廿五日戊寅晴
廿六日己卯晴 寄程蕃心信 附寄函 程三以來書以花月娥為余詩可移作雲僧 余處字
廿來世兄書 此不接作 徧為人口實 於此書辭之
廿七日庚辰晴 早食后答候新任巡撫 杭州人 不值 候蔡李氏賀其子納室 次
候蔣養侯 龍舫送行不值 又答候葉茗伯 又答候謝作人 又候李君梅 均不值 又答
候楊恩楚 及其仲 師吳廣階 略談 久談 下午吳廣階來 來借此書相觀
之歸加代有病 屬祝也
廿八日辛巳晴陰 子頌來談
接李甸生十五日信 寄新撫國山 碑 代里中 均精

午陰夜雨。實紀之歸自雞物

十一月壬子朔日癸未陰寒
初二日甲申雲大風　寄湘子縉信　即答　又新類附函　陸心壽信　同上　李舜卿信　即答　作緘　寄石符讀一本
自粘石符筆釋一本　薛芳甫信　即答　作緘
初三日乙酉晴甚寒之暑表三十六度
初四日丙戌晴
初五日丁亥晴　寄邵季壽信　即答　作函　邵季雨信　附壽　薛芳甫信　即答　作緘　方子貞自常來留飯去
偕子丙出　余安晡歸
初六日戊子晴　今日有雪意
初七日己丑陰甚寒雨雪
初八日庚寅陰甚寒　李進之侯俊秋舫招飲辭之　早食後出北郭　看雪　順訪趙
次侯兄直　遂訪方子貞　送月蒐　是日世兄子西之壽　爲自常攜仇來慶　值子丙家
乘一月　經今日始自謝子丙新學東地　偶遂順訪曾君表兄弟　亦不直
初九日辛卯雲寒　常州貴薦程生來訪　旋陪同晴　鐸里人　黃建向畫師　四中齊四
暢卿借去紅錦八　子丙來久譚
初十日壬辰晴甚寒池水冰　諸吳廣隆為南濟茲許廣

接朱仲武 孔劭吾伯明人 黄呈粹琛一 信

十一日癸巳晴

十二日甲午晴 寄粵[illegible]志 山西公 接族姪子懷 金西邨 日信

十三日乙未晴 寄星日[illegible]京廿八个 寄朱仲武信 送元春洋銀一圓 即番禺朱佳包 陪稻老信 信局 山西

守命合祀 先祖妣程

接胞弟季壽十二月信

十四日丙申晴 下午接吳庚階來信 並附子彌函 刻信覆之

十五日丁酉晴 寄子懷 族姪信 並言 大宗祠修理 並接府君墓道栽樹 及 公養學堂修理段

並議事 並寄族孫洋銀四圓 又寄 族孫子福 十女 山西四圓 寄吳庚階 寄子寬

族叔父寄 並[illegible]三通 二本又 族姪母 沈津貼二圓 同上 寄亭安[illegible]信

十六日戊戌晴

十七日己亥晴

十八日庚子晴

十九日辛丑晴

二十日壬寅陰

廿一日癸卯 陰

廿二日甲辰 陰

接筠公弍廿一信

廿三日乙巳 晴 甚寒 早令阿侯錢往訪曾侯不遇 至趙次侯家以弔其庶母之喪

次侯昆季早（喪父母）孤為母撫字守節五十年故欽旌之典重 候裴法庵邑侯不直

廿四日丙午 晴 早令阿侯僱小舟偕子承出西門至鳳尾涌方氏莊下新阡也 季女夫婦

偕往 下周興塋察穸往勘細度工料諸事 午後雨 仍舟出東門看市屋一所 係

晚過 裴法庵李譽侯不直

廿五日丁未 晴 張譽生之（室）兄偕子賢來自常熟留話

廿六日戊申 晴

接張伯甫日信

廿七日己酉 晴 新任守備錢 來候

廿八日庚戌 晴 裴法庵來 候久談 下午張子賢來 未行

廿九日辛亥 晴

三十日壬子 晴 寄筠香弟信 由郵局付

十二月癸丑朔日癸丑 晴

初二日甲寅 晴

初三日乙卯 晴

初四日丙辰 晴

接弟兼初十一月廿五日信 其胡子病危 求助醫藥之費

初五日丁巳 晴 寄弟兼初信 寄洋銀貳十圓 郵寄

接陸小峯 月 日 信 云吉言婚姻

初六日戊午 晴 午前同子承赴其新阡看工 路便自星門小試 龍度 頗試

甚不利 報試名姓 前案第一 可喜之至

初七日己未 陰有雨意 連日天氣煊暖 晨有時在三九中 尤與春時無異

是夜大風 鳴戛徹夜

初八日庚申 晴 晨起有飛雪 大風寒 寒暑表降至二十五分 兩中以布

蜀竭不敷 閉門寒甚 日光明 寒不解

接 初五日信

初九日辛亥 晴 嚴寒 下午韻君偕李侄錢門會試赴都也

初十日壬子 晴

接朱華卿初九日信 寄來

十一日癸丑 晴

十二日甲寅 晴 堰塘與師 錢韻翀 枚 蘇州人 自蘇來 為方氏治葬也 下午同乘小舟出西門至胥下新阡相視 傍晚歸

接李 蕉生 初九日信 寄煙新刻楞嚴蒙鈔一部

十三日乙卯 晴 是日乘女之柩至子濱合窆新阡 辰刻南北門殯宮啟行 甲刻入土 余老病目不忍臨穴視 視此事悽然 為有慰其存亡 嗚呼 青清才女無方 惟到隨隨細葬 事合之葬之參

十四日丙辰 晴 送錢孝廉先至下地 送姪子穎重陰往 字本白生信十五首 寄錢玉翀 下午錢玉翀同詣至初莊

十五日丁巳 陰雨 寄仲恕 玉較 雲卿 韻翀 錢杜航 邑侯來 暢久談

十六日戊午 寒

十七日己巳 雪 夜雪

十八日庚午 雪至曉止 午刻後晴 早食畢同宗人夢臣於寓亭中 下午樓君

林來住 乙為余相宅 東洞庭山人俞吟香之妹 年十八歲 突美 三歲 知書善

繡 其家富 係士族 近因貧十餘年 開設書坊糊口 此女亦能用寫記書目 紫行書本云

云房東早存宅 兄余思之 未遽信 擬明日攜冗買板赴蘇 親看再定之

梅薛妙林十七日信

十九日辛未 陰雪 早起 吃點心竟 出門 僅訪君倩並門 其尊人亦為出門 談良久

次至徐葉雲伯 從我久談 次至徐鐵秋所 出信為外來總 午刻回日 舟已開

申刻 朋作 雨未退 是夕市成 對之叢以泊舟

接叔明仲十五日信

二十日壬申 陰細雨 五點鐘即起 初抵齊門 泊婦子河 邀安林至舟 姻云已至寓定

贈於昨日陸續至洋銀二百圓 約明年正月向並親來處 余以未能親見孫

為慊 並安林云 明日說明今日親到和肅一節 遂同移舟閶門外 住小舟至胥

門 出 至俞氏書坤 女之吟香 出門東邊 母子二待人 世似朴愿 臨屋堂屋

後到廚下 女正淅米未竟 窺客至 知有之來 翩然而逝 俞氏同居 而有異性
又深諳衛女事 始便能達二一聲 但見身材小[redacted]膚白髮垂而之羞恥
雅何如目何如 則不能知 與安井偕棹小舟返寓 門前飲將中 吾安極有些兒
之美 舍後不能從此無前也 下午返舟 稱已君門 談至橋泊 取與安井相遇 入夜
安井至 初時付後同翁吟 青來舟見余 少譚定去 安井復言久 翁與米某卿相
識甚久 從某卿問余名[redacted]（其宗李賀六君近又）被蘇伊某[redacted]（郎謀急[redacted]）娶百金[redacted]那
婦不問之 甥為妹（償負）此殘一價 求其作之 有任姓周姓之說 價而安井聽知之 往款看樁俞
稔兄余寓 道寬縫待人甚厚 決計辭兩家而相就 並和與余不相識 某卿亦便從
主及之 亦不知其有婦女爾 乃寓之停也 連日來乘機就 其為俞氏說合 其應之
為之家事之守外[redacted]出嬰孫 想家運平常 人尤幽恨 頗妄 世間情之量責要貴
俞氏寓之至寬要房 媒來應手（蘇州人在郎州寫帖）扉安井寫立據保文契 並要雨見
以微收內之廣質 收貴夜而來 余聽不知所以 亂君辭色 情懷心緒闌之 成安井而
之居佃轎為情往
二十日 登岸寓佃 雨夜 狂風大作 舟中話安井 下午昭而同翟寿 小輝飲 頗久談

安井季晏胃雨下降而 且余氏世子塚無異云々 因退謀私之過 忖至禁二千里相十

至之此 余以未見女 而目之 任信舟導往 觀 安井言世宗侍不肯使未嫁女觀稼

對家 前此議宗皆[illegible]觀 本件有將再言 仍不見見家一也 無益者也

心不 謂 見並 而見 勞之已甚 不遑盛修之 神与下舟至少條之

廿二日甲戌 寒 大風 晨留安井下小舟 至園訪觀 莊 食畢 早 [illegible] 往世 食畢下舍

陳九層 為俞女嫁[illegible]首飾 余以未知其人非以人事 奪天工拒 再侍 為風雅飾計耳 與安井議之園

無使報者嘗急為也 何取價十餘事之費 庭使有四十餘 下午掉小舟 返下世舟寓

観雲淵任 而在 安井 [illegible] 下 舟 門外風 [illegible] 小 [illegible] 陸 [illegible]

廿三日乙亥 陰 且風 [illegible] 舟 [illegible] 申刻 [illegible] 安井 [illegible] 夜 祝

廿四日丙子 大雨雲 [illegible] 安井 [illegible] 加 [illegible]

廿五日丁丑 晴 晨起 [illegible] 佛 [illegible] 往 [illegible] 与 宗人 [illegible] 東 堂 [illegible] 園 [illegible]

廿六日戊寅 晴 晨起 [illegible] 行神 [illegible] 門 [illegible] 倉神 [illegible] 与 宗人 [illegible]

合子示天南友謀將予飲於外舍

廿七日己卯晴　書錢源來　鮑抄字來　富和人武作　鄧樹人重泰作　以目先生會　寅見代

書仰蓀仰如　蒲安林作　日上

接鄧李春廿四日信

廿八日庚辰晴

接陳前臺　信

廿九日辛巳晴

接孫寶武廿八日信

三十日壬午晴　南陵祀　先寅見往撫署　懷寧陳設張燈　甚華麗　余以眼遠　寅

見歸日主往東初三告具諸南陽君入祠祭祀　成禮未暮也　夜與家眾大小

十五人飲酒陳眾領數　屋內外祭舍　視燈以西院將有慶事　張燈再懷祭年

於南陽君室改正久

光緒九年 太歲癸未 虛五十二歲

正月甲寅朔日癸未晴 黎明起率子孫赴祠上香 默朝衣冠與家屬拜

天拜 孔聖師 山神事 次於 佛樓 竈神前獻祭食日禮 次至 祖堂獻米團日禮 家

衆稱賀畢 次赴 先兄几筵日禮 謁賀姑氏邑及霓亭 賀文正公小象前日禮 入內

遊拜客 即出復返 賀叢凡數十家 帳偃 書讀西廷俱候 及不收之贄 下午返

初二日甲申薄陰 晨起詣祠獻食日禮如昨 是日宗人祀佛稱賀 屯君靜來 未接見

下祈茶未

初三日乙酉晴 晨起詣祠日禮 午後收 先祭六十年

初四日丙戌晴 趙叩候未久談 下午接祥書 臣 匡露田 浦伊堂飲 示姑家中

初五日丁亥晴 下午陰 寄安叔信 即發 何若

初六日戊子雨 寄安弟信 何樸 何如

初七日己丑陰

初八日庚寅陰

初九日辛卯陰 是日申刻長青 花 俞姪設歡林于堂 禮之右楹

初十日壬辰陰雨
接金鑒卿初八日信
十一日癸巳陰雨 寄邵子盛、杏人、李鑒信（即發）安林信（附上）（並寄瑞蔭李蘆亭澤卿春亭圖）子永昆季來久談
十二日甲午陰雨有霰 寄金鑒卿信 加葉（即發）柳風橋雪景 晚戌刻至西
亭同時初上
接寶臣八年十二月十七日信
十三日乙未陰雨 寄安林信 寄新婦衣裙一箱 為俞姬購物糖（並再寄時賢扇面圖）（即發）
十四日丙申晴冷 張佑臣來久談
接邵子盛十三日信
十五日丁酉雨 寄邵季豪信（即發） 寄寶臣信（即發）
接邵季豪十三日信
十六日戊戌雨雪大風 俞氏仍今日送女來廣昭入宅以風甚遲暮不至
十七日己亥晴冷 午刻安林以俞氏女由舟南門戌刻遣輿迎婦直上元
張燈如晝觀者堵列媵人見于靜安樓下西廂湿卧一相之成儀首飲眉

余亦未暇遍視。少時即送之望江樓東間新設小籬，家人呼爲祕老
莫之知也。諸僕來言新人美麗嬌柔，適于詩妾。余未得作姑妄
聽之而已。
命姬來賦，賦依韻一首
試鏡風裡畫船來。舊曲桃根許後才。莫疑雲鬟裊風裏。望樓今
夜爲儂開。余寓望江樓，姬擇人旦之十年未得竟

十八日庚子。薛公望館師王某偕來閒談。下午詣飲邀子亦夫婦來談。安林來譯
接羽清書寄十年竹
是日又依韻第二首
畫樓只在桂堂西。不是雲封與雨迷。好趁春陰勤護惜。待看晴
日萬花齊。

十九日辛丑晴。安林來譯。擇明日壬寅與姬定情。乃遣其母至西蘇來舟詣
西門外相去咫尺，姬未來。余家以俗不得遣使至園西隅，平定望心旌閒之
乃人情所則，未敢延之入室也。姬初不慕情，余不強之，下樓。故以依韻之
篇閱此讀之，有喜色，言其意便甚美。余雖未細責辨妍醜，聽人言如此心

亦佳甚也

催粧第三首

窗裡紅燈窗外雪。香星光色正婷娟。詩筆自今人皆羨。莫負奩中七寶鈿。

催粧第四首

異錦裁紅錯綉文。鳳頭細壓石榴裙。請開鏡裡畫蛾黛。春到延[illegible]壽二十分。

二十日壬寅。薄陰。申刻新人粧竟。再見於萱蔭樓下之小奉華堂。余與南陽君既受[illegible]謁。並行禮。因同飲。新婦兩姪皆侍。酒間略詢姪婦事。鈞細不耐解。色柔婉。語言敏捷。女觀舊中人[illegible]如上目。波澄鮮美。自殊饒秀色。切[illegible]曾讀書。粗知筆札。定年保日。萱樓秘冊。在不慨奉華小史矣。酒闌已戌刻。於萱樓設畢。張撤[illegible]之。登樓答各家人。皆不設[illegible]果樹杯花好延壽之上以樂之。余賦定情十篇。人定教姪讀竟。自謂人間全家未有此樂也。

定情十首

聞道瓣成無限嬌。傳來消息比雲韶。華燈影裡春杯綠。記上虹
停鴻尾橋。

翻畫廊中一桁長。手褰珠（路）箔試新妝。金梅似擬卿顏色。萬（蕊）
紅酣備獨旁。

三面文窗窈窕通。眉痕山色此時同。幾生修得葛娥福。好閉春光
玉鏡中。

萬綠春梯吐嫩寒。黃梅花影正團欒。登樓自是春如海。付與雲
英子細看。

青山窗牖眼前門。書院瓣樓（臺）花滿尊。無限人間貪佛處。斷將離
艷此中論。

腦有珠璣我自誇。移將采筆付山花。便秦玉肩知文史。路石榜新
題小秦華。口姪如文字未全通而性好敏慧又字世豈無子智比秦一籍全望樓所藏善本擬悉付之鄉登樓下書室名小秦華志喜也

仰看蓬門我道遙。當年性好倚衣襦。秦樓不照東南日。誰任羅

敎自有夫。
少年圖史老湖山。四十年城棄筆間。百斛雲烟消不盡。一時收
拾付眉庵。
新烟經國非為佳。此是宗山近館娃。曲曲春黃花匝座。十年瀟
灑風韻難。
不到蒲東豈是仙。此中未必遜坡夫。相烟莫作尋常看。能穩春
管三十年。

二十一日癸卯大雪。疊樓日不起。忽見飛雪灑于摇紫千萬玉鱗。長吟一璺白
天豈以疊樓山四壁之蒼然雪不足以畫其美。而甚索之四野耶。寒衣
憚冷睡起。若坐晶窗下。賞對良久。攜壺訪盟梅園。與羣眉丹頰左
右嬋娟。廿年枯槁形骸。一沃春酣。百斛耳。午前借南湖東西雅賞
雪於亭中。下午與蔡東設酌以酬其勞。入暮始行。
二十二日甲辰。金連日愛玩新姬（賞其眉嫵且為疊樓侍史。尚其名為疊媚。並詢意）其父名欽。早年以蠶桑業起家。學賈入
某質舖為人司帳。性喜書經藏房中。本願以姬與居亭。不容。謝出之物。

設為卷軸書樣販鬻自贍其計拙甚暮年[illegible]於朱家角（青浦偶問）謁一
胖大踐於閣表悴乃爾時在光緒五年其先姓李名壺好書出文蓋不善
得生所交皆寒畯文學之士家無儋石而好急人之急父死時債負數千金
甫二三年道十倍之償日迫呼號詳無一刻之安其母劉氏歸往祈死始償日以
針黹助薪米自是無俾於事不止鬻身以給母去年九月始向母之寡
姊（某姪）借錢之乃為母見所責既而其兄為蘇伸陳順之居向使云當為乃竟得
有家而郡邑其歸不得償垂死忽書西賈來不知陸氏日持刀登俞氏門呼
罵以母命母不得已接姪乃往日夜憐厚以父攘妹為孝思今者此以之無生
理且大軌俞氏祀矣兩害相權不得不從此志見其痛往謝其妹乃告姪理強吾
問名甘日相繼殉之速害成之寡婦無居四娶此禮姪婦慨然允曰善哉吾甚矣
命之亭匹我可力求本此何處（且若事之加竟之狂）不以厚得聘財吾以了事之會也適薛姓為
余亦倚其兄宗宋名甚久講特曰此大家俾宜文名雨江南與其從大勝貴[illegible]
林弟之外不知其他何以詩禮之族姑擇勝拒以禮喬也姪亦有肯道者為詩
守僕薛之請事已定[illegible]或罷舊之感其母之持之往姪自言竟為此言但不敢

飯後無聊餘念頗殷母勿憂既至矣見余家迎姪媳備極寵惜翌日姪適
倬姪並母兄以[redacted]主人及夫婦相待備序且持余詩示兄母子相慶其兄伏船艙檢余詩箴
留卷中為倬姪[redacted]言[redacted]妹之所以我姪免罪矣姪妹循禮法勿為人笑門楣
被辱姪以自處之是夜姪以告余之意女子不為身計自處以待母兄之
福今其兄處妹不知擇夫家妹既嫁不爭婚遺而錄余詩視山所贈勸然之事未
世風俗所尚慨然聞姪婚後三日及余至舍居家事事而意不安奈之設
頭自無一時無一毫祿念但求主人壽考吾安存之余年言於姪[redacted]三十有三
[redacted]回依依依偎不免自愧聞其言先覺如此殊乎一也

二十二日乙巳陰周處士士煥忽來訪久談有所托委勉力應之下午郁伯來
薛安林來久談
二十四日丙午陰下午薛安林來久談謂與俞氏母子昨日往蘇余急與勞勉之再三
不可余轉述之久坐俞氏驚惜傳為精為老道嘆之無所餘請安擇格百
圓為俞氏不必需余諾之而去
二十五日丁未晴俞氏丹川姪遣倬姪送所持其兄書目睹情形之時所言

二十六日戊申晴

二十七日己酉晴

二十八日庚戌晴

二十九日辛亥晴

二月乙卯朔日壬子晴

初二日癸丑晴 擇三月初二日葬先兄照程虞山之麓 明日破土

初三日甲寅晴 胡子陸自寧國來迎其女 見候久談 下午答候胡子陸不直

初四日乙卯晴 午刻答候胡子陸久談 愛君春同李子均 甚倩丹徒人 來訪久談

下午赴胡子陸飲 胡於孫丙辭去 同歸將歸 明日赴寧國

初五日丙辰晴 [redacted] 子今段答候李子均 李春來久談 即送其公車北上

初六日丁巳晴 風

初七日戊午晴 接寧覆九年十二月廿八日信

初八日己未晴 園梅盛開 攜南陔君兩妾諸女賞玩東臺 欽是日

初九日庚申晴

初十日辛酉晴

十一日壬戌晴

十二日癸亥晴

十三日甲子晴 黃陸庵至候 來候久談

十四日乙丑晴 秦淡如都轉來自無錫 石華文僖秋壑遺墨來售 題其跋
同其久談乃去 午刻赴題其跋一指使 同座秦華二丈及吾叔冬園 年
皆七旬外 自日楊映梅君照姊婿 芳日侍人赴藕來 遍訪君照為主人
下午歸
十五日丙寅風雨 午十午赴秦淡如華過秋 來升蘭 題咏借書跋後 初鼓
始歸
十 接寫見 四月出三卜夜
十六日丁卯晴 午刻赴姚倬接飲 同座秦華二丈李丹升蘭 楊濱石 四
贊 下午歸
十七日戊辰晴
接寄仙手 夜
十八日己巳晴 寫朱芳卿信 汪世子書 仍留帖
十九日庚午晴 題侍人來久談
二十日辛未晴 得振招 不齊字碑來卻 孔季特碑一卻 去宋拓八

廿一日壬申晴　子和野塾真率　謝（新來令）堂君拉　下午過鋪敘別

接宗兄正月廿九日信

廿二日癸酉晴　早飯後與南陔君偕俞雨桂同游靈山　余先詣晨鷹地

祝工部久矣　宗人為余同登釣門　先生暨不拒而足　山色深遠不能去　復山

後宋帝宗樓　松林遠不之華寺　有小樓　左方丈　後寂無游人　旁松百泉

幸偕頹饒山趣　余言偕余步　下山遂向雙破山寺　登拔虎閣　久坐　蓋若此遠

宗人先返　余又步門外山椒良久

廿三日甲戌晴　寄寶兄信　廿二日王和　寄式信　印若信紙　余寄雨信　寄尊薛宗

印若巳時　印若信紙　並寄海言信　印若今上

接鄧里式廿二日信

廿四日乙亥晴　早飯畢　接寬兄出游（並接）子和毘李正同若（飲）堅中　適遇偕人吹笛君

靜先讀書久　鄰人為余復（為）李雨設饌　報大旗亭　蓋同為乃為　數日前再去

平家視察之書　余与之相識頗久　近以金石同好　往來尤密　世為憾世　豈能

陝自書之　鄰達先宗

吳平齋題跋

華陽宴如自己而成。得安舊賦之書。賞為千古。所云有江西撫出蘇及汪淵詩題

金石如有異邁不様。求拜尋屢詩者。通此精帝。撫郡具好詩所題詞所載皆家藏方玉

廿五日丙子陰 子尹以明日北門下午來話別

廿六日丁丑晴 無錫人徐月莊工琵琶吳中稱最 話以錢遞來余園之小麦叔會

者十人 季君梅 李升蘭 趙仿人 沈俊 楊漫石 黃城君 黃曹君 靜主人為徐也 不

午敘集 余之書畫 徐抽信琴揩 好為霸王郵甲一曲 似有金鐵聲 既間館旋

遠他家 陽雉峰聽蒋看 羅屏頌華 流北亭為 話舟 競讀一曲 聲情

俱肖 初赴時時去

廿七日戊寅 雨 答此懷 切手之子 自蘇州來見 談久譚

廿八日己卯 晴 清明節 早食後宮 侯貫 此衷 不直 又吾信 張孝生

張仲甫之姪

姪逐之 隨旨宮人 黃短園中

廿九日庚辰 陰

二月丙辰朔日三年己亥冬令 先兄夏明擇明日安葬 早食後往清淨庵殯宮 行祖奠
禮 撫柩盡哀而罷 下午夢以宸來久談而辭去 堪輿師顧雲山來自蘇州
初二日壬午陰 卯刻起 食畢 與孫子棠赴殯宮 辰刻舉門 由中路至雲山墓所
時已刻 雲寰至墓所 未初三刻入穴 堅積乃窆之 定向乙辛兼卯酉三分 丁卯丁
酉分金 掛柩以石灰炭屑 桃費三擔 既接土乃辭石匠 回陸氏妹處 姻擇初三
日余以不至赴蘇 自蘇同舟 偕妙貴境 出至墓孫 親自送葬 安葬家覺
頭眩腦滿 道早卧
接朱詩仰二月 信
初三日癸未晴 早與錢實雲山食畢 陰雨不停 梅季耀久坐 常熟令君錢枕
初四日甲申晴 早食畢 錢實告別返之太平舟 傍來候不直
初五日乙酉陰 早食畢 訪趙侶人不直 與君子君熙久譚 又答候錢 秋舫邑
侯上久譚 下午平字老來譚
接朱蘭卿二月初九廿七兩日信
初六日丙戌晴

初七日丁亥晴　寄陳愕信　附函韶
接蘇弟長生相更少住
初八日戊子雨大風甚寒將出節過清明矣立夏二十日而春寒如此殊非好氣象
也　寄任筱沅信附以東撫被劾奏　今入都聞之伍甫談將以寒士之座
之附函韶　叙解伊信寄孔繼首校附函韶　朱某仰任用也　朱評仰任自上
初九日己丑陰雨　寄李甫生信　附函韶
初十日庚寅陰
十一日辛卯晴　李君梅來訪並內胡仿　吳季　加寫之　昆人　郎[illegible]圖
十二日壬辰晴
十三日癸巳陰雨　寬遲赴常熟掃　墓
接陳愕一把和十夕住
十四日甲午陰　劉鄧山　虞興山東泰張邦劉實務人　孝師　晉陸[illegible]　自蘇州來訪並求下榻於
談仍在二虞府處未虞時僅先是袁直年十　有此等人同泰殼家齋相
好為大言謂作自云與揚州李某為保數南樓以大道不傳之秘　今世

當孔子後二千餘年一天地之會之運理隆極盛有三教聖人同時下世普
度眾生釋教則江西程某為孫勸陳生道教則福建韓某為韓湘子降生而
之別傳教聖人乃為洪某不敢擬隆其座者有八百大仙三千小仙凡世傳三教
之書皆古人糟粕別有真傳口訣須口口相授之才能成道困于運逢十二年
去世道之教中派通傳接續以付與李某並囑其嗣派張闔呂濟四人為
薪傳張為文昌閔為閔王呂為洞賓濟為濟顛傳其之莫語甚此李某自認
為閔高弟弟子姓張其弟一時名下士如荊溪周保此客遷藏稼巷桐城江某
門祥符張虎頭（名丙寅祥符人等）然作之偶為立蹟之寄傳之名揭示廣蹟緒江平陵
第如毘陵江宗金陵杭州武林之地此其要人不能入道即於此多立人之世派宗
是郡守陳可因循而讀日度其廢知於川有揉老[illegible]之在總東平孔宿函沈傳
甫等為江西之監郡王君子望成經李某等之訣李光形跡說秘時之為將郡王
山大民榮李之意為之接續兩數年特傳金陵（壽）訪家以其主郁酒一笑累之
劉以為之動將不為其門傳不是矣且無孔下無學姚氏與教四上失其道民殺
久矣被白蓮教國號燭街邪教傳以教御並為此則晚及士夫學之可為三歎

十五日乙未晴　与劉子山言力作之

擬別賦十二首

十六日丙申[redacted]陰　劉子山畫金扇訖乃辭去

十七日丁酉陰　為末𡮢神識文題　千二百言

擬香奩詩　存

十八日戊戌陰

十九日己亥陰　牡丹盛開与南陽君同賞　陸文伯[redacted]約蘇小人來

來訪久談

二十日庚子陰夜雨　与家人飲酒于雲門館　侍候歸

廿一日辛丑晴　晋訪陸文伯墨府　蘇府麥壽辭　宗可獨岑久談乃歸　寄印

宮武依仲書　寄久白雲門路

廿二日壬寅陰　寄宮武亨作　仰書　方子明來

廿三日癸卯雨

廿四日甲辰晴

廿五日乙巳 晴
接李眉生廿二日信
廿六日丙午 晴 李君梅自來訪 久談
廿七日丁未 晴
廿八日戊申 晴 赴盼雲邑侯若溪庵招飲 同座朱備甫 成鄭一（眉山人 辛未翰林） 楊竹莊士達（侍生人 直隸唐海道）
張侍御 下午餞行 答拜李君梅 不值 余蓉裳述（侍與人 族伯梅君之婿 少年五會與謝之未值）
廿九日己酉 蔣蓉裳 來候 寄蓉裳于盼雲署 時就若君幕友 又候若君 治安久談
答候朱備甫 不值 下午赴楊若溪招飲 同座李竹西圃 李君梅 邵作人 以
候曾君楊柳仍 （蔣主人之兩書城未至 時與君梅至胡幼） 余家有蓍樹楠二
本數百年物 札俾成盟大旋 朱園為亦不及丈量 視之少寸有 就楊氏
餞傍晚歸
三十日庚戌 陰 寄曾劼剛信 初一日發 作緘 接薛安井信 同上 若溪同朱備甫來候
久談 下午乃去
接眉生廿九日信

四月丁巳朔日辛巳雨 李眉生偕顧子山（文彬，蘇人，前寧紹台道）自蘇州專見訪，久譚，傍晚去。

接閔惜女三月廿八信

又寄仲亭三月卅日信

初二日壬午雨 早答眉生寓訪李眉生、顧子山舟中久譚 訪趙伯人不直 赴趙次侯招飯

同座李眉生、顧子山，下午歸。眉生携杜雪翁藏本黃庭經見示，與今本文字異者四十餘字，因錄諸別本之上，其係墨跡凝固字畫無疑，而筆勢何其轉遠勝董上唐人所摹本耳。今本起首為四言六句，此則云上有黃庭下關元前有幽闕後命門，呼吸廬外入丹田，共七言三句，而少一字下誤書有字，如字下誤書出字，皆足正此則誤之由也。疑語世衆元明方之士更明則天師陸無為陸要雲卿，偷安媚稿付劉姓緣眉生薦思白同邦宗程孟陽許元度吳允嘉，國朝則王杰（韓城相國）、張鵬翀（嘉定人）、翁方綱、謝墉、畢芷林

初三日癸未雨 眉生、雲來告別，擬小舟往送，並將所作黃庭經久譚乃別，顧子山則先出，雖供不及見

初四日甲申晴 趙元卿自里門來見訪

初五日乙卯雨　春寒未若雨連綿天氣陰寒今之首尾擁衣垂綿　氣候如此怪
釀瘧疫猶記先生之言也
初六日丙辰陰雨　苟之棠盛開　偕南陔君平雨小歸同院　趙作人來茶話
少譚去
初七日丁巳大雨　接孫弟附到江之翼日信
初八日戊午陰雨
初九日己未陰
初十日庚申晴　午刻趙季希梅李纖蘭招飲永茲後館同座楊潛石袁戡
趙作人之弟雄伯俶雲君靜胡佚生　下午錢鶴鳴遂偕訪楊思贊少譚
十一日辛酉陰　出清西門望梅陵看花詩書遊登臺合城遙望殘半
十二日壬戌陰有雨
十三日癸亥陰有雨
接子承信三月二十日發之到新寓館
十四日甲子雨

挽半峯翁 初三日作

十五日乙丑 晴

挽陸獅仙翁 作

十六日丙寅 晴

十七日丁卯 雨

挽寬兄 二月二十日作

又郁樹人 十六日作

又趙文澤 十五日作

十八日戊辰 晴

十九日己巳 晴

二十日庚午 晴

廿一日辛未 晴 寫郁樹人作 印箋 仿般

廿二日壬申 晴 曾洛嘉自蘇州來 見信久譚 祺拜廿南 居此二年 体不樂甚

廿三日癸酉 晴 日來起居 俱曾仿嘉方咏 未眠 隨早飯畢 步至南門 市中觀

賽城隍神會 下午始

接孫弟信 廿日信

廿四日晨晴 下午雨 候李駿三（屛星 本城之守都司）不遇 候趙以侯 均不值 城生傳堅至

晤秀君梅題仿人朱保之 蔡久譚 候孫好堂（未遇 仿以人 直鄰衙署） 久譚 候熊蓮塘

詹訪者不遇（不方齋久坐） 黃候陳柳門（會館 牛庵同寓） 截相印匯

廿五日晨大雨 寄長生函信寓（印論比） 祀竈 饋陳四洋 錢廿六（第家守） 字請悟仿前

信函已（寄宅歸）

廿六日丙子陰 寄兄趙里小試

接仲源信 覆

廿七日丁丑晴

接郎某書 信

廿八日戊寅晴 臨文新屋 候黃蘇堂 燦（會館人） 來候久譚 早飯畢 候黃

箴堂不直 即下舟 廣州游 請仲殷阮中酒 七日劃門 晴 降蕃

信丹

廿九日己卯晴　卯刻舟入京門泊綠子河　招安齋山樓小舟到三塔寺趣登

望山寺登陸羅寶塔時新築工也凡平地至樓七級下層至中層三十級

中層至上層二十六級之間正以來上層樓板盡去地點大吳然似見高及鱗之為

已無山川陳概也下同饋齋野中到廣龍街商市同隨所偏處一業亦論及一左好

書為朱壽作出耐傳紹甜甜　似過觀中京卿侶雅葉作到少談　寫到

安徽分巡府中安徽李字稱邑舟過公武尉人多久譚逾　審官樹人等同寫

朱士丹[redacted]

是月戊午朔日庚辰晴 安林來代傳豐子 早入署 傳吳讓之 世華人賓
見新居園亭也叩 久談 復游防寺不直 復往看亞方程慶豐經出余至乃歸下
慶入潘少晚 翁芝子好華律家 仍至謁家竹即歸 黃伯余高好華過 親河劇
新居雖華煙將午深老頗長談 丟午中室也 乃與思被勸之由 因勸從安
一知府皆甚速果不好 因仰而來書上為責安學不恐其孫幸傳得 而問一番
世華 恩壽未莫不可以存遙 極樂但與之身喜執而新章豈其入部之
多不得退留待七月中俟期屆再觀須於是也 下午傳金鑑仰不直 至其寓
少澤而過 夜安林來 早入署此宸未來僕不見
接潘仲室信
初二日辛巳晴 早入署 訪安北宸久談 又訪夜泥不飲 同彥升果行 掛某衣福國
八 蓉樹運之子新樣杖東湖見訂事來省侯民求其存書信之令地柳也其官
刻覺日其階列二之卷不至以娛娛乃取主無聊包運甚亦而舟中所與陽宿
殊其轉將于為情獨耐感而其不自撿物之不如任與以方而宜狼狽至此有人
之方圓不存安也 今年前日偶見杜甫有來者是道即其客將搭之席五七不等

賡李君來函言又園華山碑州藏在匣中十日內亦不可得矣何畢
畢吉余借宿留訪張子山於怡園讀至日入乃得函　復安林書　以戒書
樵南詹
初三日壬午晴　金□□侍郎集候久談　日往　楓林來同孫丹青門望吳春便　初昭謁李師　閱其近作
出未正而止　安林下午去
初四日癸未晴　寫李華卿信　寫李旦楊津書十本借寫　朱評冊借寫寫借
宗相交往故事　朱刻壁畫詩張雲峯家翠墨無所西　安林亦同在飲齋
蕃錫來
賣花聲　二闋
碧玉不知年。生小天姥。將兔墓搬貝玉蓋珊。稻穗麗兒天上月。一樣房園。
隱腳錯寶雲邊。依經香肩。畫梓記捧兒裊纖。倦眼向人剛一瞥。已
過寫前。
斷鵝與宮光。合住華堂。恰我隨八去稀王昌。一樹柔條風不定。難問行藏。
綰袂正正霜。壁畫新粧。料無宗玉枕窺墻。粉蝶嫩易乾驚易老。何

丞初埽。

初五日甲申晴 君明稿存蘅門泊于閘内明寄久留以角黍來餉應齋留飯

刻返舟遂呼艭揚帆仲穎送不半刻至盛澤折錢川過京門換上林來舟談印

贊宋巨獻蘇恆至（丹世邑石經）雨過吳塔 唐細持家 是日東南風盛 自蘇至蘇州口直北川

烏係八尺風自蘇州口至洛長涇東北行席蒲八尺風再大鼓帆自洛長涇至

泥壬橋直北繳偏東行上遠自泥壬橋至黃埭直東繳道北川風道即帆搖

搖於到城揚匿也

初六日乙酉雨

接雅翁八初五日信

初七日丙戌舍雨 乘蓮船風橋前是日申刻到刻食就 作書寄久譚

接觀舫仲 初六日信

初八日丁亥晴 寄任獨茂作信寄 得葉作函 蘇作函之

初九日戊子晴 趙作人來談少譚

初十日己丑晴 寄塞雲初信函寄人

接寅興和公信
十一日庚寅晴
十二日辛卯晴 甚熱
接雲紀察十一日信
十三日壬辰晴 甚熱 寒暑表八十七分
十四日癸巳陰雨 寄寅宜興信 信附 函
接任筱沅十二日信
前民國公使六十壽啟
接捷江專法及河北功名轉移和間有大體必以其壽
士能為天祝壽於城中好延修一老 疾使擬出旅與瞻
十五日甲午晴 寄稻公武信 信附稽
接稻公武十四日信 知季垂公試指嚴以備未來知殿掌試介付之以六試州
皇有 陳代擬院
又見天府之函 日信 名師波 平多之子 前大府州知州今州道班

十六日乙未陰 下午雨
接電報初二五日信
十七日丙申陰 有雨
十八日丁酉陰 下午晴 為先節公祀 先祖妣禮 寫信與阮任 任卿發 吳廣
并信令兒 覺此寫信 月旦
十九日戊戌兩晴 下午雨大風雷電 晚合畢 候楊孝誠不直 又偕粟君伯久譚
又偕趙仲人為周賢之子[illegible]人薦 雖修李伯重女請也寫信作人通他
出與熊子居野久譚 又偕熊文岳信薦羅墨久譚 寫寅甫信 卿發 和人
接寅兒十七日信
二十日己亥晴 下午雨 趙仲人來 考訪久譚
廿一日庚子 早大雨 日中又雨數次
廿二日辛丑陰 寅兒定試期 知子偕已入學 來從老來自無錫 見信久譚
廿三日壬寅晴 有雨 柳鳳橋南為小廳備守夜人宿 今日戊刻上梁
燈程 昆合盈 文彬

百年異之缺可慶。能適吾意詩翰，山林清氣來則善。用遣歲月
無殊科名。若無交親來訪，七十後若賢者來曉。貪得學而棄故，依以
此城市為野河。游宦他人通鴻雁。陶師轉遷，然疏嵇阮。由城百戰，殘存不
朽。作詩擇筆，只擇筆哉。詩書我輩無由。只遣危難戲嗟。不避宦學
問衡。或則大雅頌聲痛。細為野學生，問左。君不第月為之開，蕭安笑且言
吾子，學詩論理，無憾人則揶。吾園有山有嶺，上下中通成旋螺。吾園有小風
不隔。吾常讀離騷中最喜篇。吾園有不種之河，飛揚風氣謝隱樓。吾園
有樹皆翳夜，柏將千株，不材無用。中有五車百城之秘冊，室之雨讀送
歸處。且課童蒙，訂之古。二王真人之書帖。美人一哭得翠帳，臥
筆陪動萬梨棗。清談未倦，家庭雅趣，只是應時無事。何人生此番
吾有生，發紀古今，孰多逸，千古舉前莊及年。一之室未作詩，書房之
此偏僻。子能讀書，知無他為身別，悠悠無古。將且已就陰，暇前。息機我之足想
靈。向以戲論為宴處。從朋入國，棄書院。當有教何人來也。
廿四日 癸卯 晴 午後陰 題何人來候 藍孝內史 庚辰 七 字韻子山 □□

廿五日甲辰陰 午間大雨 晨起答候吳潛庵不直 遂赴佑人侃侯招飲莊壁

席客吳潛庵 易華卿 覃孝方 葉奐彬 未刻飲畢 雨適止 遂歸 下午招吳潛庵

飲 并招佑人 侃侯 易孝方 初更客散

廿六日乙巳晴 是日為南陽嘉會 壽基已刻 約工擇二十八日午刻合龍

廿七日丙午晴 申刻大雨 雜霰

招療仲子全 同飯

廿八日丁未晴 壽基合龍 家人往佛祈禱

廿九日戊申晴 下午暴風雨甚厲

六月己未朔日己酉晴 子順小試入學物自江陰來諄

初二日庚戌陰 李午侯常熟偕錢秋船少譚 至芳宅賀進學之喜 訪李君梅名諄 梅朱澤卿來 又行

初三日辛亥晴 晚暴風甚雨 園蔬多折 下午錢秋船乞侯來 李侯少譚 雨止即歸

初四日壬子陰 池水大漲 去岸不及尺 寄曾師信 託子靜帶

上[illegible]宮保書

自前歲開缺以道遠艱將且不能以草野無稽之言上瀆鈞聽 然懷恩感恩蒙舊年所見尊名山河師傅門 又蒙感激信發自以其疏外存之寸心千里不離勞焉 今秋壽逾七旬大耋誕慶 南望海天鵬閱之間 顧瞻雲旗 意律佩盈 懷祝之意 迭蒙舊歲賜壽以恩盡其詠詩難以之怏者 蓋不可以更僕數 以師之盛德大業 協佐聖明 揚芬萊 矯臣慈爲中興元功第一 撫書劬則陸飭人與地利 務本之 [illegible] 謹於懷人之又 [illegible] 公哉 其孫南博 其新疏之陸國所始名幸[illegible]

之人所能閉識為難[illegible]留弟佬輩集基夢民以圖[illegible]舞傳目學心為蒼之
著為假忘者之夫民生于中民之生于口民事加于民以苦畢今為知者嗚呼之民猶澤
禮係其直與吳人之壯附其晉人之會喃[illegible]萬無吝異不誤[illegible]算者燭
邇而審事之巡也以數功[illegible]從四五官[illegible]之此天視自我民視天聽自我民聽兄則不
韜之以[illegible]亦本禱[illegible]者來之者也計[illegible]之辭氏五悔
懷之下秋石韓之能言[illegible]窮以為[illegible]人之泰以[illegible]存[illegible]君子必有[illegible]閉
之[illegible]革[illegible]然為[illegible]進[illegible]不[illegible]
一日[illegible]師之所圖有為[illegible]不勝其[illegible]德[illegible]為名[illegible]日[illegible]不
其休數不其依數身[illegible]不發遠[illegible]二事不[illegible]以[illegible]
虞之來聯用兒[illegible]所在[illegible]雨花之[illegible]
軍[illegible]無任[illegible]
初之又云
初五日癸丑陰 午順來保 同行南[illegible]華山[illegible]一冊[illegible]
初六日甲寅晴 [illegible]九[illegible]

初七日乙卯 薄陰

初八日丙辰 晴 夜有雷暗

初九日丁巳 晴 南陔來肯白 家人禱祀

初十日戊午 晴 晏起 [illegible]書籍之東南書樓 是日寅刻動工 擬十一日上

果此生定否學者此二日年月日時八字均附驗之 邢宗為上書

未知蔻篇 富積群不慎作 附后 未詳何作 同上 才子不傳 可驚嘆

十一日己未 晴 傍晚微雨

十二日庚申 晴

十三日辛酉 晴 夜驟大雨

十四日壬戌 陰雨 夜

十五日癸亥 陰雨 寫楊玉山信 附寄 仲昌 午后寄出

十六日甲子 晨雨 晴午寄 夜月甚皎 書樓頂層上梁

接任筱沅 南州信

十七日乙丑 寫任筱沅信 附書 任桐 寫李堯信 同上

十八日丙寅晴傍晚雨
接汪春岩十一日信
十九日丁卯晴 寄汪春岩信 寄公威信 附眼药物寄学院若干 遣颖州赴粤东
接寅兄初七日来信 干谒总戎帅被斥
又寄季垂十七十八信
二十日戊辰晴 晨会毕 候戴艮园 其七十岁寿日也 主人卧病腰背痛子
又候赵佑人不值 之君翘久谈 略述子方变所寸阴
二十一日己巳晴 杨云城来寓 候少谈
二十二日庚午晴 遣自芝蕃 寄邦尉人信 季垂 苏安甫信 附眼药物寄西征若干
二十三日辛未晴 寄任筱沅信 附眼药物寄西征若干
二十四日壬申晴
二十五日癸酉晴 下午有雨即止 候晤文老 候某赖至久谭
二十六日甲戌晴 下午[illegible]黄鄉書来 来客候久谭
二十七日乙亥晴

二十八日丙子晴

二十九日丁丑晴

接仲姪臣函又信

三十日戊寅晴　季兄樸來久談去　鼓佾人來久談去　宮保夜深始歸

致季兄信回去　朱秉伯信　附書信函

六月大 朔日己卯 晴 午間有雨

初二日庚辰 晴 傍晚雨

接殿撰五月廿八日信

初三日辛巳 晴陰雨

初四日壬午 陰雨 寄任筱沅信 寄壽泉信 又揆伯殿(?)

初五日癸未 陰雨

初六日甲申 雨 下午晴

接寅兄四月十五日信

初七日乙酉 陰 徐樂(?)卿來訪 執(?)自江西歸也 久談 亭午 邵季壽自蘇州

來 季壽携郭(?)試(?)招(?)麾(?)以係(?)考用知縣 並郵寄(?)籤(?) 乃回蘇州省家

寓(?)遠(?)志(?) 用意甚為抱歉 月内擬赴晉 晉(?)生(?)來辭別 宮(?)陰小峯

任岷(?)香於娶(?)婦擇九月十五日(?)完(?)姻 仍舊(?) 夜(?)與季壽談

初八日丙戌 陰雨 出寓 早晚與季壽對談

接任筱沅初五日信

初九日丁亥陰寒臨孫過庭書譜 下午得吳鐵孝書

初十日戊子晴下午至西溪游虎嶠 下午赴蘇秀嶽與希周同日二時回吳

墅

十一日己丑晴早發吳午正齊門泊李秀才家搭安樂棹小舟赴圖訪視

吾得遊舉偕便略

十二日庚寅晴傍晚雨不果巳刻偕吳偉侯往陰以出來 名入都實十五

成門郁秉之也並假史先生園久談同飲 請覺仍喜久談 晚訪翁子

戴久談返訪翁叔人李年少才君雨意同返舟 安樂至舟相候談至傍晚

去

十三日辛卯晴 石舒舟葑門 寫寶晉齋帖 子亦作同山 季午訪李居生

久談 亦借得毅子山邑香樓石種中之二十餘種 皆唐宋及元名跡 有褚王右軍

千字文 碑 蘭亭書家印章之內府所藏者刻入三希堂法帖 書法殊拙 帶蓋

人向猶之下品 其文句不可讀 世間千文之字大氐具在 撮拾之其以為巾兩典 耐之

附來 決不可信 又見 偶書此三樹鄉字趙州云云一節 凡數百字不知何緣何為亦

硯賞緣之鮑氏物為刻之而李訪帖中題畫尤佳者或出唐寫經筆耳 而種隱
田所見之物轉作本字西人翁豐書之矣她篠宗元人物精點北米虎兒海岳盦
圖為頂一首明作書張畫筆商右雲山圖翁西夫論之豈好自字尤孤矜寫
今所據者以佛像日程又蘇齋氏師礼話吳興等書年文二時上古跡似但不足
初今偶及此仲摺篋題好隨於從得徵此物創生者之携去不下田況納此種端
直未三十年以其情據為此年今者此之一文不足言余避其白君以為識矣
隨齊此之詩耶 三代法物學人偶一見之 正頃波之稱隱而今其滿目皆是
共展頌此 第以王儀而文不兼備為舉法擇或者異形六書好學其年之今日收
藏字書碑觀文字之得失者以據之為據是由類選用大書商門常家作
石鼓此 且此四段為重不知種在書中 亦誤不不可日是又可信乎 今日萬事萬物
無一不不偽 推至於一門 偽中尚有真者之甚權以消息遠可已 何必定求甚真耶 看畫
四男其能為高古物 心二疑之 無以易君謂詩滿內角 丑子觀丹藉內口占尾髣
客少重 過丹 據稿 治無門
十四日 壬辰 晴 寫左林 李垂 為之 李垂子阿丹 下 圖 語 夜 若 塚 字 尋 之 又 文 章 文 字 圖

十一日以謝四月邀花局大花好 公武吾人清不諱不俟晚歸 夜樹人李慕陵

来手舟二诗别号

樨宝照十三年

又未罢饮 初八日作

十五日癸巳 晴 夜月甚佳 今日中元节 吴侍御贲会宾卯山塘普济与安排橋头法观看到沿河

橋西河岸泊船 船已接踵至正船 阿东翁燈舫凡四艘 皆高广 窗前悬水晶 之鎗遮以石 门悬绣屏

快船无虑十艘 盖以外来之匪舟艇又若干艘 是日侯代皆丽 士女如织 步观将白堤保

灵宝鸡首 钱心泽冥寄若无人 犹有万智 射日光正坠 举人目睛皆[redacted]行莱莉

花如雪 肥瘦不见 发鬓缘眼皆被[redacted]纱縠[redacted]宽长衫袖之服 不知[redacted]计

游侠少年乘快小艇 往来船舟之间 目视之 此真有孫之 此举上神会相接 二十

余艘齐赏近艘 钲鼓轻若无间也 甚谐 神者城隍土地之属 而皆称为王侯 又

又加以君恒之职任 如府城隍之为知府 县城隍之为知县 无论也 有独异者之在地

神印称为江苏巡抚 财帛司印 神 称为江苏布政司 知司神印称为按察司某提督

忍看粮巴营为总捕同知 下至历典广之 有一神当之 又有相王者不知

何神乃歸之為儀造郭李神名之見於古書[illegible]老中泉[illegible]稱子女二人一為
財帛司歸帛司理內一為儀造冠並莫識不經至此耳多嘖飯蓋一廟皆無巫
祝其中神皆為死之背後亦有一廟內以東官之號之又祀其廟旋之（居裕為氏之祈業）[illegible]以為
為之[illegible]以為中界之廟壇內為比只至三號州驛遊住之路以降至田[illegible]多也
留之[illegible]第人得於[illegible]上二人無從以日[illegible]錢有餘廣呼不得畢也自己刻至未刻
合肥寓第石耐軒藤乃（[illegible]）舟背江北之任筱沅之月比不知[illegible]見卒每論之曲突則
已於寓晨即作書傍晚再作函寄問門得解艱不得川以為明日之寫於士民
皆計之旦何而借為名而任閱報人呼噪之郡又著之兄年謂力撐持保護擇
病愈作函獨詩陸月冬之入此
十六日甲午晴遂風（午後微雨）寅刻開行卯刻過陳墓辰刻過[illegible]午刻過[illegible]吳塔市中
刻過英城酉刻抵家
十七日乙未晴存目[illegible]
十八日丙申晴[illegible]
十九日丁酉晴

接楊壬山初六日信

二十日戊戌晴下午有雨 早食后訪徐雯卿久談 並往其鄰秉臣 候李君植初不晤

子偶周家主人邀宴不往 往張莘生賀其女子授婚 並謁趙次侯李升蘭久談

廿一日己亥陰雨大風

廿二日庚子 陰風無揖 麋雨若注 園樹多為損折 南亭簷角毀其

廿三日辛丑晴

廿四日壬寅晴

廿五日癸卯晴 得王石菴山水冊八葉直洋銀十六圓

廿六日甲辰晴 早食后訪趙次侯久談 至晚歸

廿七日乙巳 晴 接祉見吾卿世侄信

廿八日丙午晴

廿九日丁未晴

接邵孝甫廿八日信

寄邵孝甫信附書 李昂甫信並 張仲卿信附寄

日記五十

八月辛酉朔日戊申 晴 傍晚陣雨 曹醒早 異常寒 恐老至 年九十五了 寄子偶函（寄保如之兄信）

接廖君蘧七月廿九日信

初二日己酉 晴

初三日庚戌 晴 晡後陣雨 趙君信來久諄

初四日辛亥 晴

接孫婿吉兒初三日信

初五日壬子 陰 午前陣雨 大兒急結論 寄郵政武信 附函

接郵政仲初一日信

初六日癸丑 晴

初七日甲寅 晴

初八日乙卯 晴陰 寄孫婿子俊信（孫婿子俊等） 孫之子實信（孫婿宋濂等 附生日賀） 附白

初九日丙辰 晴

接郵政武初八日信

初十日丁巳晴
十一日戊午晴
十二日己未晴
十三日庚申陰 趙伯人來以徽墨來贈 寄壽丞姊信 李研生信 即答 仍收 觀服
伯信 即答 仍留
十四日辛酉晴
十五日壬戌晴 中秋節 夜月甚皎 薛安林寄閩中新桂圓見餉 肉色白如晶球
余生五十二年初嘗此味 因以為樂 先嗣分寄同享 是日為次女莊三
十歲生日 招之歸設饌相慶 夜家人出賞月 余以微暑畏風 僅至延壽
小立而已
十六日癸亥陰雲 夜微雨
十七日甲子陰風 寄平齋信 仍作兩某 即答 寄薛 薛安林信 即答 仍收 閩陸小峯書
廿 余方撰選注孫詩 就請試事 方千操持為孫成 惠甚是外孫難寄
選之不易也

接陸彥和　鼎翰　　日信觀世元小峯之書

十八日乙丑晴　今年木樨花較遲，早桂向七月內開，其下今收殺大抹而不爲

之稀也

十九日丙寅雨

二十日丁卯晴　雨霽后園桂吐香，積都備簡陽春曙，陞陵貴前陞以庚未全

盆不能開　今年桂花遲（祝巳年）開一月，蓋天令不正，又雨多之故也

二十一日戊辰晴

二十二日己巳晴

接鄭孝胥廿一日信

廿三日庚午晴

接程懷曾　信

廿四日辛未晴

接程弟吾生廿一日信

廿五日壬申　晴　陳場輔嶠自京南來

廿六日癸酉晴

廿七日甲戌晴

廿八日乙亥晴

接李石曾四月五日信

廿九日丙子陰晴陰雨　小舟偕陳梓膺方子頎同出門外看擇久坐　盦向老詩題作

人不直方苑時逍遙遊以信不可道彌彌之盦順詩殷作屋貝收藏天人鍛

四屋崇積雪閶嵯嶁口貴人舟過南門直雨甚（城　乃西）林密烟霭　不知為香山寺

申七

三十日丁丑晴

九月壬戌朔日戊寅晴　寄費仲亭信（仰岩附）　邵季燕信（同上）　楊子山信（仰岩附）
朱蘇卿信（同上）　孫弟玉生信（寄康二通）（同上）　熊伯人來訪久譚
初二日己卯晴
接朱諤卿八月廿五日信
初三日庚辰晴　早晨詣[illegible]賀[illegible]佛賀其孫納寵　又侯[illegible]人弟祝其母七十壽並賀
熊伯人[illegible]子臣楊星城徐季卿等　下午熊洪侯來訪久譚
接孫弟玉生八月卅日信
初四日辛巳晴
初五日壬午晴
初六日癸未晴　寄邵季燕信（仰岩附）　陳[illegible][illegible][illegible]
初七日甲申晴
初八日乙酉晴　下午費仲亭自蘇來過候久譚
接邵季燕初七日信
初九日丙戌晴

初十日丁亥晴　下午答候曾仰之于旅舟中久譚並識其戚戴瞿炳孫諸畫圖

圖　又過錢秋舫長侯云有蘇伊墨卿刻文查西蘋之文三十餘人中有余故未知何事

仰之云是查曾侯所為人員無不在是莫之為也　夜赴黃雅壺志侯招

飲同座孫竹堂葉琳謹士壽本科進士孫鄂孫

十一日戊子晴

接朱慕伯初五日信

十二日己丑晴　午間赴石壽志之弟招飲座客曾仰之楊秀殿趙俊卿孫卿柟

仰之潘浦元圓　飲散徐雲卿亦至又少譚而

十三日庚寅　早陰旋霽晴日杲杲時有重陽擲無雨看十三十三無雨一冬乾之說

今年居秋雨水過多此占殊當驗矣　寫李眉生信仰卿賭

十四日辛卯晴　徐雲卿來久譚　早飯後訪孫竹堂久譚孫蕭侯儀五千餘頭日使之拜前日同飲仰

余往觀也　又訪趙作人不直

十五日壬辰晴

十六日癸巳晴　日久不雨風氣乾燥秋陽驕人不如炎暑　早飯後候李君梅史叔子

聲伯代 是日挈稿歸乃發船北華經趙作人次屋楊孫石李叶之園 樾倍仰

等揩午返 傅晚費仲之來訪久譚辭返蘇

十七日甲午晴

十八日乙未雨

十九日丙申陰

二十日丁酉晴

二十一日戊戌晴

接李君生廿日信

廿二日己亥陰

廿三日庚子陰

廿四日辛丑晴 費仲之之友孫毅書 鄭姻人 諸之闇圖 帶四人來久譚

廿五日壬寅晴 早食後訪徐雲卿不值 訪趙次侯久譚 寄李自甘信 廿喜作船

廿六日癸卯晴

接筠亮十五日書

廿七日甲辰雨 沈揩子承自北城來久譚

廿八日乙巳晴
廿九日丙午晴
三十日丁未晴陰大風

月癸亥朔日戊申　陰大風　南陽君赴蘇州　是晚下舟

初二日己酉晴

初三日庚戌晴　午前爲徐雯卿詩箋　並摺楊書城西氏昆季　下午家穀　寄南陽君信　即着作般

接南陽君初二日信

初四日辛亥晴　趙汝信來訪久談　自初一起每日夜時西南方有氣舉象紫赤半天至初陵時猶漸淡蓋兵象也望之心惕

初五日壬子晴

初六日癸丑陰　寄南陽君信　即着作般

初七日甲寅雨

初八日乙卯陰　寄南陽君信　即着作般

接南陽君初七日信

又接季壽初六信

初九日丙辰晴　三參

接南陽君初八日信

初十日丁巳晴

十一日戊午陰 午間奉安曾文正公小象於肅裕樓下層之直心道場 是日為公
誕辰設祭 繪紀此像安嵌華門 以志感仰 下午趨 王星垣 浦仲宣方氏呈
季來徵稿
曾文正公新聯
梅花卅樹照其芳潔
雲山千仞無此峥嶸
十二日己未晴 偕陶望行 嫺樓門一 康生 久譚 頗以僅一處為究理之地 諒予承
予頗久譚 候魏秋舫色健 久譚以有部文遲寀機每屆查四務又負若無事惜
凡三十餘人 第二人而余 余久無宦情 擬稍辭病來 益屬為申覆 相謝吾者之也
十三日庚申陰 趙佑人來詩久譚 將赴田吳淩首 基 是晚下舟 命眷附門外蘇
余詩報其盛之來一帳稿也
十四日辛酉陰晴風 早發 居過吳淞 午過鳥穩口 未刻詣舟齋門 遇好子不辭門
閉宅問候南陽君 夜安林來商事譚
十五日壬戌陰 亭午雪雨 早公園畢 安林以小舟來 因至園訪觀 於上峰飲若花

迎春來又至歸於前同小室燈一盞雜雜觀舟過訪李壽之譚廿三日所聞八鼓
墅至待廻還余益下舟是日安井息軒女來待於前瞻園訪觀石碑氏
怡園獻佛下端男女甚切雖事掇解不能止步原愛也
十六日癸亥晴早移舟葑門至閶門宅與南陽君久談遣新到李伯士來拜送來雜邸
法一語以鼓以住宿前藏主集元享梅花拳前李以見星野同之談李寺丈五十
金而李止償三千過諸舍好以洋錢六百圓成交而余之蕭古齋購板矣
下午仍至閶門與南陽君譚至祠燈下舟寫家信作尺牘
楊雲有生見往白雲寺訪
十七日甲子晴下午渡護龍學明移舟胥門早食畢上岸步過至閶門風池園
飲食後久捉小舟到閶門盤桓半日轉至閶門舟中已睡四更矣是日溫母之
雨晴來舟中既暝閨余將過乃邀小舟至女仍將小鶯平甫八齡獨來與婦
於頭小語時時暱語餘子憐閣岩見吟者以詩文稿見二冊記近能余雅以能書為
雅饒情是余氏原本士族其父好學有貴大夫又不屑為之好與書畫其生從
久之無所成而為謀日世窮計六日高遊過無聊遂至蘇已鶯妹傳見遺呼報脫而
識速任延今稍大病了後從以喔血藥餌無力一息奄奄余謂愛好之家忽好為

夢兆申係大不祥之兆，又亦之以癰未癒，殷將不救，月手頗其無財，不足惜，其志則
不無可轉。世家大族，日趨貧窶，而不肯一親拳悍，其比伸命財，為世氣，重累有
識之士，固不肯輕彼而趨此也。
十八日乙丑，晴，下午陰晦。早食畢，仍上岸，樣小舟到閶門，訪君旅舍，未刻安林乃回舟。
申刻前訪公武程君，乾生久譚。下午趨胥門，後順岸行中，得悉下舟，命艇毋
見之，至嫏中携伴婦至震山作小住。余聞命氏子之疾，路以貧，賢十銀，餘三鋅
爲家宴，貽心未泯，亦自無歉者，殊也。
十九日丙寅，雨。早食後，遣命艇由平舟赴胥門，陸南濠訪君，因爲余襯被，入小舟還
至閶門內神仙廟西公茂客棧，晤寄舊談，平舟乃赴里，解纜堯而赴閶關。
西君探候安林來，因領君之久隨程寓。
二十日丁卯，雨竟日。巳刻安林來，下午冒雨出，赴君探坐譚，復同過傳隨行寓。
二十一日戊辰，陰。巳刻安林來，午后同樣小舟到黃鸝坊橋，上岸訪公武李壽見而久譚，
即返，乘轎之門別，復至隨園宿探小坐，下晴，寓安林乃上燈而去。
二十二日己巳，寄宇南陽君信、盛虹信（信附），朱紫卿信（信附）。巳刻安林來，因不閑

门中市买衣料皮货等件 未刻过寓原舟已正 申刻下舟 移泊阊门外[illegible]

傍晚去

接南浔君二十一日信

二十二日庚午 晴 早发苏州 过无锡 泊北门 寄南浔君信（付萧书 佐姚）

二十三日辛未 晨发顺风 傍舟买锡瓶四百斤 遣里中执候 亭午方归 夜抵白宗桥泊

二十四日壬申 阴 晨抵丹北 阊由泊 早食毕至陈宅 旺三甥范入谒 六妹凡莲 灵隐良久

乃出 雅宴为赋 对铭陈氏也 子子宴毕 要看 谒子慎于斋久谈 谈至暮 生弟要点之谭

访庄耀宗 宝元深 访罗才材不直 遂由陆甥家 子宜先来谭 夜过舟

二十六日癸酉 阴 大风 夜雨 午刻诣（花甥来舟） 宗祠叩谒 遂出南门 以次省视 先茔 山坟 至坟楷墅

前有案城为都村蒋层袁挑挖 未生弟鸣官李完以存久泊枫桥土地港来几年

也 申刻过城 顺信兼来宾（遗缄同南亭城外与孙新炳） 到翁山皆不直 下悼独为寻南山西

新炳贤元姊侄知之 趋至宜兴约城西约陈慈缘宅 又使宋佳蕃不直 夜嘉太生弟来

舟

二十七日甲戌 雨竟日 以秋甥来舟久谭 早食毕 访刘松甫 已以茶新宅 ……祠之

齋后地閑閑甚暖入見村居梓去念舊 頗好情然芳之々 杜甫有句靜有士風可喜
那人之事也 再至顧婿家一談而別去 字南陽君代邵曾 再談才財多談
吳書書邀飯辭之 予張豐生宗姪女婿家久談 下舟未刻舟行 夜泊丫河
橋

二十八日乙亥 有陰去傾風 早發丫河 已過寨橋 午抵和橋 未末泊宜興東門內
登岸訪黃氏姊 問知宗乃得之 相見悲喜 姊名徽玖 字佩媛 爲從伯父孟文之女
與余爲同高祖兄弟 早歲失恃 道光癸巳五月 先府君自里門迎至安康 撫字將母
撫育之 比實山西平陽府時 同郡人宜興上黃 黃氏子字鶴芸 其以塩經歷需次山右 黃
故往來其以尊人嘗任湖北承審知縣 寓有贊務 書讀未成 微諳世故 工六壬術
府君嘗俾日夕課甚聽 者之遂以姊許字焉 徙家此甲午乙未間事也 比府君下世 姊隨
余家下處宜興 丙申七月黃氏來迎至山右完姻 蓋將在余家十有二年 先考姓
侍之有恩 得吉疏 方姊人勝 下陪嫁頗絕 余孫[?]其事也 時姊年二十有七 余年十有二
一別遂四十載 那乃香便 姊在黃氏生子三 殤 不肯其次子已納婦以知府需次 楠掃
無所生 袁氏 因年前宗[?]長子納婦徐氏亦無子 今孫姑婦二人同宗相守 遂祠

孫與童蒙研北堂上黃庭百様私問舊畫四十欵，為人蓋章不可究詰，不得已借居
歸侍氏之母家，吾家詞佛老境殊可憂，及婦能之，余家舊事情合卒不能竟其之
回思先向背異侍郎過世妙諸恭毅公祠，聯謂見其形似於前諸辭，時往祖任之
前背海城楊有妻胡氏恆猶之盛宛取以為西字。道惟様不為之遠富貴，先府君言
相離脫籍拜所與作，府君力自任振之，郯之際途是故事得之。又言先府君恭睦
親族，振恤無厭，從族妹子貴以納官請乞十餘次，最後以（來索娣之）居宅以禮來要脅，質五百借之也
君意是年適府君病，（自知）不起，呼家人揭前帳為之，此宅本如所願，不幸疾甚，脫死必攜婦媳
無寸椽可居，不得不以累弟矣。胖兒處逐緩脫痛而出，從不嘗一之，此府君孫為宵遁
又言壬寅六月，先妣入以哭府君過哀，咯血遂得疾，已而為瘧，五十日不瘳，醫家言
方危甚，大小惶懼，余兄弟日赴（草廠）廟門外二聖佛廟求仙方，獨與醫生方藥同，並以進，無
益。翁余兄弟輪流焚禱，前後兩越月三十日，夜，余方跪庭中，暑自然祝禱，忽地藏
菩薩插香燭於地，余身不已氣暈，遂又直府，奔聲甚急，忽作地不能出息，救之久乃甦
醒，余方將人病亦漸向之，明年全不發。憶同婦之說此事境，方言二十年為一世
此四十年前事，是再世矣，豈不悲從中來。夜二時下筆，寫未畢仰臥，第仰於傍陽庵書

城六十三里先兄寄示以書來約往彼一晤 辭之 已書示未傳

接朱蓉卿 初七廿七兩信

廿五日雨 子隆來 留飯 午後雨獨 夜不止 早發書 如子賀嫁姑 上家早合 畢訪後歸 舒雲 孫石樑 朱先善

園 於此宿 久談 與劉賴偕詣東山前門 雨不停 舟不得上 接欧家人已赭向[?]無

著與久談不簪 舟泊山下來尋

三十日丁丑雨 晨起雨脈脈不已 余急須登山為兄宅[?]人不得已傳請為豐茂個

人與行 午雨止 祭掃上礼 比下舟雨復甚 下午舟經城中泊西園口 至黃氏姊處久

談 偕過下舟 候元之 陽氏 慶生 來候姊 言子歸待之 之其尊人首園先生 杏儒 宗濟卿等

與吳府君已為卿楊同年 會晤在姊寓 招劉侄相來覆也 徐六兄來 荊溪和尹存文 任李楊為

以故妹嫁地滿內擬亦辛氏 辛山耕在蘇 其姪人辛山在 尊指兄余家蘭向路合邁

講形為出戶釋也 夜又至姊處久談 比別下舟 朱蓉卿自楊園來城相晤談至兩鼓

乃去

接[?]姊婿歸 年 月 日信 黃氏姊贈弟謹蓋之子左山西信

十一月甲子朔日戊寅 雨 午後雨止 早同安笙師飲茶樓中 旁午別去 舟行 夜泊和橋鎮

初二日己卯 晴 早發和橋 午過蛋橋 申過戴溪橋 傍晚過后村 夜泊無錫 寫南溪君信

初三日發 信船

初三日庚辰 晴 大順風 早發無錫 午過滸關 未刻至蘇 泊舟婁門內 夜半 安林來久談

接南溪君十月廿九 三十日兩信

初四日辛巳 晴 安林來 早飯畢 同換小舟至園 訪觀瀛 登吳園 市以昇 煙一摟 下

午 獨歸 寫南溪君信 初五日發 信船

接南溪君初三日信

初五日壬午 晴 早飯後仍換小舟訪觀瀛 暢飲良久 匯安林子同過舟

初六日癸未 晴 早飯畢 安林來 同舟到閶門 買物 順到胥門 西 趕座船 即行 夜泊

陸墓

接南溪君初四日信

初七日甲申 晴 逆風 早發陸墓 午過黃埭 戌刻抵家

初八日乙酉 晴

初九日丙戌晴

初十日丁亥晴

十一日戊子晴　胥以西海約人校正影像中并畫局張生曼日招之來為靜園寫影　初由溪南至溪北　自柳風橋延春堂經靜樂二樓東樹雲亭為止　余鳥中林寫之　顧溯波閣道之至泥由溪北至溪南　自定香亭常烟橋大觀樓西不斷波閣登為止　余坐船前石闌內寶定撰杖以侍　因成寫藏之俟傳以藥膏兒寶臣日乃可見否　下午又為南陽君　馮姬　寶兒婦及女孫女攝寫影

十二日己丑晴　張生復來　以所照圖傳寫呈日影中　下午余及南陽君又各照一影　擬用世俗神畫　為古暢以此為傳本也　葉芸仍來　信未接見

十三日庚寅晴　葉傳業來信　久談　又寄稼信　文德御史八守備來信　又寄謎信人家保處　與久傳理儀　與余乃作緣　談梅花書屋同畫直　以所藏都閣理要樣經為所都閣理藏孫閣如藏物亦具樣　文郎字去上部不去也　又從翰林舫是信少季

十四日辛卯晴　寫佩猶二物信　即夜作函

十五日壬辰晴

十六日癸巳晴

十七日甲午晴　費仲亭奉其母喪來葬虞山之林麓　明日祖奠　約余往助陪賓客

許之

接寶先十月廿七日信

十八日乙未晴　卯刻早食畢　詣費氏舟次　陪祀祭畢　即至陪待來賓　下午賓散乃歸　不出

馮賓甫丞而其祖母之表　宜示之圖　又信季君梅不直

十九日丙申陰　下午飛雪數點　夜有雨　卯刻詣費氏舟　奉柩東上窀　引從之於山半道　始反　遂出

宅兆既窆　始歸　而至君靜丞館　留飯乃歸

二十日丁酉晴　夜雨

接族弟長生十七日信

又任筱沅十六日信

又張叢生　信

二十一日戊戌晴　寄任筱沅信　附晉信函　魏師仲信　賀其子納室並五十生辰　芝岩瑚信　周濟川

信　賀其妹適魏氏　花甫　武康縣女　季君梅來　交信名諱

二十二日己亥晴　黄仲三來　縱談久去

二十三日庚子晴　夜雨　冬至節　午后合祀祖

二十四日辛丑　寅雨　黄君靜來訪久譚

接黄氏姊十五信

二十五日壬寅晴

二十六日癸卯晴

接叔均仲廿一信

二十七日甲辰晴、晨延招照像人來　為俞姬及女娠義女蔡月九照一影　惟女娠甚似　餘不能肖　下余與南陽君馮俞兩姬合照一圖　余面几持筆 照此字方 手理鬚髯　南陽君立几東　坐目視几上書　馮姬右抱巨英立南陽君後　俞姬捧書立余右　几上圖史彝器　文具　案陳具金石犀玉畢陳　皆天放樓所藏精華之品　圖成當

傍晚約君夫人來晤

二十八日乙巳晴　晨起命車赴興福下院　弔馮太夫人喪　馮氏以居宅小　假此發引也　亭午始視殮

照相人攜昨所照成影

二十九日丙午陰

接顯姊十二日信

又張菊生　信

十二月乙丑朔日丁未陰

初二日戊申晴

初三日己酉晴　以寄吳之象不能出作邀張生來重照合象一兩經定立象較一

初四日庚戌陰　季子與張生寫照(行)是日寄以所照影令曬下午成仍不似

初五日辛亥陰

接方子西九月十九信

初六日壬子陰　早自曲園李訪黃泰靜久談又訪其兄壽孝(於所學和豐)久談

初七日癸丑晴

接祖弟壽重初五日信

初八日甲寅晴

初九日乙卯晴

初十日丙辰晴　東堂外羽安竹障不能耐颱發壞令重為之易以鐵柱而竹為幃用鐵三

百五十斤

十一日丁巳晴

丙辰晴　子和還南京謁

朱得卿賀八十

十三日己未陰　寄李眉生信　丙番付札　寄鄉女信　丙番又朱　朱得卿信　丙番付局　張楚寶信　丙番又序　方子可

信　丙番　王方泉

十四日庚申陰　接穎孫蓮聖各　寄鳳嫂二妹信　寄李信拆偉紀八十元　丙番付局　寄生弟信　寄

又　姚候澤鈞四元　丙番付局　穎叔信　丙番又李　惕信　丙番又李惕安　十博蔚林信　丙番

接周昭明再惕四千又信

十五日辛酉晴　早食畢　候楊吏城賀其第七子娶婦之喜　葉芝侍來候

十六日壬戌晴

接李眉生十五日信

十七日癸亥晴　早食畢　候許慶氏　送園學博祝明日葬　時得　又候趙作人

贈學生午茶日生辰之物

十八日甲子晴　晚陰　夜雨

十九日乙丑　食畢　自仲冬朔至今久晴不雨　天氣暄和如春日　今歲雨澤不十三月無雨

占主冬晴昔人云蕃蕤又十一月十七朔起日出後時紅氣亘天羣以為兵象
余獨云陽氣不藏故說亦殊近也　陳品珊名隱江寧人子憲之字新耕號篠林來候未延見
二十日丙寅晴　寫任筱沅信作函寄　寄香殿作函寄　府三吳字小泉去年作楷　並存疑澤
報孟下人寄函　與題南陽君直寄日月稱寄泰稱　賜係該處慶其以資世而又為存
啟慶年溍成四家
接朱某卿十一日信
二十一日丁卯晴　青信陳品珊題作人家不直假作人及錢信御陸雲為名客來久談　而去
莊家甲少重　方氏新塋因之毛氏毛氏之前為蔣氏既買蔣氏祖毛氏墳賣其字訴不訟
鄉中人代方氏營樹家碑石以告
二十二日戊辰晴　侄將可峯為方氏事至不直揭而去未出示天便在信錢秋舫告之為
方氏事
二十三日己巳晴　寫朱某卿信附寄　柳昌武信附寄　夜率家人祀灶
接侯樸臣　日信
二十四日庚午晴　夜陰雨　下午錢秋舫　侯來答侯之譚

二十五日辛未陰 晨率家人供佛

接張元子寄廿一號

又孫兒戬廿三信

又陸翼之 信

又戴船仲廿二信

二十六日壬申陰雨 晨起率家人祀行神中霤門神橋神倉神

二十七日癸酉陰 家人為茶園余倉畫三十枚 此異少年時此勝負不負余也

接孫兒戬廿六信

二十八日甲戌陰

接任筱沅二十四信

二十九日乙亥晴

三十日丙子晴 下午率家班奉祀 先祖妣生辰 庭園坐茗飲長幼共十六人設方桌三

兩腸可寬 初讀孫芝性寬思安逸不厭無念也

光緒十年歲在甲申余年五十有三

正月丙寅元旦丁丑晴　天色暄和　卯刻起　率家眾拜　天拜　先聖拜　佛拜竈

神謁　先祖獻朝食畢合家稍賀正妹氏率賀年陳謁[illegible]正像於東樓下

早食畢出門賀[illegible]親友帖者多與鼓[illegible]人　下午歸　夜獻晚食

先祖

元旦感事

歲集諸鄰月重陬。華年五十又三周。自占芳訊書作滿。又喜春光到白頭。

卅樹寒香豎古井。一池清影穩閒鷗。白蘇一笑來相証。鐵石心腸我

詩留。

初二日戊寅大雪午後開霽天色殊寒　晨起獻早食　先祖　[illegible]以是人[illegible]

題　是日余生日家人稱祝　下午余以冒寒微有不適即痊

初三日己卯雪　晨起獻祖食　午後獻饌[illegible]年

初四日庚辰大雪　與南鄰君等登樓閣觀雪[illegible]一白真[illegible]也

初五日辛巳雪　柳風橋下新闢小門擬去今日上門

初六日壬午陰

初七日癸未大雪 晴而二次 偕与家人登來樓看雪 下午俞姪設饌西樓 畢鶴梅

並余与內人偶姪及諸女同飲盡歡 初證非邪 守住房泛住 初八發 作船

初八日甲申 雪 亭午雲 天寒積雪甚厚 復与家人宴於來樓 守務口武行 行白者 作船

蔣安林作同上

初九日乙酉陰冬 亭午得諸方加等慣 靜与家人久譚

初十日丙戌晴 甚寒 余病寒 發明優後有微恙

十一日丁亥晴 甚寒 寒暑表二十餘度

十二日戊子晴 甚寒 余疾 遣寬史 師陶 課功令文 孫等 仍

兩字 余以疾未得親事

接羽口武初十日信

十三日己丑晴 寒甚 少雲 自初八日雪至今五日 未取當天而 山 有中布

有事也

十四日庚寅晴 邑侯 來拜 候未接見

十五日辛卯陰陰

接宗湘文年丈信

十六日壬辰 陰 夜微雨 下午候陶榘林久譚 又謁張佑卿不值 又候包徑樓 秋舫久譚

十七日癸巳 雪

十八日甲午 晴 寄卯公武信 卯君 信函

十九日乙未 陰 微雨

二十日丙申 晴 寄卯公武信 卯君 季來信

接卯公武來信

二十一日丁酉 晴 下午李君梅來訪久譚

題草堂卷 山莊課讀圖 爲吾表姪邵君鄭中翰作

蕭森樹擁夕陽開。高詠南軒亦快哉。麥老雖苑樹蔭下立。當時已信不羈才。
村塾讀罷天下奇。不奇林外都若事。此福由來人世多。先生胸自有季隨。
居然清福覺通。知有鄭華無異風。江山峨山河積石。至此源出畫圖中。
門高通德知聞久。我識君門事上孫。剩墨猶留青句在。詩書世業見傳家。

明照如若有墨扇它。比予真以理含蓄。丹桂榜見擬書者。知有山莊第二圖。

二十二日戊戌雪

二十三日己亥雪

接佩鶴二物　信

二十四日庚子晴　答訪李君梅人談　並晤其鄰張文卿　寄贊卿弟相宅

接贊卿弟廿三日信

又胡子澄十八日信

二十五日辛丑陰　是夜有微雪甚寒　寄子寔元信　佩鶴物信　劉訪上信　若農

寄贊卿信　贊卿弟信　仰山信

接贊卿弟廿三日信

二十六日壬寅晴　張竹臺來　侄來接晤　早飯畢　侄陪雪生　祝其母夫人八十壽　歸

侄與竹臺久譚　下午張竹臺又來　老侄譚尤久

二十七日癸卯晴　送寬寬赴宜興　見壁間碑　栽樹感嘆八年　營兵葬後

以亂中碑石未毀　云官府命將易之　題曰請授湖北提刑按察使司按察

使蒞府君之墓凡十八字亞所書也 壁以辛未秋從舊畫前築種松秧若干株今補種石楠七株柏四株 寄曾樨生信 寄杏人一函 致韻芳 寄西君志

君靜作為方氏記事

二十八日甲辰 陰

二十九日乙巳 陰 下午孫竹堂來候久談 傍晚同赴樓秋舫邀陪飲 同席竹君及余与劉雲樵三人 初更歸

接竹孫二十八日信

三十日丙午 晴 康堂梅華將歸 与家人書 院完日

接曾內子二十九日信

月丁卯朔日丁未晴 葉雲台來僅久譚 訪李君梅久譚 又訪孫竹堂不遇 下午孫竹堂
來訪久譚
初二日戊申晴
初三日己酉晴 薛安林自蘇來久譚留榻
接孫仲穎初二日信
又親館仲正日信
初四日庚戌陰下午雨 李君梅來訪少譚 同安林仲宣小舟出東門一行 下午子永子
晒來 寶兒歸 赴蘇州周氏宅
初五日辛亥陰雨寒 下午吳蘇穀與安林偕
接寶兒初三日信
初六日壬子陰雨寒 寄係陸氏信 寄渭臺信 作仰嵩如
初七日癸丑晴甚寒 余以太寒後有微恙
初八日甲寅晴
接寶兒初六日信 已由宜從常郡同赴試留待偕返

初九日乙卯雨 安林過蘇來劇譚 寫寬兒信 仰曾

初十日丙辰陰

十一日丁巳晴 余蓮舫來訪久譚

十二日戊午晴

十三日己未晴 孝侯叢雲仍不直 在方丈坐 孝侯詩余拈偈不直 請拈竹垂久談

十四日庚申陰大風寒

十五日辛酉晴 早飯畢篤盡游劍門 入藏海寺久坐 寺後有國初玉林國師墓 隣葬其父母遺骸 塋宇甚壯 形勢尤佳 碑錄韜園所撰太夫人之墓 觀記順治某年奉詔歸葬始末之事 寺附郭岩峯也 飯後訪三峯 僧寄雲藏此畫一見示 有王西廬三幅 仿高房山筆 從米家山而以青綠渲染 不似水墨白雲一幅 摹曳山嵐 真化工也 又石谷子立軸 亦仿黃和者作 蒼蒼雄境雲回如走盤行則 又惲南田冊葉 設畫牡丹碧桃紫薇等花卉 鮮活如在枝頭 紫薇一幅 明注景華月方文 以中數幅逃 余所見園畫真蹟 此蓋巨擘也 惜有印無款 疑為其友臨倣之作 三畫皆傑作 新整無損 昔渝詢可寶愛

蒋花秋易健墨下山過山人硯孫元宗買盆樹十三 黃楊二 檜一 蠟梅一 山月季一 茶花一 洋
鵑大小凡七 上野原孫宗 蒼樹生自杭州來 借泊舟定畔 久談至二時去
十六日壬戌 晴 午刻蒼樹生同過邑人朱仿之 久譚舍生晚
接望兄十三日信
十七日癸亥 晴 午刻蒼樹生來 即去 夜因來 並辭下舟
十八日甲子 晴 下午至君靜來 訪久譚 為方氏之記
十九日乙丑 風雨 陸阿三等自常州來
接朱華卿十一日信
二十日丙寅 晴 為金壽門梅花冊八葉 倣洋錯六圖 為小松山水屏四幅 倣洋形四圖 陳阿
辭下舟 阿書
接王樹生信 寄自畫梅一幅
廿一日丁卯 晴 訪董君靜 寄明趙作人及其足君素久譚 至子承家久譚 又訪孫竹書
久談 為頤保函
廿二日戊辰 晴 子承子順來 下午至君靜來
廿三日己巳 晴 春分 下午合祀先祖土神

廿四日庚午晴　子宜兄弟來　曹君勤來並診

接姜樹生廿一日信

廿五日辛未陰大風　下午曹君靜來久談

廿六日壬申陰雨　澈冷殊甚寒　下午曹君靜來　寄寶笙信十六字（以石笙信內只吐血症從問藥所也）托薛西林開醫方

接寬兒廿二日信

廿七日癸酉晴　鄉人自蘇來候諒子初發時事

廿八日甲戌晴　寄柳子健信　魏般仲信　朱芬仰信　王耕生信　仰臨　曹君靜

來久談　子宜兄弟來

廿九日乙亥陰　下午曹君靜來

接寬兒廿七日信

三月戊辰朔日丙子晴風寒　子宜昆季來　午後曹君静同葉素存　東方氏旁
蔣氏之孫曹居間和合令蔣氏赴方氏之墊脂不接送碑石琴石所拔荐株
因正式通栽種之叶初方氏內門補植兔其賠償兩雅既許和息由君静謝葉素存
曹饒西陶　四人皆名具呈請官息訟　曹饒之爾日不令我講究之余為存
氏的曾先生之後不及三世無聊不此而去歷之亭所存挾好人無為押保訊的向存
索賞大被攫擄本縣出財名陽瞻於不無可閔相詩其城當為方氏昆季赴蛩
視聽存無旧章辉在　曹粟二人亦去　趙伯侯來訪少譚　下午曹君而偕自舉楊之本
以畢　余即僕也係韓秋妨先為新葉少譚而出　層僕至君静每但君素太譚
初二日丁丑晴　寄庭兄信　沪寄仍同
初三日戊寅晴
初四日己卯陰
初五日庚辰晴
初六日辛巳晴　曹君静來訪　子宜昆季來
初七日壬午晴

初八日癸未晴

初九日甲申晴　清明節

初十日乙酉陰雨

十一日丙戌晴暮陰　李孝梅來訪　同邑曾君來久譚

十二日丁亥陰雨

接蔓函手　〇信

十三日戊子陰風寒

接定兒十一日信

十四日己丑晴　早食畢椊小舟到大東門訪李孝梅久譚　傍下舟椊還　鄭恩橋詩題

汲儕二久譚　宮完宏信　佃番向

十五日庚寅陰暮雨　曾君來訪久譚

十六日辛卯晴

十七日壬辰晴

接楊見山峴歸安人　吳松江府　日信

十八日癸巳晴

十九日下午陰復微雨

接寅兒三日電數十字，云無恙，胃口可挽

又初十日信

二十日乙未晨雨午後晴

又接寅兒十八日信

廿一日丙申晴

廿二日丁酉陰

廿三日戊戌晴

廿四日己亥晴　寄邵季翁信仍函　邵季雨信寄發

接周惜安信

廿五日庚子晴午後陰　巷舟赴蘇　辰刻解維　未刻過黃埭　酉刻入齊門　泊道前

與安林相別

廿六日辛丑晴晚燥夜大雷雨　辰刻安林來舟　換小舟到圓妙觀　饒若到蘇新衙

閱市　申刻過舟　安林酉戌刻去　寄南菖老信仍函

廿五日壬寅晴 遣莊福人舉生以翠墨十條轉託之 与安林楊丹山瑰花擇買五色楓二盆 石簾過春藩六弟花也 雇舟入閶門 以舟人粗俗 筲塘余翊紫不喜年間寫之 公發樓下 楊世潔淨主人尤屬勤 因安林近處踯躅郡朝過寫

廿六日癸卯晴 寄南陽君信附書 午後与安林閶門外寄春園觀劇 傍晚歸

接南陽君廿七日信 又浦仲宣廿七信

廿七日甲辰晴 寄南陽君信 浦仲宣信附書信 下午赴觀中 同安林君飲

下午雪

四月己巳朔日乙巳 晴（下午雨旋霽夜大雨）宜南陽君往 偕藕舫 巳刻同西村棹小舟至閶門外白蓮橋之塘

德堂看牡丹 花數日開矣 極盛 游人士女接踵 有設司譚鈎壞風俗惡之堂

之人忙一夕 折花皆盡 遂坊氏之心所忻木不同違其狀 近世用心可謂深矣 遂棹

至拙園 蓋鷄光可覩 雅之錦 行仁驗保御傳樹石中目 拙以拔莫敢過問 蓋。

此園與城中之怡園皆巨伸產 寧如園無一何也 園中牡丹亦盛 黃院至此府巷乃

歸

初二日丙午 陰 亭午晴霽 午後棹小舟至西磨橋 看西林同飲花 侍晚歸 俞蔭甫

昨寄（福樹不是）來城 介存井包肋 余世閒之 要以為取五千餘 蕃青霧至存井送

自言以內女似學為廣其情篤可歎也夫

接南陽君初七信

又寄仲含初一信

初三日丁未 晴 早谷筆棹小舟至葑門閒游宋信李周浩谿婦女文譚 午後訪李

屆生譚甚暢 侍晚回寓 聶林來

初四日戊申 晴 西林自虎來 早谷筆 侯 曾沙亭亦至 曾孝子 此其文譚

次復卿出我家古稿隨來函寄其子弟　次復于翁卿不宜　次復楊見山久諸函

餘　次復任小園久諱六子孝同王二某官好六國厘　申新沚齋門下舟　在安林某

接南屏書　初二日信

又　定兒　二月廿七信

又　朱雲少卿　二月廿一信

初五日己酉陰　清晨安翁集雅古舟（夜謝）川過吴塔　甫抵家　左孟辛夫人自秣陵

來　以孫君子先（字蒸生）示新任江蘇學院帥蓄書　以好力薦及論之

接卯生二月廿六信

又　柳李雨　二月廿八日信

又　趙文瀾　二月廿三信

又　左蓉生　二月　日信

初六日庚戌晴　赴縣門前牡丹盛開　清河白一種花大家小斗　與宗人賚院轉附

初七日辛亥陰細雨　守年草佛經作句（守歲）

接寬兒初四信

初八日壬子雨

初九日癸丑晴 下午孫竹堂來，偕之久譚

初十日甲寅晴

接寶臣三月廿五日信

十一日乙卯晴 寬臣自里門小試回

接子寔兄 信

又蔡梅宗二月十八日信

十二日丙辰晴 陸蔚伯 作局龍游人 保福同知吳著人姜家城嚴高識之 來訪，以所為之行狀記略屬之，久譚乃去

十三日丁巳陰 下午微雨 昔歲年得大木於蘇州，今歲製以為棺，擇良辰命之，俾世俗知也

凡人生必有終，知有終必有葬，皆血肉之軀所應有事，其存其亡，各盡其力行之，得為而為，

為不得為而不為，皆理之安，夫安順命而行之為達，豈敢好惡於其為達哉，若未之

買棺櫬，索手疏之，裸葬，小夫之見而已，不足據也

十四日戊午晴 接仲舒華一信 劉君輝來訪

十五日己未晴 下午雨 寫李廣傳，寫詹第一通 仍寄 兩昔 偕小沅信，寫原第二通 十六日寄 仍寄 偕鍾華

信（仿印若）　子宜寄函來久談

接邵公武十四日信

十六日庚申陰　寫費仲青信（仿印若）

接邵伯絅十三日信

十七日辛酉陰雨　寫邵公武信（仿印若）　邵聖予信（附若）　邵鏡李雨仲信（仿印若）

十八日壬戌晴

接朱譯仙十五日信

十九日癸亥晴　葉芳伯來，久談　訪石老靜，不直；又訪史先君志，久談

接鄒紫仲十七日信

二十日甲子晴　早至公所，晤侯葆葉雲久談　晚至子宜，晤霖久談　次往趙作人

不遇　次往李孝梅賀其子自閩（邦楨）放天津道喜，久談　晚又訪孫竹堂，久談

接任蓉元十八日信

廿一日乙丑晴　荀葉翰楷同宗八老爺封翁昌署

廿二日丙寅晴　寫鄒紫仲信（仿印若）　朱譯仙信，合上　任蓉元信（仿印若）　李孝梅來書

侯少詳

接邵季丈兩廿作

廿三日丁卯晴 暖甚 單衣試汗 拴汗下 被雪下午驟雨半夜大風 是日接韋卿兩函侯鈔

秋舫黃菊叢錄 菊香可采 為宋來先弟為定宮串刻 家藏

廿四日戊辰陰 風寒重作 邵函與卯侯函 隔一季 下午晴霽 是日接李君梅李莊函

稍書以思橫陵雲生 君來太靜 鈔荀葉 未梅 取學 與往 以贊之也 下午家事

子示民弟回詳

廿五日己巳晴 寄雲初軍門 玉春 未侯 鮮史

廿六日庚午晴 寄邵季丈兩信 兩詰

接邵葵若作

廿七日辛未晴 又邵季丈 二月十五日作

方聯三 聚星 浙江 島八

宮福山 右芝 都口 未訪久譚

二十八日壬申陰

接朱恭仲二十日作

二十九日癸酉晴 寄莊棣生作 寄林研二種 初二日作函

三十日甲戌晴

五月庚午朔日乙亥晴（太夫人諱日未詣也）
初二日丙子晴　已刻赴李軒萬卿、李君梅招飲同座　吳冠英（江陰人）　徐子晉
　庚壽丙人　題作人沈鏡塘書手　又一丁姓少年　未刻散歸　又訪楊思贊久譚
　守齋丙亭信　回晤　何日
初三日丁丑晴
初四日戊寅晴
　接子愔弟四月廿七信
初五日己卯晴
初六日庚辰晴　下午楊思贊來訪久譚
初七日辛巳晴　附舉主沅浦　寄仲來崔劭江　祥甫信謂擬曾日赴滬題贈丹川
　戲劇下舟未刻行
初八日壬午晴　順風早發　未刻過崑山　夜泊陸家濱
初九日癸未晴　順風　早發　已刻過黃渡　申刻抵上海泊洲　坦碼頭　挈眷程岸
　往寶善街之佛照樓客棧　即前數次居之　泰來棧尚名埒　前此之謂

天津□□信來訪久談乃去　夜接鄧季雨來久談

初十日甲申晴　鄧戢仙來　午間步至四馬路一游即歸　寄南當君信 寄邵春谷原札　下午

鄧季雨來　因訪葉子寄久談看雲氣煙傍晚歸

接鄧季雨初八信 專寄雲寶手書

十一日乙酉晴　鄧季雨來同啖點心　午間到二馬路購鼻煙一瓶　夜訪謝雲岑閣

夜歸　雨　夜歸

十二日丙戌晴　午間閩市購鼻煙三瓶　昨所購皆新貨不佳　夜

鄧季雨來　因訪張小伊 孫聯上之人 來識石館已二十餘年　久談

十三日丁亥晴　早訪鄧季雨戢仙少談　同季雨訪孫硯農 文四好人 來識　久談　託寄稿

再訪寄　午間進城到城隍廟　觀書少坐即返　又至葉子寄處久談　傍晚

十四日戊子晴　鄧季雨　張小伊　孫硯農來談　硯農題同市樓小飲　傍晚乃返

小伊留久坐乃散

十五日己丑晴　偕戢到城隍廟　心香寄孫儒論僧　凡十餘條　以決某

技閑時出天生　筆墨三十八　無數生計之類也

而甚之。季雨兄弟及卯再訪，李再訪，不見。上十餘年同過華陽會君樓少

聚，不倦。是日雨霽，烟水一色，蒼茫送日。卯李雨來，言招商局輪船江寬輪船已至

空上，亦下舟，十七日代為擇舟及左堂艙，趁張小伊同至海關請免稅，弁以僕

人住福泰侍候，是夕移艭，宜農意甚懽懽也。

十五日乙丑 晴 寄南陽君信（家十二），即發。卯載動張小伊來訪，少談。下午赴卯，李雨招

僕役同座，移艭晨訪小伊二姑偽

十六日丙寅 晴，下午雨至三鼓。卯季雨來。午向後，偕張小伊來，同送家屬登揚舟，屬舟

中司事人許友于。 季同庭山八點雇行李入房艙，託偕二人直至小伊處畢

長談至初鼓。季雨偕姪寓下舟乃别。子刻揚舟篙行

十七日丁卯 晴 辰刻過龍山口，未刻過江陰，申刻過圌山關，戌刻過鎮江小住，亥

刻始行

十八日戊辰 晴 寅正抵江寧下關，泊舟待曙。卯刻李子楨船少雅來，遂雇轎

城入水西門至文德橋上岸，投宿福泰客寓

十九日己巳 晴 晏起，早赴市，吃揚州麵，殊不能佳。巳刻雇小舟至城北毘盧靈巖寺

出示稽勢入見沈補齋帥之諭，言久舉當三省所詢，詳考之甚詳，帥屬採

節略以備查，急切寒可為難，此二未可切也（前屬鄂中將台三函致余，私擬固辭之），未敢出，候其常府商同本陣小團之諭

再迅速開辦，閣不為病，當飄猶當轄，諭為吃俾得而後可，否則候節照之

入謁其母夫人，甚稱其迅寓，座亦甚想之來，蓉樹生先生此閣，余不上去，座劍高

二十日甲午，晴。寄南陽某作書、作函，魏伴子（桂卿，陽人，卿之子）書，復汪小山（光燿，本湖人，鹿山之子）書，復上人諭

楊香山來訪不遇，言舊有不為依沅帥，案實不在。寄陶帥時務節略，座中畫

楊某來久談。沅帥遣利書復

萬軍上西岸殺

昨西陸延言黃論，寄呈備閱若略論，呈請為家事，候令鈞誉(?)

一 請內三條

江陵九府之隘為莫，山之下查陸楊之禍，由肇自上，家家爭坝，左勢所不得，此只向家聯（至吉嚴密居橋，信速報令知之，夾當第帶如國家何，事畫當敵，時迅諸之，倚橋以防居人，遷徙一定於……）

私料時之不免，目下兵力至以綫之拊，固不如要設有外遷相去成防，迅救生心，勢中所事不可

不虞（奇向不諸），似宜早為之所，凡每年稼田每二六患者，其遷居兩二十年之前業，責身居業，准其入

一莊之何，全入新居之籍，以固其家業之心，以依其墨循之地，其住（役）者不當所居其

弟一處情形須積其梗槩方謂為屬無事分別得認通籌原稿方能免誤何林姓

息應請並閱少穀山處

蘇松杭嘉亦應令次為大營之人大半在臺親勇易將用於外港土勇將袖立言曰

不得躁進為糧餉來函可謂為無事之人無事之處談論只一隊亦各之營法要將

禍無之苦耳乃將領勇其門地力拒後來利為得於吾船檣也以此不知其事即為

死之人局勢難設舟師能作不鐃戰事之以來佩作函圖遂籌得粮偏如此之

聲勢也之處與商也閱仗戰兵糧勇可之福亦前非年其任同其簽思之事

受兄意甚感事許未讀詳總局出福信為處護處不可如約一羽兩饋

不朔未信所稱察陸以湘鄉為前兵以御為束六計事派解前軍以略過之地

自稱皆商也而後免身為籍與兵石商也所為傳能兵局備並教石之望即得其大船貨

教局本不之大服材不利遇見何紛商處人本無才能明通天無使此之核以精之事安

以為化速矣孫仰堂耕之再妻亦對何不過處一可為實以何處宜查明現查商也船

恐日搞非不能再指再對示要待論令閱報此再可佛處橫行之事必可易與一辣

手保無做器此後及四完酸一張一地應盡要安

於警衛兵馬有事之時將士無事甚之不向事而平加以連年候募候

殿思召之略之募軍方其廢之忽而事事務擾乃未甚形勢不能收陷不得保存

殆盡治世而無所用兵餓鈍如二百年休養士氣之患其所至此無可不歎惜

方之急似宜擇其強者力之人專殊優待隨時陸續增入幕僚人其事力拔擢隨處務

此亦隨時陸續用實稀如此是遠避對切勅諭示以安不之福係一國之業少一人中

少一個臨為上下全一大興事言之似速行之可謂急務也

第十二條

中西之事至今亟矣今日之和戰可急除日之戰出戰亦生為之戰如戰決無軍率

以吾觀閣天下乃太平年來無事粉然為防禦習於江南之宿情於聖闢之形亡樣

西季藩更無內人數無勇所恃士氣細弱國強風空自暴也此可之戰我未免其為氣之事民不

使由不可使知聖人以此盡天下為民之視民必蠻見將不使之兢悍鋭需所宜別植一

軍事務以中遠自選械須兼西宿乃其餘行陣勝今分指揮兼西精勇練近海之地其

候所必植勤劬之誉選其有材干者以之為之教示之精練之但循一勝即所自三道斷

克之秀武教練張中國之士氣

迨兵事甫定，當局者不講求槍炮船艦，屢年以來，靡餉動以千萬計，然未聞
有能戰勝攻取者，虛此無窮財貨之時，招募留學外國，如此之臣為不收尺寸之效，
不亦可哀也哉。至以西人之言（之言中國者）動中國情弊之說，天產民之害，甚至一莫需亦要
以之用之辭之，猶止今者千萬之布國（擋）洋口內，不能（以譯不存）見錢載命，是亦不能生活
母能製備理宜，今日其動洋務者，產與民相押壓，小見不能（學）精門，於使習日多，
一則練習兵胄，一則遠射（志發）事，維不可以勸驗，亦可稍靖風氣，至洋鐵炮械者
家母警說亦是置辦（四）機器，年深專政，能棄置為時不能兩存，屢學精粗者
至上貴，而又不致日耗，則臣伯不至廢棄，以此漸進求之，不難而後，而未見無益

## 理財二筆

國家藏富於民，民之富則國自富。今商貿之府，布風大壞，其弊於小民以細為千萬貫
[illegible]稱多年，倚漸成市，推以過市而不植，從此安之立以陸，稍勝於前者，此其所由（金需總在得宜其當）
者，而為（民）國所資之精，阻滯而此貨物何我盡，歸商之(?)以間關，實力維持方（能見實）
此等皆須貨不少，而貿業無所抱，運貨易十減八九，不但貨外不能來，內不能出也
洋關而論，若年稅常十九（值百），至年十七（值百），而歷經無論，養其脂膏，殆無時事之不並

頃姓陸姓之路局捐姓總之動輒貴之萬上海總發處或不容過止存十餘寄

商業家所不容形民生安所不能閱評而悅此須示誡今不揭其事嚴懲似將以

快誌綫商業傳之不甚當買為好辦日定例眾考核為貴上難期令接之鴨依為閱

課之不安程據其無論是民生之悶聚不無論矣

外國書信局設相閱據臣每歲千萬計是其年收洋至多此等以信

由各省委員去內地之大臣以簽阻隔不通商情大濟而弊窮請將此事仿照京

官民一律辦理似可收發其間惟擇能幹之員一路並查詢相應以資其用

庶從而動進以轄其事收效上來亦不難也

函電聯屬二事

今與之事處處明白言今世運甚孫居大位者每為貪饞之人特以公心直道而論心

不如我心設機械樹城府後之君子所能步武謂一切不以為然難到處傳衛等數

唯有隨機應變嗣以事則難不宜要往必須此擇術商量可迅而存朝見用人

務請大端尤其要情之又情無為正實示蔣見圖不可挽以拾遺尤不可界以前任幽詩

書之手 廬莫和函

書同治翼集，所以通將寫詩古道不得其門，欲令直之，振大家遺一理古難節

國藩弟侄家書，亦以孝弟為本，失伏閱詞章之間，外和內勁，大本實能以古持

個事自生形似，亦須墨之一路也。夫勵闡之旨，在平資本為肝識，要之書畫自可冰然

大家手筆，以副士氏之望，此勝鑒之亦感有聞耳

以上各條考吾於見事如甫黃堂注意久怕不自止鄉蓮　名論推輕書也　第一手段在是

當與同行，再請以圖之

庶名勝則見附　丙丁　不待分年

二十一日乙未　晴。有陸雲樵林漢來，晨會舉赴醇邸，蓉舞別況，老方病遂疏陰瀝某生留為　不辭　丘宋

數日。余亦親疾頗辭，讓後生，伊聊說試秋瀾再來，賢弟未商，勤余指諭之，此行

書高願學伯紳文令不日題墓，重要之而返。君訪楊子三之譚，叙西國推勸聯聘

其詩云坐臥城隊一，侄陪郎仙接客　湖南人　蘅山子　方往上海未回，魯經叔仲王不能

事張延之見書揪來門下，余注沙醉一盤桂，文宣詩傳齋　字思　淘余不一幸惟萬

侍膳像與椒生同過，衣答以頓日飯竹，衣答樹壁　甚　假他異煙館送寢行，辭之不留

是日從師前道樹竹持刺來之，並送路貴訂係仍

二十二日丙申　大風雨，色寒衣架，若觀燭下，文從楊畔得月，去懷若帽雨，轉山久坐乃去

留珊生寓雨窗市河吳煙一樓下午珊生同至煙館移泊桃葉渡甚有綠葉之之
秦淮人以樓爲妓人所居集僅爲家名一雛妓名玉寶者十二三歲能時下諸曲兩自高
廣甫之妹
亦雨寧物粗俗因之翻譯矣自能歌唱揚州人以讀後爲能事酒客亦哉夫
居爲秦淮風趣揚地者矣雨甚留宿久不寐殊煩悶偶賦~~市□□~~之不重
佩戴指巾而來其處共飲便後繫筆一枝尤覺瑩無度對之□□不得已援家居
世房每聯標而竹肉並奏又不能與之總隨俗爲自有□年自序此生不復
本事詩　石條惜別之句　二詩書欲正寫
[illegible]　金陵素素舊別不容遲遲　櫻生
赤闌橋畔。畫舫遲遲被催。卅載吾家城8何處尋　兵午風流剩渺8
此際琴樽8西江淚盡8流水鳴咽8春臨雲和幾度。一時之秀氣都散。移池高樓如8
雲□玉杯8碧依依8墨花蒙蒙8翠眉消雲影孤8中見隣舟詩有8玉識□8
[illegible]話與律詩風月8斷腸人遠8[illegible]儷情[illegible]桃葉8
二十二日丁亥晴　早容單衣偕珊生來送仍操小艇出水西門登舟之際覓大楊及之同
以二舟以大楊名
代庭也安同來之先仍至楊□舟船游莫愁湖過覓渡楊登岸雨行不半里而□余

蒼家此時遺蹟未備不可無蓋三十餘載矣卿生石城鄉卑之南寓城西西處
南北往來思東西湖二里勝棋樓坐湖南樓下兩湖莫愁小像樓上有中山王徐中
山陰秦寶文臣全之業勝不顧證文臣之祠故就此瞻拜武今舊名知佛之樓底
也下樓謁郁容蒼之湖中新荷甫出以曾陽景翠微亭似六新畫風華發
結構宏麗惜之遠不久為出過原能深理一舟午刻即發甫過西關序
莫子識

游勝棋樓謁中山王遺象

路入叢祠花滿村。大名今古此樓存。樓名勝棋和徐中山王 風雲勢與鄰兒異 歸覲新
堊碑遥壽尋野翠麻新蘇雨。陽城 帝煙太上朝暾。神游千載瞰五宗。恐
觀人間得風旅。

重向月間蘸晴湖。樓和曾建 [illegible]便要識畫圖。燕語樓空 [illegible] 櫻 [illegible]
寂暖長新蕭 十年投下孤寫長溪 四海此向康痛呼 [illegible]
大抵何處問雨巫

莫愁湖櫂歌十首

樓頭將軍弈此戰，樓下女兒歌似花。人生如白首千古，相逢安用相矜誇。

長戈利矛天之忠，昭陽翠羽天之憐。中山百年日輔軒輊，却笑真娘墓上詩。

莫愁湖上春竹葉，棋墩千年夜月深。豐華鬘子不知數，何處更尋明月家。

新蒲出水團刁刁，新柳拂波千萬條。像將荷作鏡樹作屏，美人顏色女兒嬌。

無勇流水湖波稀，錦帆何處覓瑤華。門前車馬歡如煙，欲覓金閨兩翠黛。

一杯西林春茗來，一角三角湖窗開。歸舟村頭何相惜，情景一擲人誰道。

青山無言樓樓頭，肯風肯雨入樓。雅鵲輕飛杏花落，樓上美人遊未愁。

那田無言蒲蒲蒲，更有安田田蓋蓋孫。輕舸幾番倚落紫，係對陰中聞鷓鴣。

我自青山畫畫窗，不覓憫惜木蘭艘。石犬風細湖波靜，坐看白鷗飛江樹。

人以地重人亦重，湖以人名名不虛。莫愁女兒何相似，吳儂家有紅芙蕖。

二十四日戊戌　晴　早發　不過棲霞山　望山頭老樹之斑剝過半矣　午過儀徵河口　酉橋泊

日望金山蘭若香聲一新，船從沙洲風水惡，引舟不得泊，遂入焦江口

二十五日己亥　陰　早發　夜入丹陽　城內消亂後已二十餘年　居者甚少　夾岸多種為巴方

女桔槔　庫水蒙蔭而知矣

二十六日庚子 雨 早發東新邑 南牛桟 在江邑陽驛 初昨不住 以天晏且微有疾 遂不登岸

二十七日辛丑 晴 早發 雇拖無錫 連日皆逆風 自此登輪拖舟行 舒緩 晨可與仕進相見 一輪舟一日千里 能迅利可喜 可陸路無時且大風 譁無一二里 自由分往內地小舟 倚 庭 陽 出 進 且 往 室 路 有 別 日 此 止 如 止 二 丑 相 離 未 固 不 以 行 為 安 也

二十八日壬寅 晴 君子節 早發 午新邑 論 意 安 今日 祀事 完 見天 試 陸 江 不知 謝之 也 南 新 邑 許 監 園 至 新 城 蘇 郡 成 新 泊 有 齋 門 遂 避 安 林 末 至

二十九日癸卯 大風雨 早發 至新邑 蘇口 東新 南門 是 時 風 甚 不行

閏五月朔日甲辰陰 寫丹書播門藝匯鈔 以蓬風不得書 發吳培甫信 小舟先行 奉勅解

得李田抄寄二人皆無恙 寬兒勤讀未遇

接李鏡如五月初五日信

接任啟臣五月十九日信

初二日乙巳陰雨 寫孫硯農信 即寄 交沈福 發李伊卿李雨信 同寄

初三日丙午陰雨 子頌來久譚 寫孫樾

初四日丁未陰 寫任小沅信 即寄 任船 得寄武信 任上

初五日戊申晴 寫常希吾信 即寄 任局 下午同寬兒與其婦偕西晴上轎出西門看龍舟

上海相公來 即寄丹書

初六日己酉晴 子頌來久譚

接蔡緝甫五月廿三日信

初七日庚戌陰 張壯卿來久譚 下午同寬兒[redacted]書院試偉七一冊 孫子壽也

寫寬兒信 寄岸銀山圖 即寄 任局

初八日辛亥陰雨

接寬兒初五日信

初九日壬子晴 趙作人雪舫來未談不談 寫寬兒信 即寄 任局

接寬兒初七日信

初十日癸丑晴　午刻趙佑人來訪久談　寶兄偕其婦自上海歸　方履中來寓　寶巖

詹孫甘雨也　去家為己卯五月　屆五足年　亦甚速矣

接李頫女　信

又致公武　聖信

十一日甲寅晴　同南陽君率頤孫猪女小舟游至尚湖一路過寶巖　其地多楊梅

樹登岸行村林間攀枝摘實味極酸　同至山前處　下午歸

十二日乙卯晴甚熱　早食後候錢秋舫未值　候葉雲伯久談　回寓　候張伴卿久談

候曾樣棠石不值　至候趙佑人　又候李君梅　楊思贊均不值　又候孫竹丞

南屏榕九久談　錢秋舫來候亦未值之　李君梅來寓訪久談

十三日丙辰晴　寄致公武信　仲卿　聘李寄庭　林公武信

接致公武二十七信

十四日丁巳　下午大雷雨　寶兄自江寧將以十一日入津

十五日戊午　晨雨　下午霽

十六日己未晴　下午大雨　趙次侯來訪　世弼亦至　久談　以次子入學　暮告先祖　子承晨弟來

十七日庚申晴　早會海防局惠吉久談

十八日辛酉晴

十九日壬戌晴　寫邵季雨信寄白書扇二面（仰蘭信局）

二十日癸亥晴　晏世寶來升卯九十分　以曾宗保信（新內並書函）此寄已數[illegible]

不夜甚此上

上曾宗保

前膺匡渥以十年保愛之地館於一旦無辜萬席謂詢旁周達匝盛友無窮

兄自慨敏益（叩）則久挫於門耳目塞（壅）不生以融清問又因暑日痛病轉安寓居

怔忡時作不克留僕西文館所（隸）海殊切悚皇乃仰承之日從此麻郭諸數

選材官計以秋中後至凡點畢程四休大慈比日辰買舟東下風雨相積今月

之初程抵虞山自向以來伏維道體沖和神氣強固盡慰所以極定已費然不

勝私祝諸賴之下[illegible]三江地大物博政務殷繁更佩以閱歷之年膺茲新大宣芳其御

之以簡撫蔑細枝後心基為有餘閣於任繁（務）擁（[illegible]）抑亦當路之所來隱為石柱乎武

不能既師（幾就濟寶）羣作中事年甚勞（心）人旦夕所不能堪（甚）之深為備書此年於（[illegible]）[illegible]（濟[illegible]）[illegible]

鄒臨不清[illegible]內容外証，亟宜作戒。精力恢復，寧戰[illegible]之道，係乎？

廣[illegible]時局艱難，人心攜貳，兵師久頓，餉源已竭，以國家而外侮

戰，實係自取。今急起以補救，猶遲矣。以智識短淺，見聞隘陋，不能有

所貢獻[illegible]，殊節勞瘁，猶以上以為國，下以為民，此則可能自己求耳。

二十日甲子晴。晨展與諸友過宗叔祠，與伯上室見，後少扶出西覽。

合宗叢葬繹塋之時，須之甚，今非是也。又出至北以得古陶等一車，有墓石三方

及其殘本，寫畫中所出明器，為瓦屋一區，上有康脊四出，前象漆鬼罪惡左右

兩側凡一，高自尺半，廣約二尺，兩階似漆石，畫中物雖無銘字，當亦古物。

二十二日乙丑大雨。卯刻即起，披覽池上獨坐一樣，庭前正盛，雨意秋風，寒光相摶。

宗材治時乃返內宅。

二十三日丙寅晴。寫楷書山，宗祠壁記，粵國內陳隱居銘十四圖（即四數），五卯以後。

宗祠諸像，從前圖以寅卯與學業，係從也。下卯，子宗院李來談。

二十四日丁卯晴

二十五日戊辰晴。早合詩，後信少談。又及子宗久談。黃來，偶與久談。

二十六日己巳晴　寫朱芾卿信（交仙舟寄）李鴻女信　寄　寫任筱沅信　寄雪濤信　又致[illegible]

接張香帥廿三日信

又朱棻卿十八日信

二十七日庚午陰雨　夜朱芾卿（冒順之　嗣相仁和人　翰仲之子）同陽[illegible]赴蘇[illegible]來訪　[illegible]　來信　李[illegible]（郭[illegible]　[illegible]）　譚[illegible]二[illegible]下舟　來信[illegible]來[illegible]

二十八日辛未晴　朱芾卿來[illegible]　余[illegible]　[illegible]　[illegible]人來信[illegible]見入[illegible]

壹　夜芾卿[illegible]二[illegible]

二十九日壬申陰雨　寫[illegible]信　寫[illegible]

接任筱沅廿八日信

六月辛未朔日癸酉

初二日甲戌

初三日乙亥

初四日丙子

初五日丁丑　寄郁季雨信 內有信函

　接郁季雨初三日信

初六日戊寅

初七日己卯

初八日庚辰

初九日辛巳晴　南陽君生日

　接周臣懷初七日信

初十日壬午晴

　接胡子健衙五月廿七信

十一日癸未晴　登嶠武巖隨為寒熱之病

十二日甲申晴

接叔卿伴初七日信 寄朋友為兒子入學之賀

十三日乙酉晴 是日余上病寓寒燕 自白下行次印泉邨野蘆叢桂中 物故月

除寒食恒為不適 示是可康心 十二日作

晨起世池上偶得印東西君來 時讀白長慶集 戲效其體

睡眼初日照樓頭。梳沐無心便倚游。繞砌落香通鑽鼻。壓檐山色洗春眸。適因此取隨清閑。心與天雲忘去留。飛鳥班班人靜下。此時誰共一尊酬。

十四日丙戌 是日寒甚來函而心緒煩懣

十五日丁亥 是日寒甚 下午熱甚 無事飲茶至留而汗解 夜煩不寐

雷君表叔量韻見寄自立傲書數語書詩 夜小口占無數 為蔑詩之前韻

聽松之下落溪頭。別館晨窗候曉游。甲帳珠光全照夜。丁年筆花蓊已萬眸。驪歌家去仙儔小飲。樹鶴老來不問。獨笑支獻簪觸新。擇隱兒兩無醻。

隱兒工夫大擇女事業 宋儒詩句

十六日戊子

十七日己丑　立秋　是日寓寓無烟歸蓋也前於合之稍止

十八日庚寅

接珂鄉兩十六日信

十九日辛卯　又來鄉卯十七日信　是日寓無赤不爾陸日香兩夜亦無烟

二十日壬辰　雲居來視余疾並為處方

廿一日癸巳　病狀由昔時拿擾所至忠嘉二人所議方無所據蓋因搖仰歲了

里鄰西壽齋方服之頗有效

廿二日甲午

廿三日乙未

廿四日丙申

廿五日丁酉　雨晴　家人以余胸鬲不舒召伶人來唱曲數闋以解悶益增煩惱

廿六日戊戌

廿七日己亥

接弟等卯廿五信

廿八日庚子

接弟等卯廿七信

廿九日辛丑　閲山左四所傳寫並煩惡等症經手血　是日偶天氣熱因受西風表燠晚向肝氣大作脹痛徹夜

卅日壬寅　肝疼徹午　而肝之氣實越郛高之下

3617

七月壬申朔日癸卯　東巷齋早桂已開　奚奴折送寢宮　流芬馥馥　疾病為消

初二日甲辰

接郭季雨六月廿八書

初三日乙巳　處暑節

初四日丙午

初五日丁未

初六日戊申　代望禮樓頭一築園墻一道　是日動工

初七日己酉

初八日庚戌

初九日辛亥

初十日壬子

十一日癸丑

十二日甲寅

十三日乙卯

十四日丙辰

十五日丁巳

十六日戊午

十七日己未

接劉申叔夫子函，初七日發信。

十八日庚申

接李石曾十六日函。

十九日辛酉

二十日壬戌

廿一日癸亥

廿二日甲子雨　發信金家，詢知出陳堂。

廿三日乙丑侌

廿四日丙寅晴雨相間。章兩姪至杭穀園，憑眺良久。園中秋色正殷，殊如其不平壽。

莊也自病熱至今，頭昏，氣殊憒悅。

廿五日丁卯陰　楊思贊偕來赴　嚴毅齋於兩日前逝世乃合園中生奔[illegible]

故今君係大利下又不出兩日矣者最重乃奉[illegible]尚　寫稍李兩信（印書信局）

廿六日戊辰晴

廿七日己巳晴　寫魏雨伯信（印書信局）　薛字[illegible]信（印書信局）　宋恭卿信（印書信局）

廿八日庚午晴　鼓作人來久談

廿九日辛未晴　寫顧卿信（以下二信遞回書局）附劉方　劉東生方子函信（印書信局）　胡子譙信　同上

張徐卿來訪久譚

接族弟吾生芸信

八月癸酉朔日壬申晴 寫李季眉信 印發 費屺懷信 同上 薛□林信 同上

接潁孫七月十三日信

又接寄宇七月廿六日信

初二日癸酉晴 早飯後與雨楷游覺園 寫潁孫信 內附信 劉申孫信 方子厚信 附潁信

初三日甲戌晴 早飯後訪褚思巷不晤 又訪趙次侯久譚 又訪曾氏昆季不晤

病中諸人皆來候 胡季之[redacted]病起初次出門也

初四日乙亥寒雨甚 得秋意颯然 下午趙仲人來久譚 是日聞新寧洛有臨虞

初五日丙子多雨風涼 寫柳季兩信 印發 家書人壽序 午間對祭扶疾起拜

初六日丁丑陰雨 是日周氏孫甥游明聘李伯孟女 余與趙仲人為媒 未刻仲

人來同詣李氏行聘 申刻禮成

接子愭兄初四日信

初七日戊寅晴 余以久病精力疲憊 思出游一豁襟抱 擬赴武林觀潮

寫安林信 屬代覓行舟 印發

初八日己卯晴 早飯後答候趙仲人不值 次至李石梅久譚 次至張佗

伯安久談 頃示陶甓書 祝其母夫人壽 並識其弟[redacted]立三並生子

初九日庚辰 晴 家人往紫三兄侍晚飯

初十日辛巳 晴 巳刻偕南陽表弟望指小營下舟 午刻行 夜泊吳墳 宿舟

作卿信 昔日下舟 舟中眺望 過太閘 晚食竟知肉味 與弟夜話

十一日壬午 晴 接陽兄信 初七發 早發 未刻抵杭州門 [redacted]在薛家弄來少譚

十二日癸未 早發 巳午間雨 早食畢 揚小舟至園神祠 促元安林同茗飲 同訪

曉治至舟 覺足微軟 精神亦勝平常 時 寫家信 作伯安箋

接家兄 十一日信

十三日甲申 陰 在西 早發 巳刻過蘇門 晡抵吳江 夜泊垂虹橋下 晚食畢 工登步

伯星評

甲申秋中前携家游武林 舟過吳江泊垂虹橋下作

出門秋水正涵帆 我不來茲歲華徂 攀林茶窓前里子 白洞紅顏隨清媒

木樨香遠在孫諫 水墓夜明村舍孤 碧杯雨引越溪漁 得根此宵

蜂月無已

十四日乙亥　陰雨　早發　午過平望　雨中與家人眺鶯脰湖　秋水平堤　遠烟冪冪　如在
　畫圖也　晡泊王江涇
十五日丙子　陰雨　由杭市早發　巳刻即嘉興北門泊舟　登岸　閱肆　無佳者　買錫銅
　火爐湘並數本　午刻後發　晡過隄門　夜泊承（？）鎮
十六日丁丑　陰雨　早發　午過石門　夜泊長安（？）橋
十七日戊寅　陰雨　早發　巳刻過塘西　小泊　買鮭菜　宵分前往　十八晨　未刻抵杭　泊武林
　外三里之新橋頭
十八日己卯　陰雨　浙江之潮　以今日為最大　古今傳為勝事　杭俗傾城出觀　余不遠數
　百里來會　蓋為是也　昨晚覓輿　卯刻即起　早食　辰正登岸　舉　出武林門　過闤市
　古蕩　經小嶺　保俶　吳山　錢塘　繞四景園　午刻下吳山　南林花　穿太廟　為南宋太廟
　直此也　其鳳山門約二三里　至螺螄埠三郎廟　是日巡撫官以下　祭此以祭潮神
按人云
　設于此　小泊　潮勢反撲　塘頭蓋為也　候潮江干　鎮巾帆　自未刻待至申初一刻　潮
　來　遠望如一條　擁　上　既近則高丈餘　皆在江心　不甚近岸　但覺瀰漫
　二三尺高　少選　又一潮至　若之後　凡二潮　殊無足觀　或云今年潮小　比之遠遜云

所詩韻（雪巖）先生主編文集，吾（天放日）其大要文人好名，祝嘏以為諱詠，無以解嘲

疑為本詞欺後而已，余（前）聯泰山壁立，今祝嘏皆不離一字，以名過其實，無解前嘲

合精神林場口目也，專正搭過去，剗舟

十九日庚寅，陰，細雨。午後稍霽，午后登峯亭，閱市見南父已尊，父已敷蘇派煙斗之

（四月御使放之看為詩指之，四午未未未申寅卯卯辰辰巳巳午午，朔中一般掃此畫夏候也，夜候則六時許街，將此則十六潮已旋，午十七八潮已，皆未有石分則適中初一刻出潮，汐之理方上下六時，有差耳）

皆精好，敢謂安。尤甲觀（又標一）萬直二千四十餘錢，黃珊百五十餘，未知誰為之翁吳

山飲奇前得為暫憩，遠亦未啟吳山保福，文昌宮西閣寺刹同遊

二十日辛卯，陰，下午晴霽。寓來茅仰徑（印發永光寺中）擬明日登峯眉山，晚遣興

接寄兒十七日字

又寄兒廿日書

又孫女十八日字

又族姪函稿（日作）

廿一日壬辰，陰，外刻起，同早食畢，登山寺，由松木塢北繞寓後石壽星山後，先游玉泉

寺，叔無住正殿，主峯一陰天，南淵春入雲林寺，晚禮金身，命姪（姊妹）上韜光，從金

蓮池金蓮道閑散亡一朵，沿花全色五出香，山頭標鑽生類樂萍池（華劉蜀）最之

初無恙下山陰永春保李丸廿坐金谷般若舟中刻天竺寺禮香像無下法相寺禮空

光佛真身衛蘇堤過嶽王廟由寶石山菩提院慶壽寺阿舟已戌刻矣

廿六日癸巳晴 早飯畢 進武林門過買甘蔗徐生 本地人字山樵 居北新關 寓保佑坊府前

前親去金四兩市骨胡雲山殺物 胡市井無賴 別號茲溪為真賞齋標 以見凡十器索

其四孫價百五千兩 徐生為余和會 又增十餘 引致余留嘗 余在文[redacted]世

錄 鼎彝盛日夕富貴人爭索薦之價高下不可問 敢[redacted]無中這無臺差

直胡氏書致諸物 鏡出 價後世無等 勉力購之 而細審之 際富矣 四器中第一為父

乙尊 銘文直腹 尖已上此方形 凡二銘 高八寸 徑工尺七寸二分 口徑五寸六分 足徑四寸 腹

二寸為錢 蓋刑王鏤世輕 周身半裝 腹內 黃白色 如象牙 斑斕 睢日 第二為中敵

蓋銘陽文五行 首行四八名 二行七名 三行八名 四行七名 五行六名 凡三十六名 內不可

辨者八名 釋文利見 器銘無腹 字文竅 窺 [redacted] 釋 若笙中異物也 四五字与蓋銘同而一識一款 器蓋通 為 律上

大六寸二分 通圓形 腹廣五寸 口廣四寸七分 足廣三寸二分 四 宗本為本 大 掌形指爪

畢具 大視今人手長過一指 節足之處 雲雷紋 蓋有指 閉一寸六分 周身半環 運雲肌翠

斑 二寒生 空雨 銘一分 正以 深 松石 前三為 蘇 沈博 盤 銘 立腹 三日 首 行 五名 次行 六名 以見此蓋 錄博古圖亦無 時為天下第一器 借陰文 知此一物

三月五夜尺十六[illegible]擇文別也高徑二尺三寸六分口徑一尺一寸二分足徑七寸二分兩耳高出
鼎口一寸一分三足周身及耳[illegible]及龍紋帶四層擇要識連兩耳通高一尺一寸五分
下兩角相距三寸七分刻饕餮周身雲雷又五篆居中最高蟠龍盤
居乘大[illegible]翔屬左侯於既自言中致新鑄秦王左侯之
所得[illegible]外又鑄礙花瓶之盆一個明日擬送與又欲他將買
若在筆架一致化向主定奉盦一得碧吳山館歸下午晴明日擬歸
妻妾游西子湖僅舟費頗有詩成
廿二日晴偕令侍生送毋往吳門[illegible]不是何面蘇禍寓[illegible]南階
居右丈姊妹[illegible]鄉境門下舟之過[illegible]以秋雨游人稀寥須[illegible]西湖
至平湖秋月登眺良久又循孤山南至蔣[illegible]祠園穿不逢人[illegible]意游[illegible]未
刻移舟入西泠橋[illegible]孤山西[illegible]展[illegible]下柳[illegible]命[illegible]遊[illegible]秋
[illegible]仍出西泠橋至三潭印月日已銜山[illegible]
竹子[illegible]院門[illegible]過[illegible]舟以日山水之游天竟陰[illegible]又夜[illegible]
柔[illegible]以[illegible]心[illegible]悅[illegible]矣日[illegible]又[illegible]山[illegible]何矣西湖水色最為清

瀲灔連天數日所經惟見荒莽秋色則澤赤山赭石泐如浮屠之一瑞蕭瑟北氣
且歟柳濤湖之西八十里俯晴天御山則殊減色矣
廿四日乙未晴（雨） 晨發杭州晡泊塘西
廿五日丙申 午後大雨 晨發晡過石門縣夜泊石門灣
廿六日丁酉 全日陰雨天色凝寒 晨發晴午至嘉興府城泊東北門 寄家信（雨春作函）
廿七日戊戌 晴 晚天無片雲 早過北岸至城內閒步見書肆翻閱舊籍無足取已刻
放舟駕鴛鴦湖 供南湖名 望烟雨樓 是日為余廷二十歲生日 就樓旁大士廟
設供禮佛 游廊 賞覽久之 還舟設湯餅 還坐烟樓檐際 新鶴楊柳拂篷芙蓉
為船居后樂事 人間詢不易遘也 未刻解維 夜泊王江涇
廿八日己亥 晴 晨發 夜泊吳江縣郭
廿九日庚子 晴 晨發 午抵蘇城（泊閶門） 南陽碧山岸 赴景南公式宗 寄家信（雨春作函）
接寶兄二十四函
三十日辛丑 晴（下午雨） 要林來舟 往福田來門 以李叔 遊大秀局一當 ... 寄家
信（作函）

九月甲戌朔日壬寅雨 三弟午饗予於武原久談南陽生彼安協 又至安林處久談

接寶兄八月三十日信

初二日癸卯晴 君務舟山塘買菊花五十盆 又至留園看堂班借腳 秋雨之後無路出至

看弦巷唐亭樹拓遍 舟至閶門 余又入觀 借觀劇數折 傍晚仍移山塘門

初三日甲辰晴 早飯畢 棹小舟至觀後登上方獨坐蘇樓亦久 至蓬萊衙右大參谷安林

歸予大同君飲于寓

接寶兄初一信

初四日乙巳晴 早飯後侯曼翁來為拜久談 便至南陽君處 出以昨日余先訪舟道舟相

送 次往竹莊泥久談出飯 次候金鴨卿久談 出訪李甫生 晤識顧耕亭 人木蓀 潛階

看蘇巷先生與先君交游 久談 出至穆將軍山館 山宗師亦出久談 傍晚返舟 安林來 後出將來

初更冬至

初五日丙午晴 早發午過吳趨 酉刻抵家

初六日丁未晴 遣舟赴蘇迎南陽君

初七日戊申晴 李永吳孝來久談 寄黃仲辛信 金鴨卿信 仰蘇仰春 薛安林信 寄寶兄報

季園仲和 朱蓉卿信仲容 南陽君自蘇州
接姍子徒八月廿三日信
又朱蓉卿八月廿四信
又劉 八月初八日信 兩印了
初八日己酉晴 下午趙次侯來訪久談
初九日庚戌晴 重陽 下午持螯把酒 合歡安 應有寒夜積盈
初十日辛亥雨 曾仍子自蘇州來 相佳久譚
接邵丑之六月廿四信
十一日壬子雨
十二日癸丑陰
接弢之子憲初五日信
十三日甲寅陰 與家人東堂賞菊
十四日乙卯晴
十五日丙辰晴

十六日丁巳雨

十七日戊午陰雨 早食畢查訪懿仲僕久譚 又訪孫竹堂孫葦蓀看菊 東南有種五百餘 有其太半則植盆 凡四千盆 堂廡階除無非菊也 五色俱披 其葉辨奇異 詢為大觀 出又訪李君楷久譚 種菊亦盛 只得十分之一 又訪懿仲不遇

又至蘇世男久譚而

十八日己未陰 李君楷餽菊十盆 富薩見西卿信 仍報即覆 又至寶華信 即覆

十九日庚申陰雨 浚川兄將歸 贈菊廿六盆 湄淵主人餽松五 餽菊十一盆 孫竹亭亦餽六盆 幾于所送皆善種也 并前所得者百三盆 比之昨人所得百三盆數家焉 盡日評僕易盆 序架 青雨室內一切皆花 亦歸子等對往 自是竟甚不已

廿日辛酉陰雨 立冬

廿一日壬戌陰 寄許叔平信 即覆

括朱詩卿十九日信

廿二日癸亥晴 早食畢步訪雲泰壽不直 方子頤定十月初八納采 先命為作寓信 告將納徵 請為書禮帖

竟日非晴

廿三日甲子晴 江春華來訪久談 步至相本莊陸微齋宅 見宗彝畫白描

謄落塵物所作九倚臨帖

擬經非君篇 以作

廿四日乙丑晴 下午來久談 寄邦義作 藤英男作 印藉作成

廿五日丙寅雨

擬邦寶義廿四日作

又曹伯宏袁廿二夜

又張佳仍 同作

廿六日丁卯陰雨甚寒 下午霽 姪女來將久談 時為夫弟援寔螢替孫以行聘

且病中事事操作 自祀豬以定婚姻之飾 母不能自主 與聞出事 聽其擇

待甚 余甚閔之 夫妻遵氏之貴賢女 与之 使人無不可同日語 書之以告

將人知所法述 下午趙作人來久談 為周孫姬娶李氏女婚姻遲早事

廿七日戊辰陰雨寒春

廿八日己巳陰 寫鄧壽人信（向者作般）

接鄧公武廿六日信

廿九日庚午陰 訪至君表之弟不遇 君訪趙作人久談 君訪楊恩贊久談並訂

方鄧之婚約余執柯 又至方家久談 便飯歸

接鄧公武廿八信

三十日辛未陰 寫鄧公武 壽人信（向者作般）

接鄧壽人廿九信

日記五十一

十月乙亥朔日壬申陰午後見日 寄邵壽人信(卿普信附) 寄李漢卿信 同上

初二日癸酉陰

初三日甲戌晴 早至方氏照料嘉禮諸事 下午歸

初四日乙亥晴 寄曾沅甫信 寄長方伯文致英華本(卿普信附) 葉芸伯來候少譚

接魏姻仲九月廿日信

初五日丙子晴

初六日丁丑晴 下午楊書成曹君靜姻伯生來訪久譚 邵氏送女奩至

初七日戊寅晴 卯刻即起 赴邵氏與壽人為方氏嘉禮中行諸事 巳刻至方氏

午後歸 寄曾沅圃宮保信(初九日交楊書成) 為索假國防事小人據阻代達情節也

傍晚楊書成至久譚

初八日己卯晴 卯刻起 赴方氏 余本為兩壻執柯 義又近 楊思贊[illegible][illegible](若事) 董婚禮忘其

也 辰刻楊至方氏酬賓 巳刻偕新壻詣邵氏親迎 仍回方氏 午刻携禮奠再至

邵氏 未刻新婦入門成禮 賓退甚倦 發信錢禮解手續不直

接塔台叢起初七夕

初九日庚辰晴

初十日辛巳晴 鄭蘇人來偕游當年千人舉步至[illegible]寺[illegible]閣[illegible]閱久坐

夕飲於市樓[illegible]諸人辭去

接胡寄梅八月初一日信

十一日壬午晴 族弟通生 譜名某江今名光炎 自通州[illegible]訪[illegible]

曾文正公生辰設祭

十二日癸未晴 訪陸雲生不直 至方氏少坐 又訪楊書成[illegible]

通生來[illegible]談 寫[illegible]信[illegible]

張季直信 十七夕

十三日甲申晴 寫朱墨[illegible]信 [illegible]通生 是日通生辭去

十四日乙酉陰旋霽

十五日丙戌陰 寫[illegible]信

十六日丁亥陰寒 下午[illegible]君[illegible]來訪久談

接郯木竹人十五日信
十七日戊子雪晴　曾兄赴里掃墓
十八日己丑雪寒　錢伉儷來訪名謙
十九日庚寅晴
接祿兄十二月十七日信
二十日辛卯晴　子和兄來東名謙　宮子宴座信　內有子宴之　柳　武　人　信　仰　□
特徵人才安徽候補直隸州知縣　黃蕙為錄方元徵先生墓誌銘
有清徵士方元徵先生之卒　越五年將葬　孤惟奉謹狀徵銘於門人趙　蕙
於先生為壽宗年十一從先生讀　物不能深所先生之於善稍有先生又恆速□
以之初依吏部大學士穀勇侯留安正軍中　朝夕親杖履　相之論指必家齋所問
為位亦不能辭　先生姓方氏　諱駿謨字元徵　先世之德信人明世遷順天　后亦無□籍　六世祖
國棟　國初官江蘇布政司參議　分巡蘇松常鎮道　曾遷路吳人為立生祠　五世祖石
請書武進徐氏為居之錫　析不為陽湖人　祖諱聯　邵　乾隆丙午舉人　廣西永寧州知州
寧宜以強直件上官　隆觀察初任廣西　裎遇　寧守澤均勇　探官知鞏昌　秉州知府　爲宗陳

庠廩膳生考諸縣鄉嘉慶戊寅舉人福建南靖知縣兩中昭平博學
工詩儀文曾為善家集名人雨業先生年十六奉父書均錫幼之植名門自立不三十一
歲七識字非不佳乃數精華業本業學業家中如詳儀[redacted]方的連卿山莊知重之帶向家錯
兼通家家垂二十年再遭母呂宜人祖母鴻宜人喪嫁一姊撐而家字豐用甚出子
善廣家儀之儲數仍可供宗族資產不干協拄乃市口谷為季弟仙營成名著絀
男死並又亡親殁後為日五年弟無恨墨宅年近五年蹈學知勇以不第南遷
詩早遊京爲號　翔　特六衛誌軍入惟想奉謀請孝部年堂內家事女產勤可任職
穀樹東保銜如轉春出入方是時更又於討河南賊所部　五十餘營武安
詩集以文庭下先生以儒生匡寒要之宗年物年約身歸來其不悅服終生待老
撤翁卒海請爲宗得傳檀記先生之孫恆生傳最先從所可無度表不為奏
宜安衛立教如日　貴戴長卿[redacted]先生孫姓來會動新中辰齋歸宮一女其齊宗
六無及寸之蕭馬府君專曲古女況陳史傳讀書務雜無不責謹衛每女成輒曰仿人
識書不足緣成者利行其傳如家遺二卷而已先中重京慶二十一年丙子卒先終
五年之柳宣年六十四　配趙氏　仿村宜人同里進士刑部郎中　女慧惠

樸誠與先生之門相知在内事者十年[illegible]若合符節 未親以孝聞 師叔以忠聞

昌先生二年生 年六十五 子二人 [illegible]惶[illegible]（助學書稿定）[illegible]

[illegible]國子監典籍 [illegible]憚[illegible]從任補[illegible]為 好易人 寅穆 寅衡 寅殿 寅[illegible]

親賓衍 光緒十年（甲申）十一月 合葬常州府陽湖縣 卿先生之次[illegible]節曰

績學砥行以鄉舉耶 至奉而發於郡縣耶 至若国之春實慘隸名尸

此亦可以慰先人而[illegible]

廿一日壬辰 晴 客[illegible]有何候 何[illegible] 有子修来

廿二日癸巳 晴 （擬寄[illegible] 四年 [illegible]武廿[illegible]） 客 實甫[illegible]候 [illegible] 作[illegible] 那公[illegible]候 同上

廿三日甲午 晴

廿四日乙未 晴 客 寶[illegible]候 [illegible]

廿五日丙申 晴

接[illegible]仲廿一日信

廿六日丁酉 晴 下午[illegible]城[illegible]都事[illegible] 二十日 [illegible]

廿七日戊戌晴　閱若木賢才耕驟疾一日，辛苦之情。並才耕長余一歲，精神遠勝，余不逮。

廿八日己亥晴　寫寶鼎見行（爲日君作扇）　共艸蘇後歐傳寶之舊楊耳

廿九日庚子晴　夜赴楊濱石招，飲（葉菊裳）同席譚少柳（春來，江西南豐人，江蘇候補知府）、楊書成、黃老梅。

青梅甚盛，經席上二枝者矣。

十一月丙子朔日辛丑晴 譚少柳來信久譚 答信譚少柳不直 答信錢秋舫邑侯

久譚

初二日壬寅晴

揆寶兄

初三日癸卯晴 初二分作

初四日甲辰晴

初五日乙巳晴 冬至節 天色煖和 傳聞不甚祀祧 雖南方亦罕有也 午刻合祀 先祖妣禮

初六日丙午晴 早飯後同寬兒出游市廛 飲茗馥邨 並遇于叔昆季 來同坐良久後

同歸

初七日丁未陰

接方子可嘉興初三日信

初八日戊申晴 下午錢秋舫來信久譚

初九日己酉晴 搨寫 前歲攜石鼓文釋 寄寶 擬寫精空 考石鼓照搨 里宰本 並以付

拜景日照壽華

初十日庚戌晴 下午葉星伯引將來候久譚

十一日辛亥晴　下午趙叔儒來訪久談

十二日壬子陰

搭寫見和九首

又搭牧齋吉和七首

十三日癸丑陰微雪旋止

十四日甲寅晴　答寫寥異表二十九首

十五日乙卯晴　聞錢仙自上海來寓梅家牛　錢仙工作專誠為蘇上海者以生計窘蹙聊謀安逸地也　夜用急送歸寓家人就月前報至三時作

十六日丙辰晴　寫陸秀和作為張重仰家讀畑　邵若仔向

十七日丁巳晴

十八日戊午晴

十九日己未晴

二十日庚申陰　寫寰石鼓釋文篆竟功

二十一日辛酉陰

二十二日壬戌 晴

二十三日癸亥 晴

二十四日甲子 [redacted]陰 早食后訪趙次侯久譚 又訪楊思慧久譚 又訪呂君惠少雲同飯

二十五日乙丑 晴 夜雪徹曉

二十六日丙寅 晴 晨起踏雪園中 与[redacted]家人為卯飲 午劉孝偕姪及大小俞姪放舟西門外游山觀雪 松青楓紫 間白皚皚 以素之洞設係本綠素丹紅點 容与中流 興盡而返

同洪姪放舟西山下看雪 用牧齋借河東君冬日泛舟詩韻

夜暖 鴛鴦衾 晴楓莫惹。曉[redacted]靜葉 閒粧樓。[redacted]三杯 玉手閒侍。十里雲[redacted]青山 文 放舟是處 扈之盈盈者
霰背。嘴題樂府白雪篇。春來夜比擢梅向。英雄華年似水流。

平生衛思寄之俞韻

何須十五擁風流。不用雲鬟不踏上頭。劉蘅[redacted]初版藏。焚香案袖之同舟。石[redacted]華梁惹 扈嵐
神[redacted]嬌玉潔在[redacted]字涵樓。

廿七日丁卯 晴 石頭宮宣 俊思 等字 難釋 若干條 樹採於後 宮寫而樹辰宮而出樁

廿八日戊辰 晴陰 江春華來久譚 夜實兒自院歸同飯

耕此岩先生二元 三十八日

擬顯妣楊胡氏 居作

大胡子傳 居

二十九日己巳晴 江春山畢事

楊子鄉卿二十壽作

三十日庚午霧陰 寫子惜十聯作字 守學報二圓 又送邢二姨兩二圓 館館 銀

鮑任作 館館

十二月丁丑朔日至辛未晴 黃作人來談久譚

乾隆卅八年帖帙

鼻端出火耳後生風 寫時春氣干雲一洗萬古空前古

詩本袖中作廬移上大息年工筆並收獨擇佛像宋人（浙江）圖

初二日壬申陰 江春華來談 楊思贊來談久譚 是日檢閱舊藏端石硯並題楷書其四品

五虎護語善爲收藏

長方空庭硯 同治六年得於安慶 先是藏之爲重修之

魚腦凍冰紋佐圍西山馬尾羅紋金線火捺細青花 寶爲水坑大西洞下層石 品第一 銘曰

白雲滿天 氣與決之 我游其間 若耦其美

積圍雲龍硯 是石得之於先府君賜第

魚腦凍 蕉葉白冰紋佐圍西山馬尾羅紋金線大捺細青花（五色釘 翡翠斑）一眼高巖 寶爲小坑大西洞中層石 品第二 銘曰

春泉漫白 朝霞舒錦 綺麗柔之 天以申處 雲間世目孰真

長方素硯 同治十一年得於杭任宦

蕉葉白邊常青冰紋佐羅紋金線馬尾火捺鴝鵒眼（青花）胭脂青碧石 寶爲翡翠斑 寶爲小坑上層石 品第三 銘曰

邀慕青上堤偕保天吾說析圭不如還為耕田

嘉定李硯 以堆凍 故人課李卅物見贈二年始重遇

集葉書班睢任字樵火接璟明無睡汾炬宣為水坑上居在吳市西 耕田 青見撥

白也露隋丹無霜寧性李與李吾作錄

初三日癸酉陰 寄楊士山信 即書 作局 又寄姚某信 即書 作机

初四日甲戌晴

初五日乙亥陰

初六日丙子陰

初七日丁丑晴 接碧公叔 公武之子士会来就塾

初八日戊寅晴 作

初九日己卯晴

接鄧公信 初七日作

初十日庚辰晴 招竹巷来候久談 楊思藝来訪久談 寄鄧公叔信 即寄 邵士宴

接族弟子機 初六日信

十一日辛巳晴 鄭午昌來 寫復履民信 作書

十二日壬午晴 下午曹君袁陸坤文來訪少談 鄭鐵仙旋上海去

接程帥手書 初八日作

十三日癸未晴 張景孫自常熟來訪少談 下午孫小丹與家人出遊城隍以行目 甚晚

閒得不營之喪 示益心地坦白無城府 為朋好中罕見 姿性尤聰穎過人 惜體弱不

能自立 因以之年 余挈之既(正)稍余家中為設程課 居一年 閒神俊起 為之者友歐陽曉

峰孫程王秋山合集楷度摩楷書之家 時來將合伴烟 余痛斥之 將止 比余去金陵軍

中 就(從來)業月遂(逐)為惡友所誘 日夜呼吸 遂成癮 不可復戒 並猶不使余知之 三年冬間

往寓秣陵 識秣人林少懷 嗜好最同 神氣特甚 力辭余而就林 與同居 流仍換之 不可一去二

十年 未去与林相離 問所業何事 則惝詭不可狀(仙人佛子服御言示通) 倉買妻 子之(嘗)而以襟(後)詬於(家)

日入而起 日出而眠 烟日(尋)病 以(日)漸(今)年病 余謂(先)帥已稍得与相(嘗) 嘉(讚)瘖無(為)人狀

知其不久 臨別餘為(贈)(並) 別半載而訃至 撫今追昔 雖不(自)振 奮而營(東)已形(並)不能 早(為)(將)(謀)

(當)俾就(察)(慎)(商)師友(親)之道 二年(間)盡(逝)之 悵惘之(餘) 強以自(悔)

接程帥仲和十(日)作

又馮萼華　贈金煌人　右營妻兄知名士也　因伊政石直文匠暴中時衛之　十一月十六日信

又吳筆卿　初五日信

十四日甲申晴　下午張伏卿來暢久談　夢君來　陸潤文來訪少談

十五日乙酉晴　早膳後拜客　葉芸伯來傍晚談　宮奉筆卿信　信內　宗方三閣集一部又為雲英及宗江前勝備　金節斯信　信內　張仲甫

信內去　多張筆函

十六日丙戌晴　早飯後畢客信　葉芸伯久談　答訪趙伯人不遇　候秀老梅賀其子報湘井

晨葉處遲月之無　蕭安　訪趙伯人久談　訪葉君雪少談　夜訪張仲卿不直　晨

訪陳浚安　晤其兄季生　歷石老杏等少談

十七日丁亥晴

接懿卿仲十一日信

十八日戊子晴

十九日己丑晴　雪

二十日庚寅晴　雪

接聯鐵仙十六日信

廿一日辛卯晴

接曾此宸十六信

廿二日壬辰晴　接濮長和各信

廿三日癸巳晴　謝叔寅賽神五郎事

接楊士山十六信

廿四日甲午晴　趙仲人書論久碑　寄楊士山作定年鄧十四圖（自明頌作）作函（定夜）

廿五日乙未晴　設供謝佛菩薩五郎事

廿六日丙申晴　設祭行神中霤門神等五祀　寄馮君華作字寄名號換碰蓋碑

得鄭小侯函佛　寄撫仲作賀春（作函）　寄曾此宸信（作函）

挽鴻石多聯

心行淘如常，荀其志道，能堅其操，往往

茶枯何足論，臥痛情名不立，負此清才

廿七日丁酉陰

廿八日戊戌陰，夜雨

廿九日己亥陰微雨

三十日庚子晴 辰午陰霾 午後晴 申刻詣 先儒祠致祭並拈香

光緒十一年太歲乙酉余年五十有四

正月戊寅元旦辛丑晴 東北風 夜半雪 卯刻起 率家眾拜 天拜 先師孔子禮 佛及

竈 先像前供饌朝食後行禮畢 合家稱賀 後詣叔父母前行禮 詣先兄嫂前行禮

至戚氏賀年 試筆書 天保六章

初二日壬寅雪 偕家人禮佛誦經

初三日癸卯晴 午刻偕婦收 鄰家出拜年

初四日甲辰晴 寫舫出城本鄉人往賀年並祝 以我五十壽 初五日 子宅也

初五日乙巳陰 寬兒擊歸 邢內趙蘇

初六日丙午陰 寫寄宜兒信 附書作紙

初七日丁未雨

初八日戊申陰

接寬兒函兩件

初九日己酉雨 寫寄寬兒信 附書作紙

初十日庚戌晴 早食畢出賀歲 惟方處入少坐 又赴趙信宗明共子 城坐 未刻回

十一日辛亥晴 寄陳壽和信 [illegible]托[illegible]家 十二日寄[illegible] 趙佐人來久譚

接鄭之式初八日信

十二日壬子晴 謁陸氏[illegible]賀 祝[illegible]

十三日癸丑晴 早[illegible]至小[illegible]藤[illegible]二世[illegible]石梅 祝[illegible] 下午[illegible] 相[illegible]後[illegible]松一株高

數三丈[illegible]有安致

十四日甲寅晴

十五日乙卯陰 趙佐人來久譚

十六日丙辰晴

十七日丁巳晴 張俊卿[illegible]候久譚

十八日戊午陰 趙佐人來[illegible]同訪[illegible]亦[illegible]譚 新[illegible]館[illegible]文稿 江[illegible]

會人 貴才來[illegible]雨[illegible]

十九日己未陰

二十日庚申陰

廿一日辛酉[illegible] 福山[illegible]雷[illegible]和 玉書 來候[illegible]候[illegible]不[illegible] 又候張[illegible]

廿二日壬戌晴　過寓玉章南街面市得張伯雨來同壽飲良久歸

廿三日癸亥晴　園梅漸放与南陽君謀種黃阮

廿四日甲子晴

廿五日乙丑晴

廿六日丙寅晴

　接周甥歸廿日信

廿七日丁卯晴　寄周甥女信　內鑄信

廿八日戊辰晴夜雨

廿九日己巳雨

三十日庚午晴

二月乙卯朔日辛未晴 子京與季玉午來

接閔甥女丕(?)存(?)行

初二日壬申晴 園梅盛開 與家人賞玩

初三日癸酉晴 暖熱異常

初四日甲戌春分節 寅刻大風雷雨雪 卯刻止（風及時來） 是日薄陰有日色 氣候仍寒 趙以價(?)招飲不赴 午間訪先如談 下午趙价人來久談

初五日乙亥晴

初六日丙子晴 甚暖 不能衣袷 夜大風 獲(?)己(?)卣 無銘 周姓來售 云秦氏物也 器高今縫工尺四寸三分 橢圓 腹大徑四寸 小徑二寸六分 口大徑二寸八分 小徑二寸一分 字(?)陶鑿(?) 高出器上二寸 蓋連頂高一寸九分 器蓋銘 酉父乙 三字 蓋同 至(?)敀(?)（近日彝器皆有文矣諸銘(?)） 五色均備 足左缺 徑一寸二分 價止番銀十二餅 殊甚廉也

初七日丁丑陰 寒 仍衣狐裘

初八日戊寅陰

初九日己卯陰

初十日庚辰晴

十一日辛巳晴 答訪張佐卿 余馥岡 趙佑人 江春華 立作人 吳久諒 俱均不晤

十二日壬午晴 薛安林自蘇來 陳嘉伯蘭自杭來

十三日癸未陰

十四日甲申雨

十五日乙酉晴夜雨

十六日丙戌晴 陸錫程來 張佐卿來久譚

接叔迎之初九信

十七日丁亥晴

接朱蓉卿十二信

十八日戊子晴 下午薛安林攜山蘇來

觀張蒲山文處跋

太乙杖牙燃百千卷卷帛處陶陰康如掃寫

少微星遁隱十餘載清山御收空賦東人

十九日己丑雨清明節

二十日庚寅雨　寫福生山信　寄陸堯輔信十八紙　徐仰作句書

廿一日辛卯雨　寫趙季崇信致魯替　寄郭仰倪仰菊作句

廿二日壬辰陰　午前日色　下晡大雨　晨霧　陳文卿之霖來　寄信託程從蘇帖百分習假

分竟日而除畢

廿三日癸巳雨　赴蘇府閱再將羨納宗嘉禮　晚下舟未眘

廿四日甲午晴　早發　午過吳江市　酉泊嘉門內靜河　過安林事談

廿五日乙未早晴　午前後大雨　申刻見老　早今後同安林橋小舟至觀　後程宗閱辭堂

後見過雨　飲嘉興橋　未刻離舟　寫寄信作柬申前　申刻移舟聽門下　周宅告別

安久談夜歸

廿六日丙申晴雲　訪李石生　閱其書及難行　又劉孝氏過安舟下　赴居陰代

其父來執柯　晚談畢　全日談閑氏　安排安東助　定議事　傍晚下舟

接南湖寄如五日信

又寄九廿四日信

廿七日丁丑陰雲，下午見日，夜大雨。書白周氏吉期。晨偕趙君循鞏岸主人先設醴與劉飲
殺，未刻先請女氏舟逆母之，不申刻後請男氏婿舟入門，酉刻成禮，賓退乃亟
自周竹查夔之插穿，璧李伯孟娶於劉氏，余曾為寶價倚卿二十八年（咸豐八年用興物援）
（寧加年李娶）中，泠為（兩姓）大子女，婦簪周李者孝之婦始於此，余獨健在，我自幸與為忘年
又周氏自伯恆先生暨其配俱宜人，不強將葬，余屆見其家世世夫婦矣十餘年
叢舫贅子婦，俾余為存之，蓋郡之佳話也
廿八日戊戌雨。晨起周再婿叢來謁謝。巳刻舟行與安林同返，煮門內尚早，午刻候輿
候賢仍至，留之武壽人任，候從久談，傍晚乃別。寫家信（白萑） 安林來舟久談
廿九日己亥晴。早食畢，至安林家，有熱，近偕程檀去，八子育運，江春華訪余，薛氏
久談去。余下舖，晨返舟，吳仍至，香僕不直，寫家信（付雨若） 夜安林來談
接南歸君廿七日信
又收重廿一日信，已安抵徽州，無誤吉期，甚慰

二月庚辰朔日庚子 晴大風夜雨 寄楊丹閣 門外與江建華會晤於長椿 昨約也 遂同出
下壚 廬陵茶同識蔡吉雲 江叟樂此 陳余宗 李紹一同塞外春 巳刻散 丹山塘
游閘 在市天日晴 不甚寒 梅鮮桁晴 魚花數叢渴 午刻西閣門出 南墻遁西任
篠翁接盤之處 其家有桃谷慈 馳尺卯為人 與平仲家思仍井 揮其文 陳山之孝子 揮行技而刻板
約丹壽門 仲蘇群來 詳下來刻字
接唐詩君 寄少任
初二日辛丑 陰雨 寄蔡 巳刻過山蔭 出來 剔過吳壤 本刻過闌舊 酉刻校家
初三日壬寅 早雨午後晴 寄任蔭任 寄都閣跋一冊 仍印船書 華芸伯來候未晤
接市卿二月十五日信 并附十二日來函
又陸彥和二月十七日信
初四日癸卯 晴
初五日甲辰 雨 接陳君信 初二日信
初六日乙巳 晴 楚汪徐來談文譚
初七日丙午 晴 寄任校太宗陳信 徐文卿 楊石直 平陵寄函 畫冊寄曉帶 士虎 楊恩諧

君訪趙次侯久譚[redacted]湖州吳雲寄朱友巖（寫龍溪）明古碑求售　晴　半留[redacted]交回令子贖

黃書去，復以書招　餞易矦

初八日丁未　晴　早食畢　率深兒挈丹孫至仰仙橋，過方氏，訪仲鶴，遇張偉赴北郭閒

眺，訪趙作人、羅耳、唐端夫、梅少譚，留飯，同北門飲某薜山人家，春日方和

儒青約安山戲唐公莫園，少坐乃歸。下午江夫少事來，留飲，傍晚去

接郁仲霖（延）信

初九日戊申　晴　寫黎蓴齋信　杭州吳家信　陸彥和信　同花　子可、子眠來久譚

初十日己酉　晴　張雲卿來，蔣詩久譚　江春四事來久譚，同閱書畫（吉浦人　邵亞陀房）

來詩五女眠廣

十一日庚戌　晴

接福壬山初二信

十二日辛亥　晴　夜雷雨雪

十三日壬子　晴

十四日癸丑　晴　夜大雷雨雪　郭筱仙來自上海

接任筱沅十一日信
又郭季雨初八日信
十五日甲寅晴
十六日乙卯晴
十七日丙辰晴 寄郭季雨信 十九號
十八日丁巳 晨午間雨 早合肥同鄭鐵仙市中觀書 又同至方寶之譚 下午冒雨歸
十九日戊午陰 下午微雨 鄭鐵仙去返上海 寶兄攜孫兒自蘇歸 寄芸齋卿信 廿一號
接福公武十八日信
二十日己未陰 晨日色 下午風雨 南潯君契識極觀鬆將移西城外 寄福公武信 廿二號
二十一日庚申晴
廿二日辛酉晴
廿三日壬戌陰
廿四日癸亥陰細雨 寄郭瓶生信 廿三號
廿五日甲子陰
接陸存和十二日信

廿六日乙丑陰

廿七日丙寅晴　鼓吹侯來訪久談

廿八日丁卯晴　石鼓異釋文篆摹擇　今日來寓樣

廿九日戊辰晴　寄湘文卜宅西安山令丁文蔚奉書函物件　并復鼓吹侯　寄月秋

四月辛巳朔卯正雨　容甫李西信　即答信函

初二日庚午雨

初三日辛未雨午刻霽

初四日壬申晴　接鄧鐵仙三月廿八日信　寄鄧鐵仙信即書信函　蘇萬林信全上

初五日癸酉晴　楊七山自金陵來同飯　楚雲來　李世人來訪久譚

同星谷坐車至市中飲石亭茶館　李君梅來訪久譚　楊恩慧來訪久

譚　下午答訪楊七山不值

初六日甲戌晴　楊七山來大譚同出至星谷寓別去

接許蓮舫　月　日信　寄寶齡新刻山中白雲詞一部

初七日乙亥晴　候宗湘文不直　答訪李君梅亦不直　訪梅竹老人譚　答訪楊恩

慧亦久譚　寄明清學字説二本與之　先是讀許氏書引古文以正小篆或以

篆為古人小篆正今人小篆　借集得此書為余評點　適年已衰實既爾世其為左金容

圓以己意參訂之　可解其不可解亦半　今思楚明刻許氏説解書見古大小徐説而偶

失説　為書以貽余　以許氏九千文字説不過十一且多立異而説解　就為許氏之

嘗執高陽八詩於朱邸之際何亦不爲科學所力阻之 未知所行余說固思發狂
遂存本意而付之
初八日丙子 晴 余媛之母孫碧梧以余許爲饑寒之是日來 廣又此妹無異先是其幼
妹小余媛以兄物無償以給其母質錢 余實余憐其慧 兆清壽道物力折墓志之 點攜篇以待年 媛亦知之
媛媛然爲吾若世初之爲夫子妾也 余君是余亦補之 幸不濟 與素常其林與國之中有
此[illegible]舊人 侍余左右 靜書侍硯 與余[illegible]也
晝小寢於小春華[illegible]之 稱[illegible]曰樂 是日起工
初九日丁丑 晴 五女游以眉目書 南陽君[illegible]之[illegible] 寫[illegible]借
初十日戊寅 陰 下午雨 晴 寫[illegible]仙信 借印[illegible] [illegible]自蘇來[illegible]
十一日己卯 晴 會
十二日庚辰 晴 [illegible]十七信 寫南陽君信 借印[illegible] [illegible]信 借印
十三日辛巳 雨
接南陽君十二日信
十四日壬午 陰 下午晴
十五日癸未 晴 寫南陽君信 借印[illegible]

接南湯君十四日信

十六日甲寅 陰 寄南湯君信〔仰蘧 仰山〕 寄仰鐵仙信 寄李雲岸燭名箋 償岸銀九圓

〔仰蘧 仰白〕 薛安井信 含之

接仰鐵仙十三日信

十七日乙卯 雨 夜大雨

十八日丙辰 雨 夜大雨 李蜎仙秀自墨門來 寄南湯君信〔仰蘧 仰山〕

接[illegible]十五日信

又南湯君十七日信

十九日丁巳 陰

接蘧兒十六日信

二十日戊午 晴 寄南湯君信〔仰蘧 仰山〕 子培姊信 寄蜀中楊季寧照片日記稿〔仰蘧 仰白〕

二十一日己未 晴 寄南湯君信〔仰蘧 仰山〕

接南湯君二十日信 五女目眚之益

二十二日庚申 晴 樂卅工畢 二十三日擇吉移居之 下午李君梅來訪 并邀共夜

王慶梅說余靜園之詩乃古多

稱朱鸞翔十五日行

二十三日辛卯晴 南陽君挈兒女明日蘇州

二十四日壬辰晴

二十五日癸巳晴 李釋戡來

二十六日甲午雨

二十七日乙未夜雨止 朝晴 下午復雨 宇佐安井同作晤

二十八日丙申晴 偕南陽君挈諸雅至新嫁市屋內觀神會 下午偕宇佐安林作客

上海貨物展覽園 邀來看

二十九日丁酉晴 宇雲記園宮保作府 李釋戡來 留談 宮本吉李賢 自鑒

表冬藏秘奉 鈞四備除基盛嗣聖續衡兵習燃艸芽伏露赤被鳥虎窗

中之說 眉園恩箋蓐從之 抑情而止 春居以來 藉悵 禮修道章 尋信施印

若渡憑此中外收成 豔赤鳴之秋不仰負重恩元畏得處遠 神恤洞鑒 誠祀目睹之 神恤洞鑒疆以武功截斷道人 僅以文宗斷罪者

士附同為寵 福矣 得有視帝新邊請 寵 民氣達 深非狎 腴而衡諮之間 惟身有弥勳

孟石蔣世兄所傳又生一事思之可笑寔我互閒閱[illegible]載摩本[illegible]保[illegible]以文字

本業因憶往朝清流一家山堂任者時思無窮註以賜序錦緞鳳沫裁成雲錦詣

江[illegible]孫思序樹呈覽[illegible]書[illegible]敬[illegible]恭請福安即希垂鑒

三十日謹啟 晴字未華仰[illegible]

五月壬午朔日己亥晴午後微雨

初二日庚子陰晴

初三日辛丑雨　楊子香自新安歸贈湖筆猪胰其頭為壬母壽赤同函

初四日壬寅雨

接費屺懷四月二十日信

初五日癸卯陰夜大雨　偕季雨語相看秦山刻本　重檢赴其檔案

初六日甲辰陰雨

初七日乙巳陰　陳鶴從鄰及其子興陵字季君　赴李北試　徒益來處

初八日丙午雨夜雨月少後復大雨

初九日丁未陰夜大雨　為正甫訪先祠時盤一枝　陳竹香

初十日戊申晴　寫任蓬沈信寄碑拓並種　作函者作柳　寫呈武信　樹森　寫木村人作琴鐵

寫鐵仙信　作函者作函

十一日己酉陰

十二日庚戌晴

十三日辛亥　陰晴　不定

十四日壬子　陰晴不定

十五日癸丑雨　題黃氏葬親詳讀圖卷擬列女傳於序二首

十六日甲寅雨

十七日乙卯雨

　擬節孝詩八十四句

十八日丙辰微雨

十九日丁巳陰雨申霽

二十日戊午雨　下午宗湘文來談久之

　擬作啟說十七句

廿一日己未雨　延壽北廊因雨濕糟朽命工重建并白堊梁柱

廿二日庚申晴　早食畢　香候宗湘文久談　此訪李春梅亦久談　此訪趙次侯不直　出門

　逢湘文亦至　單往謁乃撥園從入不向主人　茗談尤久　日暮西斜而主人不至乃歸

物

廿二日辛酉　晴　自月初至今梅雨淋漓無休，天色陰寒，晝起不衣重棉，酷似道光

己酉年氣候，鄂皖以下江淮大災，嗣以時作，小民舊析難居，殊可畏也。雖見明兩日來

知陽氣驟舒，不至蒸鬱矣。

廿三日壬戌　晴

廿四日癸亥　陰，夜雨。小田井亭偕訪小畊，今雨翁（為例）梅主雨為豐存田，若澤謀下為之，又刻於宗

湘文來，君梅題佑人照，偕嘗君表飲，飲罷偕人至湘文，獨留久譚，並以所藏華山

碑長垣本見示，並借觀，約今年中十日為度。

廿五日甲子　雨

廿六日乙丑　雨　書因讀華山碑與陳金石書考改定，是碑存於明嘉靖兩毀於

地震，拓本希少，傳世共稱三本，今新出一本，共為四本，舊稱三本中以關中本拓

最善，惟缺五字，至為皇國初手為煙薰，長垣本則拓在前，稱為九十餘字，故較表諸卷

見之者又推為第一本，四明本則前年與關中同為余從整福三本互擅一處歸

於我矣。關中本以為歷年物，東雲駒（蔭商）天啟元年物，郭允伯宗昌國初物，王無異宏撰（號山中人）宗

延初，為玫生九年子十四年間物，張力臣弨乾隆初物，上海（山堂）三十一年歸黃（文蓮，上海人）二十八年歸朱竹

君翁道光十六年購畢芷林索雖實價十五兩沈伊後書成　長垣本明末為王文蓀

鵬沖長垣人　康熙三十八年歸宋牧仲犖　乾隆五十八年歸陳伯恭崇本宋陳同邑人　嘉慶二年歸

成親王　道光五年歸劉燕庭喜海　同治甲子質於蒼翠川謙譯　是年歸質宗室端

瑞仙宗室傅恆之　四明本明豐南禺世傳　國朝歸全謝山祖望　景陶隱

隆五十五年歸錢竹汀子東壁　嘉慶十年質阮芸臺元　不知何時入天一閣主人范

李南澗崇樸山宗　轉出一本　而後何時歸金門吳竹虛　陸謙山館陸懿

福江寧人此本曾經細審歸　陽湖汪孟慈喜孫　陽湖張古愚敦仁　同治十丁年歸李芝房女婿幽讀

本原傳之於東漢　國中所刻及新出全本　本來皆不及見此長垣本　洪北江

亦經明時始有題之宗描　用以吏文重僅傳其字畫存細審乃動拓此者

釋從中得轉王山史本　但唐而神人亦存文云其書猶太學不見搨換畫唐之惜於此

描住謹識

廿八日丙寅　合作和尚　並錄細讀嘆異其義　未全自勾摹郭而有志於方子順

勾摹文及郭氏吾子寧宙老人熟讀十四首　并跋宜為小及文字無足取者之

是日晴

廿四日壬子晴

廿五日癸丑晴

廿六日甲寅晴　正游樹生館　伴酉穡（常熟蕭□□人　與余有世誼）

廿七日乙卯晴　答候季皓申之孟蜀荊芝弟雅湖　郭植老秦臣子（直郭老秦俊保）　又候楚估人　石瞿　晏訪張仰之遜　邵壽人自蘇州來　蜀樵遇之　陽巢軒

廿八日丙辰陰　宋張此岩信（云約以書　附件所寄信）　自去臘抄有回據不果行今益煩擾（此字）

廿九日丁巳晴　宋郵文書少許　同看周鉞（錫孚）郵自六孫來　李親郊來老償不晤

三十日戊午晴　雨　下午小雨　郝壽人房子明周萊明

十月朔日戊辰晴

初二日己巳晴 閱芸臺所著揅經室集中載長垣本宋拓華嶽碑考甚詳亦辨

本余舊藏之本疑因余舊藏余舊藏華陰本之本向本韻說德藏華山碑向本未藏宋拓

許霆同本 未年所刻 張宗虔同本 楊守敬劉陰本拜向本高未及再阮說余時子覺

此關字異同知余又遍考之乃知阮宴止向摹長垣本番禺之本十餘字稱四本字

以補四明本之闕錄其說而無此考時不知係何人以意為之殊此大誤而當從刻（此四明本之闕本路中）

與華陰本摩於霆本相三句本郭本一本而非長垣本空處張芑堂陸尚拜三句

本如無此闕由四明二本與不為屬長垣證其為後此碑之六千數百文通

二碑凡三千七百餘字可證長垣大略此碑精華盡萃余處矣

初三日庚午晴

初四日辛未晴

初五日壬申晴 長垣本華山碑重裝因向舉行要跋向本皆壁因由向之為未

又按余廟四本以遍為之余此本遂據不許頓挨底下

志摘一字不顧後人之雜矣

初六日癸酉晴　於邸屋書觀點等寫那為之張燈畢　擬得湘文函商寫之

初七日甲戌陰　宗湘文同對奕橋侍樵江寧人　茅安廬函同住初七與宅因至滬帥軍中　來訪久談午

食後去　以春坼來略之為靜園凡十二日

初八日乙亥晴　下午陰

初九日丙子晴　南陽君生日　照人為餞行屢

接蔭林子信　雨生行

初十日丁丑雨　為山華山邸書門向臺字去坼來訪　以李嵩書字王本自言金書內所藏　為宗湘文等跋乃此記寄去之

十一日戊寅陰　訪宗湘文久談　又訪曹君來之久談

十二日己卯雨

十三日庚辰陰　宗來茶叙往作　接朱某函十二日發

十四日辛巳晴　應月樵邀談　與許挺黃月春橋上在寓為度

十五日壬午晴

十六日癸未晴

十七日甲申晴　宗湘文來久談　著攜蘭亭（北齋）王印墨本見示　此自來未見者

錄之耿本亦署物也
接伍蘇元十五信
又寄宋陸為 信
十八日乙酉晴 寄子惇十五件信 即寄 又復蘇元中西信 因上
十九日丙戌晴
二十日丁亥晴 赴曾君表招飲 同席宗湘文楷書城趙伯人沈侯宋業卿康劉 飲散 即歸
同余不靜園久坐傍晚乃去
廿一日戊子晴
廿二日己丑晴
廿三日庚寅陰大風
廿四日辛卯晴 集(芝亭)隱 晚大風霰雨 寶兒書來 赴蘇州
廿五日壬辰晴陰 唐蘭濤生來談于隆之
廿六日癸巳陰雨
廿七日甲午晴 早合肆訪宗湘文久坐 又訪張仲仰 又訪楊思賢兄談福時 寶安見信 即老 即歸

擬鄧公戲二三首作之翻閱雪坡

又集華卿廿七作

廿日乙未晴　宜寺華卿詩作　仍着行航

廿五日丙申晴

日高揭之有府君將人手見藏有一頭揭機畢不精為人借

失此卷遠迢嗟之面筆畫之迄肥神蕃澤承益

亡明李國而拓之佳澤銘十二條

七月甲申朔日丁酉晴雨相間
接寶兒六月廿八日信
初二日戊戌陰
初三日己亥晴 寫錢梅溪仰儀字十延之猶未書譜半部五本 初七寄 寄寶兒
初四日庚子晴
初五日辛丑晴 辛午宗湘文來訪步譚而去
初六日壬寅晴 葵芝槐秋谷蘭旅寧鼎來齋五九十七人 寶兒[redacted]赴江南鄉省試 君憲謝
丹翁寄示蘇擬冊 日長如門
接李甥六月廿三日信
又李厚園甥平六月廿三日信
初七日癸卯晴 早起寶兒已離伊矣 春翁張伯仍來書 詩久談日早去乃去
初八日甲辰晴 醉暑
璞翁仙 壺池係美蕖某處為湖北闈
南浦任誼。罔詩見月底卌之釋陳。今夜仙露雲輞。君居靈峯踏蔽。抄太華峯頭一庄。郎挑低伏川硯窩。徐芳林空。青湘詩老。仙隱無蹤。 李長吉毋千文

天寒。向冰地猶根甚耐節。憑款玉人相抱。笑摘華都路。即錯認芳尊

初領。早翠雲擬上冠頓。剩取圓葉田田。殘香箇鶴月。

初九日乙巳晴　晚年下午寫見陽目錄好

初十日丙午晴　有雲合日昳稍少報

十一日丁未晴

接朱璟佩初七日信

十二日戊申晴

十三日己酉晴

接寬兒十一日來函函告赴江寧

十四日庚戌晴　涼風肅然頗有秋意

十五日辛亥晴　午間下雨即止

十六日壬子晴　閱閩氏女婿於十四日去世　聞自父殁後失意不樂　長病誦經二十

餘年　家中甚佛　茶齋集作身謝而忘也

十七日癸丑晴

十八日甲寅晴　無拄復盛
又接金鶴卿十六日信
十九日乙卯晴
二十日丙辰晴陰風涼頗稱游隱
廿一日丁巳晴　以周萼庭再囑作字屏紙十四幅素費　仍前　又為孫安林作　仍前
廿二日戊午晴
接寬兒十六日寄已據往了
廿三日己未晴
廿四日庚申晴　夜半大雨
接周萼庭明府廿三日信
廿五日辛酉晴
廿六日壬戌晴
廿七日癸亥晴　夜半作雨
廿八日甲子晴

廿九日乙丑晴。訪吳樣熾。

卅日丙寅晴。

題宋湘文太守寄山書堂圖（書堂在湘潭，蘇文忠書端硯宗崇郡時所作僧圖）

人將依稀記鮑謝。（二鮑二謝皆南宋時宋吳興名賢）山形依古入蔚青藍。黃溪萬姐皆陸游。將無老風流剩劇係。丹闕黃岡真者撤。白雲猶憶食泉遊。吾慶達家法者在。（鄒人秉憲三疊祠祀吾尚本傳安居郡為書衷卿宋蘇學士撤）一瓣王縱事吾年。

題又鏡反圖

君家鏡里宅冠海內。（有長垣李華山所藏宋九經三十七卷云）鏡反府學傳心圖。鏡自能明反能昏。

此中真之許參無。（且其鏡皆明所畏事。獨惜銀磨已千年。讀未嘗）

古書照事來。揆將寫與王二老切日已逝。

日湖月湖明鏡之。（寫心圖時宋以平後）其向篇

反讙之篇。不憐此反憐此鏡。我知使君深寧在。鏡難正人還自照。

反能自觀古書人。願君稱取為石蒙。千秋萬歲存其真。

八月乙酉朔日丁卯陰

初二日戊辰陰雨

發接碧孝壽七月初三日信

初三日己巳雨

初四日庚午陰雨相間

初五日辛未雨

初六日壬申晴 寄李留生信 寄新寧四百韓莒由書信局

接寬兒七月廿九日書

初七日癸酉晴 余自七月間足股患瘡今月初謝劉痒不可識擊者日甚不

如蟲行咬遂延請趙一剃瘡勢頗甚而合臺凝不化中土爲之大潰是日書

心寶趙頸痛之疾倚不入手宗之屢瘡逆痛並勤於瘡之亦出門未之

道年一笑 南陽君有揮淚氏 名以泰斗顧勤十七年 此忠獄 是日遣孫繳

出人謂氏

初八日甲戌晴 是日謝客趙不假首

初九日乙亥晴 瘧發不食

初十日丙子晴 是日寒熱稍劇

接寬兒初六日信

又同孚收孫傷初八日信

十一日丁丑晴 出存林翁處 午刻出至東李少憩 下午 藍伯人來訪 後至畫

書樓睡

十二日戊寅晴 蔡佩安來久談 是日仍服清半 恒服之加味溫膽湯

接觀郎仲初八日信

十三日己卯晴 連日無已寒熱 但不大願食 食少 氣滯 仍服溫膽湯

十四日庚辰陰 午後有雨即止 是日起可出房 甚暢 寒熱無發而之 飲食亦

進

十五日辛巳晴夜無月有雨 中秋過往節 歲歲無偶一行令耳 午後奉祀先祖並禮會

扶瘧出一拜

十六日壬午大雨 是日本月初五以前雨勢極甚 寬兒初次就塾 身弱不便

萼貴極矣乃自初六日放晴不開華乃兩忘華年也

十七日癸未陰　寄魏師伊信 信內印書　閱華所作 信 印股

十八日甲申晴　蔣安甫來訪仲諷堂亭久又至宗卿文壽久談

十九日乙酉晴　閱李蔚生叢語於十五日下世惜恨不任君才而有淵識風味高騫不可得每作字所以畫以證書畫金石悟慨好施設有生前爲之蔬之乃恆君孫遠適儲接其家於實藏於家尤爲嘆病之癖凡所不得作之甚篤於金鈔股啟門宗文而無不蘇姑來者不識君所得此故校本所甚見鮮寡一世矣

閱蔚生叢語垂耗而前年見其題寄題度序贈題二絕寄而藏之

題字琳瑯墨未乾。舊付高行拾陽砕。但留書袖清香在。是仙尋常圓畫看。

落之風烟雨鴒務。寄之珍珠出宝心。君門之蟻縫深城。無偽年系撫模吟。

二十日丙戌晴

接閱華所撰擇三七作

廿一日丁亥晴　宗湘文來久談　寄閱華所作信 印書 信印股

接寬兒十六日字
廿一日戊子晴
廿二日己丑晴
廿三日庚寅晴
廿四日辛卯晴　長子寬為寬田壽山二十九字條幅甚聯爲但甚是樣衣耳　又爲姜日本紀功　甚不為日也　存此為生巴黑坤
接寬兒廿四日常之離不蘇州
廿五日壬辰陰
廿六日癸巳雨　寬兒與其婦同行
接聞暫行廿七信
廿八日甲午陰晴相間　寬兒為寫宗廣平稱稿來四大冊　又照他寺錄一張
廿九日乙未晴

九月丙戌朔日丙申晴

初二日丁酉晴

初三日戊戌晴　趙次屡來訪以主戰不合移門未出接晤

初四日己亥晴　宗湘文來訪久譚去下痢　葉芋伯又來信稱時疾事

初五日庚子晴　寫芋原稿移住　丙申自付收

初六日辛丑晴

初七日壬寅晴

初八日癸卯晴

初九日甲辰晴　早唐䏻宗湘文來同至四牌華伏游劍門三十年以座經節立

抵此出府看吏部之道示三十年詩稿有金銀便視所藏書畫所以書家書畫之王烟

家主在官二三種文悔而田册及萬夜反蘆花老里峽山水新路之人菊花[illegible]　下雪橋仙

毋陶佳下午食蒸亭金蓮納涼訪趙次侯石直

初十日乙巳晴

十一日丙午晴下午落陰　早合肥出訪不遇君志之譚

接周老兄柬又邀日伙

十一日丁未晴 早至西孝侯棧秋舫處候葉鞠裳伯蕙翊戎搊久譚 秀倚莊佑人五舫張佚卿

示諸稿付

十二日戊申晴 寫閩藩事作 作節略

十三日己酉晴 至蔣女山前久坐 又至宗卿文家坐談久 看書畫有黃伯思章草書

內景經搨過吾所藏是潑欵東坡真偽此齋物也又宋元人畫冊卅六葉內宋徽宗

花鳥三葉 郭河陽山水雪景一葉宋極工妙 第無款識不知何注知之 冊尾有讀書樓

印共郡千里物也又南田老人山水卅十二葉精妙無錢識一寶也 數日前送來孝

親賊自播孝賢圖 楚釋老陰白描十六尊者卷亦均無款 李孝為江村相國跋亞

陽潛菴煙景陰卷附中峰和尚詩二幀以甚陰卷為勝 李為趙孝可特

十五日庚戌晴

十六日辛亥晨微雨午後復晴 張佚卿來久譚

十七日壬子晴 下午常熟孫孝棧秋舫來候久譚

十八日癸丑晴 寫屬得來趙文敏小書太湖石贊等一卷 因筆極細不小柳白高

然知斷其贋跡而未必模李項氏印數十方及董香光許人跋皆具可見名家鑒

賞鑒不至持此識青告身以張御閣據誤以開禧尚

不能辨他可知矣又宋拓蘭亭一卷蔡題舍之九廬陵本蘇易簡跋字係稍摹

本係有蘇易簡衛韓玉汝持國印元宋李公擇等跋均好字形爲易簡跋

李同其都二百墨跡筆精真可印裝跋本共爲大觀生宋人侍拓等印又亦説見角尺

證也王政理宗方千七割廣等弟九爲慶諸如氏本与此是一是二無可證見此等題

不知何人書然亦晚出之作此冊舍而又陷之不詳何墨均不甚佳書此主蘭亭中上層

下乘係以香假麥印及乾隆御覽石渠印等二寶我亦郎信其同出印迹

還之　宋拓蘭亭卷附卷

十九日甲寅晴

二十日乙卯晴

廿一日丙辰晴

廿二日丁巳陰　早今往赴題明儀殿門查府秀仙宗祠文擬存御陸律文查考志

下午霧陽

廿三日戊午晴　有人持玉雞來售據向字二川曹日南一字係佳字六川第二字係斷

公二字餘皆蝕。跋右字者二行，上半蝕，下半破缺，存二行，觀皇祖□公、皇考□公八字。右
遺硯外下又鐫有字一行，見舊無疑，予存五字，葉形端古，因書保護之，余故藏印書
秋之猶為秦楚向小國納貢周，益無疑。向其直價老佟銀二十圓，秀雖付值，其人往
問原主，則云需二百圓，蓋云譌也，悵悵不已。

廿四日己未　晴

廿五日庚申　陰微雨

廿六日辛酉　晴　鐵秋歸邑，偕朱文謨、其友王度梅借玉蝴合徐去

廿七日壬戌　陰　龍作人來訪

挽李甸生　挽聯

論仙才獨是青蓮。止餘文字聲傳高。蒲侯為壽灑涵韻。

蕃府十年同白髮。回憶~~故人猶在~~挽詞淚。不堪淚落為鋒溪。

廿八日癸亥　晴　大風奇寒，衛蕩出石

廿九日甲子　晴

三十日乙丑　晴

十月大，朔日丙寅晴

初二日丁卯晨霧，午雨，旋晴

初三日戊辰晨霧，午雨，旋晴 寄許葛孫作寒石詩釋答一郎 即寄作尚

初四日己巳晴

初五日庚午大雪，甚寒，十月而遇此，南中罕聞也

初六日辛未晴，退寒，亦猶然。陳惕邨、李兆試罷歸過此

初七日壬申晴 與陳惕存子飽晨至市樓，論半肉，鄧山舟邀予及兄弟，飲畢予同顧甚 許字

御史名傳

初八日癸酉晴

初九日甲戌晴

攜旌孫赴韞山行

初十日乙亥雨雪

十一日丙子晴 陳惕旌望書

十二日丁丑晴

十二日戊寅晴 小雨旋止 鬯生日為禮佛 是日成行赴墓門拜掃 余以天寒送至

命大侖姪侍行 二時下舟 移泊南門河

十三日己卯晴 早發過頤風亭 巳刻過吳塔 未刻過義口 申刻到蘇 泊婁門內小教公館前 寄南陽君信

作札即寄 遣安來林來談

十四日庚辰晴 辰刻安林來同棹出舟 觀蕭郡辰屯至郡 以后早飯畢又飲

甚歡 到拙政園 石蓋殊釋虎邱 住將惟停息 閱有本城吳氏家與模

刻之禊帖 同其孫對拓 停舍恰為宋墨 隨勒伊有胡安國跋之後

與中山陰性人寂在家中 所劍篋藏及一石 運中藏此書破碑在楚塔

戲本數集存字為韻語 勝日碑字所云之此廢五百偶 安林等題作 己亥冬 粉數字

勢通迭並與甚盛 絕不類大小人 抵家也 旋至觀劇 飯餅 備食 又飲甚乃歸

是日偕姪往游 帖平林及靈園觀劇

接南陽君十四日信

十六日壬午已晴 暄和特甚 早食畢 棹小舟至四通橋 上山岸 安林談於某某少坐同園

而無所見 午後兩園觀劇 傍晚歸 寄南陽君信 即寄作札

跋南陽君十五日作
十七日壬午陰 午後晴 早飯畢 要下蔣門 李商生 宗以帛入門 出書已於五形
中吃酒糟精不覺大醉 主人遂宿方下御相地 晴出孤某相家共遠宿之楊魯
有鄰出中江人 余為石坡寫釋 自生雅代椽 余辭之 今春付刻之時 頗訂誤得
為郭乃刻成之本 此次自携一冊焚之 梓人誤也 又子開為楊安宜生時之筆
跋 安中為設齋庵 證處一拜 遂見陳楊安開 楊歸及開楊之女孫淦氏 針灸共又
有楊雅李氏 有楊精陰 歙生為步評 有楊樁子賦云 眉生既以為幾日 各前既及大
子曰 楊畜告以開西向有千貴存至原風付息七覺 以世好未之勞 此後成存數行
宜相共優昆之關 松來幸貴 李為此之謗 兩妻否子 嗚呼 風塵真剪 求之古人
矣 [redacted] 復稿 見山石壁 僅作寄見其所名詩 僅其屬 又不直 及途舟 安南
陽君作印譜 侍須安樂奉傳
十八日癸未晴 移舟閶門 家南陽君作家雪樂八親 御賭 移舟山塘 看探梅老梅
一株 當下虎丘寺 點僅一掛 登山睹劍池 坐千人石 訪真娘墓 飲憨泉 乃將舟
赤副 看遠風 夜泊滸墅 松開

十九日甲申晴　早發　申刻抵無錫　泊西門　釋玄恭　候　無錫邑侯嚴清　原名謙上

燈時返舟　嚴清來答候　謝之

二十日乙酉晴　移舟北門　登岸飲茶吃餅　復返舟　寄南陽君信　寄無錫頭七十枚　卸

仍之刻　移舟惠山浜　將往登山　休於雲起樓　樓山足前有樹石幽秀　樓前有亭

可以遠覽　庭中疊石洞曲折　良工所爲也　未刻下舟　行過黃埠墩　偕共登眺　西面向

小君蘇　未刻舟行　夜泊滸墅

二十一日丙戌晴　逆風甚壯　早發　非至向達先趁　宜興如子談之　乃趁常州門十里

余趁之　知之　過梅郡　由河社　逆直逆風　遂僅爲南陽湖　取西寬湖港汊縱岐

倚纖牽抵戚墅堰　泊此地　東距河社三十六里　西抵運村十八里　又西抵小橫

六十八里　爲此逆通中無有人家　小市井可泊　南陽湖共四五十里之所由名焉

湖西叢[illegible]　[illegible]廣湖蔣滸灘　[illegible]平陸[illegible]取逆便宜[illegible]者央　南有山孤峰圓頂

曰陽山　故湖名陽湖也

二十二日丁亥晴　風止　早發　辰刻過運村　巳刻過小橫　午刻過五同橋下錢溪

橋　未刻過和橋鎮　市面[illegible]盛　[illegible]過橋道經[illegible]舟州[illegible]新建氏[illegible]

示寧刻過萬陽橋 寄朱芳仲信 寄石甘釋文第一冊廿三葉 示濬濟川和泰瑞存 酉刻
抵宜興將城泊長橋下
二十三日戊戌晴 巳刻放舟東山浜 謁先塋祭掃 拜見嘉陽相厚壁墓石鮑吉 下午
西城訪任步園 萬識其友徐萬坡 住讀上生棗樹降巷春秀蜀輔出宜 久譚 余雅慎葬地宜興
身心殫綬 萬因步依親側葬載福 把步園步園轉托萬坡擇方山名昌浦等吉地
与東山不遠 仍將日往勘 又友萬塘任寄毛雨峯 陽湖人 住戴涇橋存西三里之毛宅橋 地西另格
下廢之 又訪朱芳仲之友張湘川不直 寄前隆表行 下不祥行向
二十四日己丑晴 早謁西瑞和尚 偕徐萬坡至同梅小舟赴吾富看地 大狹不堪用
廢並而返 下午訪黃氏姊相見 久譚 子僖其孫西南門大雅訪旋好葵生 嗚陽梅曾
二伯之叔 久譚 僖恢返舟 擬明日行
二十五日庚寅陰雨 早存吾宜興 巳刻過和橋 申刻過寨橋 夜泊丫河
二十六日辛卯陰 下午微雨 早存蕭 巳刻抵常州 泊西門外 遣人至張橋其岸并謝人寄明不
直 又至陸氏晤郭姻 久譚 陳劉申孫自同治戊辰別後 蓋十八年矣 今始於東門相見
相與久譚 又候其從弟 字近吾侯 仲久譚 又候莊相番雅君 今年六十有七 遂報康精神甚

困憊門生子扶杖出謁悲喜交集自言餘生無幾不圖今日有此聚余亦情緒難問
十五月廿二日之書知伊弱甚其母又在千里外他無可撫之存亡二無幾莊伯為東山宗不顧
將門戶殊可慮余非任事者聊有囑咐云蘧已出殯其宗無人支應向後為宜云
之儔德下舟 安爵陽晨往寓寓與儔頂要下午 仰答
二十七日壬辰晴 晨起耕理舊稿撰得事二則費日光詣三佳橋訪秦山頭 許學婦掃
禮華過城子鴻宅四申士兒先生去年設館於吾鄉其表甥自招助之理其表姪楊氏
及子祐生 孫儔 元生賻以洋銀八圓 再子陸氏經紀協辦喪儀其恩出信宅飛吊之誌
上海汉石陸氏香孫之姪宗也重孫先已而亡承嫡陸氏出見並姪其孀婦年和久談
再子劉申及孫霈久談孫子張叔生宗不遲過舟 問莊隋歸來余舟
接寓兄二十二日書
二十八日癸巳晨雨旋霽 香孫及陸彥和攜書舟同子城內轉中吃點飯孫方於寓舍畢
同子府直街晨華偕少峰剛堂惠子 宗祠拜謁經旋拔祐字朴卿步譚 又至舜耕
采宗輝若後再差經旋於宗步譚而別 未刻下舟即發 夜泊盛墅堰
二十九日甲午陰雨大作風 晨發午初至無錫後攀阿奢游黃埠墩久之 惠山雲氣飛騰 佳觀陸現山下

吳瞻村舊庵右軍勇帥丹黃誠藤親也 移舟於門外晨發居停中指肯墨案華芬
鐫下同橋西寺主鈿山小圖一幀俟於回時 又識是人秦鶴輝同至城中 閩輝偕晚過舟
稱白南門 寄南浙君作仰 作銘蒼
偕一樓侍史
5俞[illegible]偕眉同游三ㄱ首
借字剩黃昏。日影清淑。慈慈帝上踏畫甌。天許吳儂相對飲，閒畫堪收，萬事 百從
纔浮匯，安輩風流，美人蹤跡最無愁，真與青山同不老，一樣千秋，虔立欽慈慈求訪真跟甚
何處撞山光。小窗清淸。叅差石壁隔松篁。借作館娃宮內路，偃蹇疏節，騰事
舊窩塢，風燒笙簧，百年修過發流泉，猶得艷尋僊倍與，一句香書，惠山雲起樓滄而京
傑閣峭雲過，山壁米蒼，千井芸葉正濃鮮，寒日風光搖旅況，到春姘，書畫
米宗船，一桿濤烟，行他喚作地行仙，誰似匡山清曉處，無個將循，小長山摘翠樓

十一月戊子朔日乙未一存寅有日色 早寄無錫 巳刻至滸墅關 午至蘇州 由陸小河買洋燭一株 見葉仁伯與年 攜植之大孫拙之西北陽能聘來 傍晚訪荊門 寄南陽君信 即寄遺子之物

夜安林來談 接南陽君十一月廿七日信

初二日丙申晴 早登岸買日用 安林接少丹至閶門 閑市購物 晨至上海設新衍渡貝闕留張里安談 袁攜一鐵 早至甚高 郭外令人殊為悵 不能与何子貞藏本一校 又至園訪叔安

晡谷仍少舟還 寄南陽君信 即寄 信稿

初三日丁酉晴 夜微雨 其午棗至蘇門 信李達宸 廣獄 詢眉生身後事 久談 先是人言眉生遺[illegible] 聞子女不能守 余勸尚秘之 或集存藏目刊行 亦[illegible]遺宸來嗣 僧下甚詣余為之設訂 [illegible]下橋 余以寒日不能久留辭之 又經閶肉[illegible]所 訪陽 六久談 次信往[illegible]久談 少信稱氏[illegible]時春人去 [illegible]通[illegible]生[illegible]不[illegible] 回舟 寄南陽君

信 即寄 作錫

接寶兒初八日信

又寶兒初二日信

初四日戊戌陰晴 夜雨 辰午同安林攜小舟至四過橋上岸 訪朱正甫 晏几一[illegible]由[illegible]詣[illegible]

函閩姊親家中餘存未刻函序承申刻館後夜仰蘇出

接甸儂書 初二日信

初五日己亥 陰雨美風 早起出藏口 午過吳堤 在涵木門 塘橋經城數里 華以薩滿本

請直夜之家歸目

初六日庚子 陰寒 居別西家之人無甚

接叔重 初一日信

又周菁房 初四日信

初七日辛丑 晴 寄安林信 附作船日夜 寄叔信 附作函書

初八日壬寅 晴

接德叔若蘇生 初二日信

初九日癸卯 晴

初十日甲辰 晴

十一日乙巳 晴 葉景伯副戎來 信稿來理

十二日丙午 晴

十三日丁未晴 楊思贊來談 子京兄弟來謁 寄秦姪信 附書

接季弟十一日信

十四日戊申晴 俞姪之母孫以小俞姪病余告 納金一百五十[illegible]錢暨陳雕之騰

十五日己酉晴

十六日庚戌晴 夜雨 冬至節 下午 先祠奉祀如禮

接孫姪若農十一日信

十七日辛亥雨 寄孫姪信 附書 復李坡信 附發

十八日壬子陰 夜雪

十九日癸丑陰 楊卧雲修蕉厰居之 大俞小俞從日侍書 床子饒樸相連 署

此與能盡為耦 至老無伴 雖為戶僕 不為矣

接魏船伸十六日信

又寄巧佛書信

二十日甲寅陰寒 寄周蔭蓀信 附書 又存寄弗信 寄程鐘南十圖 望

二十一日乙卯陰 早食罷 侯宗翔文久談 並贈宗月鋤 春信 葉山伯 又信 趙作人信

不佳 李儇趙汲侯直合飲 莽堂李升蘭要作佛 楊書城常君來寫募佛
陳康父來偕之 邀來入座 談之少頃而別 侯樸秋舫來候不直
梧將堂 四作
廿二日丙辰晴 寫熙舫仙作 仿白陽（仿山石）
廿三日丁巳晴 附有書壁 寫翊之武作 苗若（附樹人作） 李壽作 同上
廿四日戊午晴 寫樹春人作（樹春處作） 即君 翊秀雨拔仙作二下（並題詩一首） 以大母素作扇 即若（贈臣舫雨圖）
廿五日己未陰 得雲景惠墨蹟 謝 御筆 賜字 未讀 素白麻紙 書 字大小與嘉
枝譜同 而校專法顏清臣 此則道一 亦與筆意圓和 雲動從中出 而方鮮于
伯機二路 故法存意畫 脫載此續 在乾隆字每當有文同米芾 破不能識
為至十餘人 來出宋元名手云云 自昭了守而知流轉何所 大文与西及宗宋元人跡
均之借矣 恐幸臍任 吳門 吾年（偶以之隔田御書一軸為憾） 君謨字係代 宋於蝦宋 安 李倚 甫大李張青
父跋為論賜 御筆詩不似 尚不寫也 唐僅理紀三十圖 得所年 正月 印燈 無錫 荅

廿七日辛丑晴　下午常熟包儀錢枚妨來看信久譚

接祖懷蓉生廿三日信

廿八日壬寅晴　寄蓉生姊信　印書價目

廿九日癸卯晴

三十日甲辰晴

十二月乙丑朔日乙丑晴　早十日第只兩定安西寺前湖亦方定名澤　余又訪之君志上人澤

初二日丙寅晴　自九月連晴至今已九十日　閒得小雨而已　麥苗稿不能生　家池涸岸將涸　民爲

怪憂之瘵　定安僧蓄錫初日赴蘇

初三日丁卯晴

初四日戊辰晴

初五日己巳晴

接半華卿十一月廿日寄月初一日信

初六日庚午晴　粵人張墨卿來　爲[illegible]室人匹絹　閩漢表拓一紙碑帖大秘推揚稱絹二丈今一匹　墨帖重拓兩匹　墨帖亦拓兩匹

贈帖照歲例神

接定定初三初五日二信　又接日本信

初七日辛未晴　張墨卿來

接蔡少梅初四日信

初八日壬申晴　吳郡陸曉晴八都　寄任傳民信 附碑　金琴卿信 寄入封　季梅信

同上　蔡少梅信 附書 信局　米華卿信 同上

接郡書初六日信

初九日癸酉晴

初十日甲戌陰微雨霡霂 下午宗湘文來久談

十一日乙亥晴

十二日丙子陰

十三日丁丑晴 步訪宗湘文贈君表夷久談（其子季戴 婿秦石農 本樹華人 宮刑無錫人庶出嫁）

十四日戊寅晴 宗兒夫婦歸自蘇郡

接重柳十三日信
又卿壽人初十日信
又愛蓀初十二信

十五日己卯晴

接閩瀛十一十二日信

十六日庚辰晴 趙佰人來訪

十七日辛巳陰雨霰夜雪

接陳雁沅十五日信

十八日壬午雪 與南陽方洪往登松郭內院雪停

十九日癸未大雪 寫竹倚洪侶都人春 陪易舞作日上 訪趙次儀書 訪太諄
接叙卿十四日札

二十日甲申 薄雪

二十一日乙酉 陰微雨 早食後赴宗湘文宗新塋會葬 並識其雨載之 得福 時江蘇大使

接竹莊二十六日信

又初翀仙宗湘文 信

二十二日丙戌 晴

接紫陸庵 四日信

二十三日丁亥 晴 在辛家八和宴龕山行事

接叙卿初一信

二十四日戊子 晴

接李蓮夜 信

二十五日己丑 晴 甚寒 詣伊蘭館祝佛五行事

二十六日庚寅 晴 嚴寒 乙赴東三十分 赭花許神以禮

二十七日辛未晴

接獲電廿三件

又閱電報譯稿廿二件

二十八日壬申晴

二十九日癸酉晴

三十日甲戌晴　下午祀先祖並拜年

光緒十二年歲在丙戌余年五十有五

正月庚寅元旦乙未(立春)晴午後雨霰　焚香禮拜　天拜　孔聖師禮　佛

及竈神　先祖饋節食如故事　丕始氏為加冠文謂　曾文正壽　今年元旦立

春致　國朝康熙廿四年乙丑以至卅五年丙子均歲朝春相去十一年又至五十四年乙未祈

正十二年甲寅乾隆十八年癸酉廿七年壬午不協相去十九年至嘉慶十五年庚

午以四八年下至道光九年己丑四卯十九年下至今年丙戌乃五十七年凡歲

朝春得年歷子數見者有六次其間贏縮之故非明曆者不能知而相去十九年

者為多似又有一定之理自今年歷至十九年乙巳又十九年甲子又十九年癸未

無遇(歲朝乃)余生年五十五矣加十九年為七十四(設)圖耋　天祐得享遐齡此亦厚幸哉

丙戌元旦試筆　效香山居士體

丙戌今年五十五。山居之甬歲星周。乙亥解組至今凡十二年　盛鬢髮早蓋堪

歎。三逢丙歲神來休。幸有田園供八口。愧無事業似千秋。嘗之日

月保餘年歎。隱几風燈一息收。

丙戌元旦立春　五十五年初度逢此去去賦

五十五壽吹鳳笙篇。初逢令節逮元辰。歲善恰書重授[illegible]。氣翻剛回玉斗寅。[illegible]宗五

星顓帝曆。（晉書律曆志：顓帝以孟春正月為元，其時正月朔旦立春，五星會於營室。）彤庭四牡湊宗春。（[illegible]書[illegible]正月朔[illegible]首立春四時之始。）（史記天官書：正月旦王者歲首，立春日四時之卒始也。）

道山堂下梅[illegible]。（[illegible]道山堂上有梅[illegible]。）一例[illegible]茅物信新。

初二日丙申雨。五十五歲生日。宗人祝佛祈福。合[illegible]。

初三日丁酉陰。早飯後出[illegible]。宗[illegible]楊[illegible]信。

宗熙大[illegible]

初四日戊戌晴

初五日己亥晴

[illegible]

南[illegible]（[illegible]）西狀[illegible]衡[illegible]（春秋運斗樞：斗第一天樞，第二旋，第三璣，第四權，第五衡，第六開陽，第七搖光。[illegible]）[illegible]朝[illegible]方[illegible]壽[illegible]

神[illegible]百年老[illegible]（[illegible]）九[illegible]

首壽[illegible]三[illegible]月[illegible]（[illegible]）

初六日庚子晴。[illegible]

初七日辛丑晴　寫東老溪庵信（印書付局）　王蔭嘉信（印書付船）

初八日壬寅晴

初九日癸卯晴　静溪東隅蓮塘從嫂直大早鳩園叢行家譜於郡

初十日甲辰晴

十一日乙巳陰

十二日丙午陰　下午微雨　夜大雪

十三日丁未晴　甚寒　午刻赴曹君素君靜招飲　同席趙仲侯　曹伯偉　方綱卿　陸雲生

寄阿庵圃信　下午訪穀

接李達來　日信

十四日戊申晴

接周彥明十一日信

十五日己酉晴

十六日庚戌陰　寫仲蓉兄信（十七寄　奉日寄付也）

十七日辛亥陰　下午微雨　夜雪　春塘開濬工訖

十八日壬子晴 古納堆前接葉園洪為秋向種芍藥之地 是日收工 夜謝土神
廟看耀思之印匣
十九日癸丑晴 宗卿又來 少候久談
二十日甲寅晴
廿一日乙卯晴
廿二日丙辰晴 趙伯人來候少談
廿三日丁巳陰 接作傳臣十一月信 李君梅來候少談 宗孟戴來候少談 寄倚葉塘作 印書作函 葉園洪上工已完
接作葉塘廿二日信
廿四日戊午晴 早合卑 候楊滄石 李安甫 伯夔 楊女婿李子也 並晤李君梅 趙伯信
楊重城思蟄秋人 候張伊卿不直 候宗卿 又久談
廿五日己未陰 夜雨
廿六日庚申雨 寄柳下送作 寄名箋釋一本 印書作函 獨以武作 為壽 壽人作 印書作函 閩峯作寄叙
廿七日辛酉雨
廿八日壬戌陰

廿九日癸亥晴

三十日甲子晴

録梅蓀林佗三山七夕

書室元旦立春詩第二首末句

鶴膝當頭兼弄影 8 秦少游元旦立春詩鈫上西施鶴膝影一時弄入酒杯中 兩回何似一回新 8 東坡和秦少游立春元旦立春詩首聯又公

歎兩回新年；

日偕相儷

二月辛卯 朔日乙丑晴

初二日丙寅晴 池心木橋撤壞易之以石凡十三節（每長一丈）中節為方臺 旁左右五虹橋 臺曰通波

臺儀工畢為蹟

初三日丁卯晴

初四日戊辰雨甚寒

初五日己巳 趙明信來詩久譚

初六日庚午雨 靜園西南隅荒蕪猶昔無力興作而堤陂斷見隱約非沿池有石亭不能保園工程從大余初定全園佳構南漪之上為樓五楹榜去放麐名之之家藏書冊迷處甚中四園皆以無界連屬處斷而久西面堤尾為二層圓亭可以眺遠其餘小亭小樹及連廊數十丈加以石岸長橋佐直連至詳記兩千園以外並思無策徒羨蘇之留園頤園等皆務求人所費余書屋之以為兩園主皆巨富安用為此而余以窮說日處且廿載詳瑩力為之底神為之摩挲及身而見其似把殊覺不能忘情不如選李故城以成此園如家師蘇人之所為數年後讀畫嘉欣即以亭止似尚能失前修之此園與家眾遊此園無息建日與土木諸工所多計算劃無遺

屬劍業之鄭郎小青以濟大傑之人習名之哉

初七日辛未陰雨

初八日壬申陰

初九日癸酉晴

初十日甲戌陰微雨

十一日乙亥陰微

接靜齋人初六日信

十二日丙子晴午後大雷雨

十三日丁丑畫會賢壹 候李君梅少譚 候馮辰甫賀其女弟出閣 李佳峯話略少譚

李佳勃偕人石直頌芳子君稍少譚 寶兒勃森 沿池石岸是日動工

十四日戊寅晴

接周芬明初十日信

又接靜齋初八日信

十五日己卯晴 寫靜齋人信附寄鴻

擬沈羲氏　作
十六日庚辰陰晴　春谷亭　下午　先祠薦祭二程
十七日辛巳晴　擬寄聊文　祝梅小研補祭之　南西索取石印字冬日成
十八日壬午風雨
擬祿拜子悼十一作
又擬祖母（之孝格不）王氏　作
十九日癸未陰　玉泉松橋下村槽亮　南樓西亭及小亭工竣　平屋二所議工價成
二十日甲申晴
廿一日乙酉晴
廿二日丙戌晴　南樓及南小亭擇本日卯刻動土八字　丙戌　辛卯　丙戌　辛卯　兩干兩支
不雜　又與本命辛卯合干合支　上上課也　黎明即起　督工
廿三日丁亥晴
廿四日戊子晴　早食後　信芳君梅賀兄老夫人八十壽誕　又與宗卿文霞及譚荃曜
張伯卿

廿五日己丑 陰微雨時乍晴不齊 黃仲弢來候久談

廿六日庚寅 陰午後雨 午間唐侯黃仲弢葉鞠裳諸君直到子示要文史子示備極直錄

說文詩別也 又至程秉澄談 得仲弢贈程宅全為介紹 未刻歸

廿七日辛卯 雨 辛午開霽 東皋青林堂之前臨水為小屋 （西） 屋西臨水為書亭

略連居中 中隔薜白蓮 擬以紅菜 是屋又南當土山建碣 為木樹三面 南向而隔園 仍

一路可以藝菊 酌於是日卯時動工 八字丙戌 辛卯 辛卯 辛卯 擇於前 因查黃曆 卯

赴督工

接朱某函 十二日作

廿八日壬辰 晴 傍晚宗卿丈同史承載之 張嬌 石子松二人來游余園 未久即去 實見是藝術

廿九日癸巳 陰 下午雨

三月壬辰朔日甲午晴午後陰

初二日乙未午陰午前日 清明節 早食後至曹氏園游覽考積其工作之費 辛午後 守子

慎侯梓仁寄胃霑相龍樹華印兩圖 印書仍為鄭幹人作 因之

初三日丙申晴 下午雨 邑中農日香會 蓋古禊節遺風也 村民持香登山一步一拜 謂曰拜香 旅長 任城

出郭舟船塞河 輿馬載道 余偕洪姪及小兒女輩買舟隨眾遊 泊娘浜 移棹

倡篁泛洛附乃擄梓岙州之濱 眺望山色 三更乃歸

初四日丁酉雨 下午霽

初五日戊戌晴

初六日己亥雨

初七日庚子 寒食節 雷雨 日出晴 雲散大風 [redacted] 為圖章 旅池西堤上 是日申

刻下樁 先為辛下石岸八字 丙戌壬辰庚子庚申 令申子辰水局 庚申為辛卯太歲

七 子亦晴 後日 赴貞隸來話別

初八日辛丑 陰 下午雨

初九日壬寅 陰 下午 雨 日色 葉茀伯來 作俟 久候

接胡子健十二月廿日信

初十日癸卯晴

十一日甲辰晴

十二日乙巳晴

十三日丙午晴　今年春寒特甚本月上旬雨不羡書於苑唯和安得換價抵南中行罕見也望諸樓下海棠盛開往年均在二月開今乃三月望矣春寒花稀遲生不信哉

十四日丁未晴

十五日戊申晴

十六日己酉晴

接芬吉八、初三日信

十七日庚戌晴　寄鄧春人信寄洋銀六圓價物價即寄作數

十八日辛亥晴　昨有肝疾夜臥背脹欲裂竟夕不寐蓋腎竭與心已兩月餘手指口講日無停晷故引動真氣一發難收也是日露宮服藥一劑午間漸定惟出巡二兩次

十九日壬子晴　是日疾稍瘳，夜亦粗安，仍服藥

二十日癸丑晴　亭午雨即止，下晡後雨微歇　是日庚甫與南陽李耕經瑒視園

二十一日甲寅晨雨，巳刻晴

二十二日乙卯晴

二十三日丙辰晴

二十四日丁巳陰　葉芸伯來，候久談

接邢壽人廿日信

又鄧季垂　月　日信

二十五日戊午晴

二十六日己未晴，傍晚微雨

接陳崇泉壽昌　日信

二十七日庚申晴，風　訪孫竹堂不值，訪李君梅久談　赴宗湘文招飲，同座張仲卿、

姚芸生、福楚道人、歐雲樵、陳月樵、沈公周姚之婿　下午歸，得姚俊藏李守齋札

余寓墅別而杜門謝客，於宗為之介紹去

二十八日辛酉晴

二十九日壬戌晴暄燥特甚　宗湘文來久談，同赴姚菅生招飲於沈宅，同座湘文、宗月鋤、曹君甫、丁炳仲、況周頤，下午飯罷，又同湘文、孟君來別墅久談

三十日癸亥陰雨

四月癸巳朔日甲子雨

初二日乙丑雨

初三日丙寅晴

初四日丁卯晴

初五日戊辰晴

贈宗湘文 源瀚 二首

識宗侯晚，才高氣更雄。傳經[illegible]被謗已，萬里同風。天下人豪落，心誰信[illegible]。

生正濟濟清，座思有劍歌，摩空[illegible]吳夢[illegible]。

遠道到堂，衰神，角身樂佳景。風雲時易改，湘海氣全刪。思傷老祠字。

離說兩溪山，知君稱此數。吾聞落葉秋。

城頭月 守卿女屬題張憶娘簪花圖

風前雨後花和耳。一雲春山歸。陸國雄角。穿墓頭回。無計憐青草。

半姿青女閨，老誰識半銷。好藉小詩詩，在衡圖畫得，失何人愛。

南柯子 湘安書五鳳樓手 不可無得許以張此鳳來夫鳳樓上自有來使与送

中人誌生正甚倫表難為信方無不收焉不同讀此知名當理或無矣
姚塔娘此閱張五三篇婉婚異韓無
六日人向青。邵門雨泥而。登塘不能向東家。若耶九華帖其香來。
訪向風吾風。晴書露晚斜。倩誰福慧世多緣。不比人攜往來澳山麻。
初六日己巳晴 薛安林來自蘇州
初七日庚午晴 靜安樞南增造小方亭與盡心堂後軒南北正直 是日動工 基亭吉甚甚佳之
初[illegible]日[illegible]集 下午蔣復鶴安來 傅侯辭去 余約本月初旬赴上海相晤
初八日辛未晴下午微雨
初九日壬申晴
初十日癸酉陰 宗湘文來同赴嚴雲樵招飲於寓嘉春露主人曹氏昆季 外客則宗月鋤書
明之及余兩人 未刻舒路偕李赴上海 安林導余買易之事近況寫之
又覺土木路異為補貢船隻川之二隻 下舟泊南門外
十一日甲戌晴 早發 午過巴城湖 巴城宋人將築城見黃鶯志 申刻抵崑山 繞城南
泊 飯畢 上岸入城 閒步街市 甚繁盛 約里許 觀過茗樓少坐

十二日乙亥　逆風　午後雨　早發　自小道東車塘　辰刻過陸家濱　未申間過四江口　酉刻
到黃渡泊　名百里　實止七八十里
十三日丙子　雨　早發　辰過閘門　午過野雞墩　至抵上海　請寓寶善街馬路　遣覓安林去
之至此　仍寓佛照樓客棧　適從蘇來　俟之　應候安林不至
十四日丁丑　雨　黃昏後　在岸寸　要擇車至客寓　安林乃到一無錯　蘇姓意寿宗卿
人携尼出　抵泰昌　早食文飲葉市樓　雨益甚　念寿卿不至　謂本無人代勞　又遣遠泥
濘　上下不便　不得已　仍至佛照樓　儼居甫定　而安林適來　自蘇州　在泰昌同住
午刻同寿卿至御豐藥舍　宮南酒家作東　寿同安林便宴市樓之左也
樂集叙舊八九輩　同午　調局　雅聲　儒雅聲逸　男子而值我同陳翠華自西
人材民國　此時風氣一時為此　其以自術不敢經驗也　其殺豈聽雲間者去羞少
亦好　晚飯後又至一家品茗而歸
十五日戊寅　晴　早起　同安林早食　飯畢　雇東洋車游靜安寺　及申園　張園　遊覽
西無錫張氏味蒓園　入眺　張鴻祿叔和　李為洋小閣　把大（洋之買辦　司小內宮局）　係覺入振甫而作
知我於此園四面如國占地二十八畝　有洋樓三間　其旁陂隄亭二處

池阁二叔同园楼觞，两三局值，出和二局，俱三局，静又畅，得三字地二十余局，杀去五十余局，而终

唐园，经宝与以有（译楼之外）方买衣以游宝山，计园之成，非靡银十万、历岁十载不能近代豪

人所费。入其出，尚银一角。因邀日来，同日用云与劼刚御宾食毕，偕之傅

宾（空）武竟辉看书画数十帧，皆唐宋，惟吴道山墨笔山水立幅极佳，其值四十二镑

镑，和力能任游憩情也。下午聚宾楼，茶话饮唱，夜饮乐楼，同而散，乐皆为人

有名英新，同其在上楼，各若春下方，至日意来也。侍坐物业竟聊本两事之谈

二读毕

十二日己卯，晴。早食毕，同女林诗仙，稍往大马路，作诗画好，读少时（刻），三同子城口来楼

北巷名机器厂，买票园工程，应用游物，侍午返。出四马路，万华楼茶，好少坐，同归

海。夫春斋菜馆吃午饭，主讲极佳，有牛尾汤，以三牛尾肉割服，子现英国去列鱼

以鲜鱼（刻）半盘，谐累两楼。出菜业以外国种菜叶一中国之芦菔，生切，加以盐肉酱

汁，以蛋、小食、以卵黄、拌末糖，酱外国之番茄，五种合做此，看些前鲜美，为西餐绝，以肥

鸡入香末等，任烧，拌粉，作饭，又烧牛肉等二种，所费止番银一镑，又车价，共合四元食

毕出，唐泉码头，买工程。阅子程，墙带军务。下午出，皆以楼茶，饮话唱

侍從狎暱例。　訖，名譚以宗明人書四幀屬題，言朱家季雨借所出觀，譚
十二日庚辰。陰雨。午後至畢倚虹，如鐵廠郎狗，余于借觀宋拓碑帖字畫
碑帖傳四五種，皆縹緗宗極。其宋廣川上下卷，有蘇東坡石恪維摩象贊、魚枕冠
頌，合卷。黃蘭花山水，吉老此二種宗湘文題稱之之。此卷最觀二跋，其黃則不知何人
題，札錄肩杜本，張雨、楊維楨三跋，似吉山大擇居臨劉本，花山水勝，早可
其右原頫臨二首，張雨、吳寬諸人跋，同生一手，石上特有蘇四王吳惲之蹟，殆
兩十本大備，即古公然然，但小裝潢為再觀，裱送為禮，蓋余用年瑞蘭太多
諸行財時有煙色，余乃取金條偕先生中書(廣四)條福鄉直十二，銀錢以欵之，黃素
曾受先生壽三十年，不可以作特地放氾，擊可奏之函，郭之郭某湘鄉人，書無疑
早年殿雅居士來蘇，積堂(緊撤招好第)[redacted]盛世三年，湘人與南人與上海，郭子蘇如湘
幫辦畢歷之過，君必任數日，刑法大政，蘇之東南二門，居民咸思逃避，余右何伯瑗
附從當時勇壽樾協捕諸要人，事乃定，郭偏烟玉遂節數年，由雅居士指
受湯生身為任方儀，陸又定蘇城，上指新對成居寓宿，于是其陳納法仲無
惡矣化[redacted]詩居讒來，為蘇梟以何御，入見許宗贊豈懷，郭四二於中之

裕基手迹字無日不令饒而是勢益熾以其擇存之餘益收書畫自成雅人樹
藉之流裕之方安亭先生昔頗往來今潘伯寅尚書以及顧部諸士夫往還
藩忠巽刺指地秀松姓寶畫擲聚於是爲陳伸性靈而蘇人也湛露而不辭
對以誠商不情呼去於是可憐 予詢饒和堂做安林上岸因合舉 供不得要
深茶樓穩唱點果不十五人中有廣牧如廣宴素極盛 予遂卻去 宮南
詩來信即書 是日任姆收成攤你行

十八日辛巳晴 早食畢同安林登小東門十六舖油商王九臺家商人自牛莊販豆油
南來寄上海西僑售國積可以居利本月初安林同陳傳之從儀以虛慮之屋扱
獨[illegible]居日此至此洪叢名館挾之廣東係總閱四兩二三今日閒話誠如未內往
則爲陳四兩一疋益有虔兩返 予向同不喬出華館[illegible]有債寶出牛尾生菜同
薦信格無烟此目無鵝累內炸蝦飯如此恤摔大肉炒飯也二人去壽銀二錢 下午
過寶雅寶樓妻孫之人主今日是新仰必不遂入座待之良久乃來身材雅適
面部方扁眉顧眸目至匪孫丹查處未試而呼合彈琵琶讀留宇擲過徑行同
輩友將人猿勞陰曲不雅也時下園無佳人並與目伯仲對此之噴出身而至國事有

一二勝之處為不在人物而有欲揮作之衝而畏迴時見其天之可觀也 直寫攏仙李詞史

係畫為多之

十六日壬午晴 早食畢即過余揮霍雲躡又為作贈春詩多詩子女之帖俱為之書

取訪島本人李 午飯後蕭伯李不在過的子見之 旨安林好吳華艷樓名揮雞唱鏡

粗步嘗為玩珠 見李珊之二與羅珠異 身材瑣細神之亦瑣柳 面長圓合擬

皇其此陵陸 目清儀態秋 大雇傳其為美似

最美圓似雅徹幽舍此以外無足言者不中意者 [redacted]

[redacted] 有目齋不在止集之鑑姪 自其口顏 身材面核勝之小

李有何事何此今所記此珠為之事問者無人未有倚葬

嫂八十文收為愛識別一人倘 戲 唱

貫聊為蕭陳 積驅大雨為其新佛一陳上樓 疑思題揮別侍一時如為

之寡與其新 倚筆默數云久弊為不平 夫世風日趨粗陋 懷材不偶者

何此事誰知無其稱汪子族其之於聲團之雜色人之皆同聲

無之有矣事 極可憐無為早晚以自解 見其甚皆執 何望白一

石蘊生皆弢志考著目而皆之嬾卿游戲頑唐之事亦有果神而之揚
弄數並士不為才而為操利安不貴名而貴溢濟之視吳新佛藝茲隊面
知今之達人觀馬行隊而知今之守窮士奈一分號隆為一分喜通守一分本來矣
一分沮塞鳴呼傷已　下午訪鄭纖仙旅寓書窗　又訪鄭秀雨旅次庵塵垂
鄭載如來少談而別　傍晚赴林邑舍見之舟亦久談而去　寫扇對八仁卯君孫卿仙扇

二十日癸未晴雨下午晴　早起　未刻過黃渡　戌刻到陸家浜泊舟

二十一日甲申晴　早發陸家浜　巳刻過崑山　未刻過正城館　戌刻抵家

二十二日乙酉晴

二十三日丙戌晴

廿四日丁亥晴
接旅杯佩三月廿五日信

廿五日戊子晴

廿六日己丑雨　招姚菱生顧雪樵宗卿文曹君素表君靜飲　下午客散　卿子獨留　傍晚去

廿七日庚寅雨

戴楊鶴峯比部恩海

使者文章奇業盛。儒士祥挽倚謂鋤。獨憐今世無青眼。却向空山老白頭。

詩思快於春後筍。宦情淡為水中鷗。未將霽霽真看年。獨倚江閑

詠四愁。

又

聯

不泯家貴而處境貧人十年踏遍宮商視為書評廣鼠耳

通於禪視以及世智一夕辨詩僧於諸翁子夏其疑乎

廿八日辛卯陰旅雲齋。書林老貴函府一間五山東塢府三間遠心書屋極南北河府一間

算於今日卯時上梁八字丙戌癸巳辛卯辛卯 年壬運在午 月路大泊戴有一句以

星翔戲劇之三年有滿貴上頭戲（當塢方位酉向正宮君的在午方）合於選擇家要本無倍大星之說 畢合府遷方

宅看神金正兩位乃妙

廿九日壬辰晴 下午贈海子書信

首甲午朔日癸巳陰 下午雨 寄蘇州林作 即寄作函

初二日甲午陰微雨 湯君邀合肥赴楊鶴峯之青華聽李君梅張侍御遊僚人茶

信堂汝三十五歲 虞僕葉芸甫與石庵 僕姚芸生大談見所藏五千大癡春林遠岫

圖卷三軸 素絲詞意粗備 本石谷爾 自然石谷手 陸雨樓二川畫筆渾成

殊不俗 訪宇卿久談 別後見於石谷長卷筆一株樹篠竹殊佳 下午陰

初三日乙未晴 晨訪南陽君井塘樗亭東門外觀寶華神會 江村去未到 風

初四日丙申晴 土山東張平房三間成 宇卿來見徽書屋 孫汝香來會晤孫宅

得宋板詩南山集 直銀餅四枚 以詩價論 蓋十之一 不得不云

楊聲翁伸 四月初四作

初五日丁酉晴 端午節 辛亥 先祠祭 角黍如例事

初六日戊戌晴

初七日己亥晴 泛舟小亭成竣之日 鶴遠吟樹

初八日庚子晴 下午雨 看林華之臨水小屋成 以窩外植翳香桃 盛於孫氏書文 濮登兄諸書賓

屋之旁翳桃轉盛 得明刻宋本疏府奉 以思老承之處 為之蘇鄉氏

初九日辛丑雨

初十日壬寅晴 芸滌阮名偉 至江橋成用功凡百日 下午宗卿來訪久譚

十一日癸卯晴

十二日甲辰晴　下午偕李敬之侯錢秋舫稽勳將去，往一送之，不直。晋訪趙作人不直。同鄉查生于北門橋樹頭相某氏宅，擬娶婦陳氏，年餘未聞，向為定。

隨之姬將名擬稱為四七

十三日乙巳陰夜雨　下午趙作人偕李敬之來久談　寫郵寄保任　仍留寄

十四日丙午雨

十五日丁未晴

十六日戊申晴

十七日己酉晴　趙作人來久談

十八日庚戌晴

十九日辛亥晴

二十日壬子晴　下午大雨　看玉如所祀先祖如禮

是日長孫行冠名之曰大綬字穉士，次孫名曰炳曰太耕字卓士

孫正宜余之妹適徐氏者為

余族姊之女，其婿夫有錢千餘，借同里唐氏房屋不償，其族人呼來索錢，余皆

書藏武進全書　余以平日所有事於家居所寫辭之，內南人　寫字六百五十

為吳季篤寫四書中語人代兩聯額數 即君云云

二十一日癸丑雨午後開霽 李少石之族孫少眷自保寧來代少石之子韓甫益南

述渠實見程之

二十二日甲寅晴 丑刻起監工役 播春蔡甫胃三往 此往係寅刻事 建生南樓擇寅初刻豎柱八字丙戌甲午甲寅

丙寅兩干不雜寅午戌火局甲午月建為帝旺貴陰貴是月陽貴在月干

未方而寅初為艮時立為丙係四大吉時一旺木火生時至為另擇吉時

上西梁未時 借西方三字同時書 屠度恰不來方 謂萬之增填入局立遂擇寅之於盡善矣

季彥梅來訪久譚 上梁識記 法書吳州居士蔣某越千萬年無亂災 巫等蘇陳金傳富財 子孫保之其念哉

二十三日乙卯雨 寫李節信 節吾 子李尤春

二十四日丙辰雨午後雲霽

二十五日丁巳晴 早食後訪孫竹生不遇 芸訪韓德信不直 挹芳紹泰駢 女子姑

朱大譚 訪宗湘文久譚 赤房女安視 療子安芳 訪王老志久譚

二十六日戊午大雨

接朱笙卿 小信

廿七日己未雨　寫朱苓卿信　卯後行旬　柳鐵仙信　寄季香心梅花一幅　詢君　乃涌仲仙

廿八日庚申陰

廿九日辛酉晴

三十日壬戌晴

六月乙未朔日癸亥晴 荷生上海鐵廠務機關干三兩住來云之成展潘仲仙往取

初二日甲子晴 荷生來定後鐵牀務來奏後大停时被勤去后尚未成小也

初三日乙丑晨有雨旋晴

初四日丙寅多雲 午有雨旋雷 葉子卿伯來徑久談

接子雲函 又昭日如奉手修

初五日丁卯晴

初六日戊辰晴 下午常熟許令子李孟龢 稿件 山東歷城人來徑久談

初七日己巳晴 採藥

初八日庚午晴 潘仲仙自上海回

初九日辛未晴 南潯來陳日宗人務賓具謝

接潘鐵仙初六信

初十日壬申晴

十一日癸酉陰 下午楊罗賓來談

十二日甲戌晴 訪晏 下午發信季直云不晤 又去候錢秋眆之譚

十三日乙亥晴 寄子承瑣信 寄鄧書 致方樹安信 又寄蔣樹穀信 同書 致寶字御史

十四日丙子薄陰 傍晚微雨

十五日丁丑晴

十六日戊寅晴

臨蘇帖 十三石

十七日己卯晴

十八日庚辰晴

十九日辛巳晴

廿日壬午薄雪 赴館 作人拓館 顧常氏園同席 季君極楊屯之

城 家御史楊恩慶至寓 下午訪孫慶伯子之寓 慶叔白蘇

來候久譚 周乃恩偕來

廿一日癸未陰 發信季直宗石直 道訪信人之譚 午問桂來寓宿 席閑

並照作陵 下午寄

廿二日甲申晴

廿三日乙酉晴　晨氣秋涼

廿四日丙戌晴

廿五日丁亥晴

廿六日戊子晴　仍至吳

廿七日己丑晴

廿八日庚寅晴　醉吳　寶石齋表冊了　九十卷了　天籟樓成

廿九日辛卯雪

七月丙申朔旦壬辰萬壽

初二日癸巳晴熱甚傍晚大雷雨暑氣稍解

初三日甲午陰

初四日乙未陰涼爽

初五日丙申晴 孝侯華堂仍不直 孝侯診宗臣國祥知事柳修人 新補收拾守備 少譚

侄來診脈廣不精益宗如安李七十同侄[illegible]以侄芝五十九歲生

日稍視里居也名甘承稱正黃旗安富視其子廣孝訪楊恩貴

去譚

初六日丁酉晴傍晚大雨

初七日戊戌[illegible]旋霽 [illegible]

初八日己亥晴

初九日庚子晴 立秋

初十日辛丑晴 夜月甚皓

十一日壬寅晴

十二日癸卯晴

十三日甲辰 晴

十四日乙巳 午前答宥西阿含

接李耕甫 月 信

十五日丙午晴 午初雨 大風 西堤遊玄帝自橋亭起至圍亭止 於本日申

[illegible]劇物工 八字 丙戌 丙申 丙午 丙申 天干一氣 與辛命合 無金妥哉

本宅今局論丑 黃西方此課年月日時 陽貴格 無忌 [illegible] 辛命亮 祿在年支

竟子為書課

十六日丁未晴 大風

十七日戊申 早晴 午後大雨

十八日己酉 大雨 自昨午潑夜不息 待午稍止 午後後雨

接子的情 初十信

又鄧壽人 十五日信

十九日庚戌 雨 寄鄧壽人信 竹石印譜

二一日辛亥晴

二十二日壬子晴

廿三日癸丑晴　長女熙穎自九年及余歸馬玉沅浦官條務時已卸廣

培任楊為住置一席將自此勞處不肯惰於人劉由婦德為於數

因御金湘生　武祥遠弟之弟　處李偉福冥句擅自因予廣西楼於新宅村本翁病在處村

尤屬本日接由四書光旋　六月廿八戌刻去搖向去世聞所好讀書

姿質中平而其性淳和召治時曾並本心不無他鬱年奇安覺

體因不阿家白此日雙於得常方隔不之忘其年節雖冥甚辛了粵為雲生

來任人情記讀此日無我數年來於因循誤矣扶持德之趣以竟以此

家從數千里外歸却氏一子一女均在寧國母家聞此凶耗悲無可理信於

其我余之待於詳於歷年記載附後心無甚悔惜並不能對之喜俊之

成立亦可為其文之矣此後兼撫業孫痛惜即趣走余以天日其從甚

止之請令將代擬擇日殮葬今再請行止

楊子寔見二十日信

又鄧甫孫同日信

廿三日甲寅晴 下午寄兩兒書 詩文課 候晚去函

接方子頤二十二日信 先寄傳隨六函 為錄好事 壽和書遣 指正 廣東省城 寄傳甚夥

廿四日乙卯 陰 寫劉中孫信 謝寶屺 寫寶屺信 附函 胡子健信 附函 薛丹林信 附函

廿五日丙辰晴 寫方子頤信 附函 金濉生信 附子頤函

接閔毓明廿二日信

廿六日丁巳晴 夜雨

廿七日戊午晴 青林堂前楹左壩闢一戶外畫長廊 自東而南而西 達鄰榴風橋下 凡五十餘丈 擇今日午刻動工 八字 丙戌丙申戊午戊午

兩干不雜 年月日時干祿格 即己高 來命實異人所驚

接閔笠戡四月初十日信

廿八日己未晴

接薛撫軍 月 信

廿四日庚申 晴陰雨 下午錢秋舫來薛門之譚

八月丁酉朔日辛酉雨　孝侯、樹柟、筋遂行　孝侯、李孟和、石侯、鳴石偕行
寄厚安、林仁、仲卿信　寶兒歸於本日申刻生一女，八字丙戌、丙
申、辛酉、丙申　宗卿來，久譚
~~[illegible]~~
初二日壬戌晴，夜有雨
接邵靜人五月廿七日信
初三日癸亥晴　寄邵靜人信、仲山信、碧春
初四日甲子下午雨
初五日乙丑晴，傍晚大雨　汪仲梧、煜泰、添甫來　孟輿夜從縣門回來，言譚詢知百簇而借儲何而窮而訖
初六日丙寅陰　寄任筱沅信，寄山東五百，收仰信
初七日丁卯微雨
初八日戊辰雨，入城弟墓，請侄達旦
初九日己巳早晴，雜瑛寺向午雨旋止　靜溪水大漲，北石岸出水望尺九寸　新建天
放鶴階出水一尺，遠堂前石岸二尺五寸，雪亭之址一丈二寸，大觀舫北石岸三寸五

今御風橋南北岸址九寸，新建路望恩樹址不及一寸，慧香閣橋約三寸，羊帶洞橋一寸餘，西南橋一尺五寸十分寸之五，新建西清志南角五寸，北角四寸，德壽北橋西三寸八分，南橋西四寸二分，覆塔拈華一律傳達，與家人築慧香亭觀水甚至，俾有溢數寸，將指至之要所為，前來潁水多至五月，今又雨連日，發亦湖此未之有也，下午採星題畫之讀第小題

初十日庚子 晴 大雨之後，山澤可觀，遂邀御史書同出北門至桃源洞，水深不遠於雨後一日之勢，較此尤壯，瀑隨跳沫，石隙下寫，響亦五六處○，蓋御史甚喜之，余為之畢是年所建慶所見無慮百餘，此御史色舞，因君言天下高士相聚宇內，異見異聞，悉以辜旅個中，使人健羨不已，百山道過，使信門，知其有疾，入信未理，道家敬珠問所勝，亦可觀，偏示之，若是久日之遊，山路過轂，蓋橋小旗亭設飯而歸

接題仲初九信

十一日辛未晴　下午出訪陳仲框不值　李惠人来候不值

十二日壬申晴　同馬西園看馬阮文達所藏者　石質中之豫鑲雅細

而質值銀餅二圓又半　寫照伊人　仰者作畫

十三日癸酉晴

十四日甲戌晴（李秋帆）　寫楊西林作寫硯古鄉會　又寫姚價渠銀五圓（印畫作緞）

十五日乙亥晴　夜月甚皎　又天氣清和無風若無冬景　又未有雨

謀檀過此工　視貴兩石將小

接梅林子信十二日信

十六日丙子晴

十七日丁丑晴　下午宴潘文来訪不遇

十八日戊寅晴

接胡子信　去月初二　本月初八二信

十九日己卯晴　為湘文作隸書金石畫鏡寫條二尺　又自書對聯

勝余言不存稱　無通知其意將不筆即購漢人風貌視者

務寄余二月費鎮之
接殷梓可快十七日信
二十日庚辰晴 余八分時 見廖家君貝家已改時衛家以知學
遂令去五年 年學書無成 後居不至多 初為其南樓題識
以之語樓下了事示不詳悉為亦
接祺之函寄迻南信
廿一日辛巳晴 寄胡子瀞信 附信附書 子情林信 寄建甫林世農賀銘 又寄幼春十六日信
八國聯軍侵略中國二國館藏 寄實兄信日書
廿二日壬午晴 寄鄭教人信附書 訪鄉文大詩 過其家直稱成
親王八千楊樹直銀錄四圖事 赴聯女學 送楊種來大姪
程李去世侯知譯 又識為人某藩臣 寫林華之國務
接祺振成十八日信
又信唐沅十六日信
廿三日癸未晴 湘文見示廣八細墨寶 張寄冠軍帳 廿五日作壽作語

廿六日甲申晴

廿七日乙酉晴

廿八日丙戌晴 秋分合祀 先祖廿位 寄周谷明經作 廿七書

制府兩江總督宮保威毅伯曾沅圃師[illegible]四首

十二年殘孽藉誅鋤。緑隱西江樹幟迨之手。[illegible]樓櫓歸王土。坐[illegible]壁

戎事壯遊[illegible]。本朝。廿日精神文略國。當年桃武靈票姚。試尋玉壘

陰流地。時見沉詠微未消。

平吴喜識侍龍鑣。三十餘年壯志飄儀。芳卿為書周甚計。留標

歲暮莫南荒。孤舟摩壘江風惡。丙辰八月十二日公屢江[illegible]

風急船檣縱烈深近。[illegible]九地[illegible]

石放蒼砲會舟師[illegible]

春但[illegible]

幕府十年親記取。老[illegible]同鄉里話[illegible]。

海盛鄭指南康。布公議青霄變。帝功。武帷[illegible]七代。文書

隱之匪三農。魚親在辭樓如月。楊柳秋高去旆風。[illegible]王相

國。下方[illegible]

憶從識面盛陶甄。手筆新加壽氣之。生遠詩殊惜歷攖事。

由來舊業久翰人。孤蹤館北恩偉在。搖落孱義務中。滿前年滿公

前薛垂詢地方之舉大廳余未就奉 擬留來處數負聲。門生今日是傳人。

廿七日丁亥晴 寫寄悔民園字條，作道之于空便之寄與山八番

致悔民園字條云

新學者書卷法奉，韜藏積以標新，閒居不敢以冊擇之言時獻

箴讒詩書。崇尚前朝學問，亦嘗好巴里哲學條武，寫海狹

流之旨石 誠陸黎糾之時，投足則趨正之條，士氣奮揣，無安志

肅凡斯黎產業 夜良謀，秋氣諸頭風作。善於分語，既全序勝

久遠正文，究思著作之 [illegible] 早抵卿傳下邑，即見政局從譽伸

除 [illegible] 誠社誠忻 [illegible] 教廣 [illegible] 誅邪 [illegible]

此手之條 [illegible] 此形辛家人將子搖蘇剃肉 [illegible]

一口之 [illegible] 而間里界下不及香讀萬蘇來發平情逐請 昔君商

高州新隱園李文璩甘楷兩江 無恆來郁書 且東詩亭世稱同

得去年安丘師轉寄上海函論並以覽並雲山房相過渡其居砥
山三峯之勝會失登陸中州江小來舉秀師桂形高同慈寺以游
親了極久侍歸後並府赴過一日且同舊游久侍文安甘如止住
濱州那須清奇誠以好模人間備嘗太豪一遊嵩溪生意華章趣
任紫筆之下周先生齋中寶雅望壽逢蒹葭伏後鈞命至於
蘇翁米道蒹葭以待齋此事庭祇請程奇仰希恭覽外至拔侍之
三年中存書八幀寫信並章帙存拓先妙若乾
再至故里人頃道翁寄人題起了至秀遊雅咸坐府中今
客詢雅僅文正師臺諸乃怕畫遠祠今其好一一之事業剝離未盡
許大業乃之探鑽以光著撰寫切伏裹贊忠義至以其起世風
者得之賞為證至周轉代至本室之將仰祈政暇清貴錦江寓文祉東
宮雅之當寶之中先洞星石揚其賓載壽賢者可
權加季雨華石
子李遠之名 存

廿八日戊子晴　寅過長女勤勞都

廿九日己丑晴

三十日庚寅晴

九月戊戌朔日辛卯晴

初二日壬辰晴

接邵笏人初十信

初三日癸巳晴 天發樓西陳飾竟 至守盦樓 並至外園墻左門

李壽梅來 信久談 午劉訪李孝鶴 過偉 振從同座 李意請其安人

云寶菌博山 閩鄉人 同伴枉拘其妻某家 別一舍殿為此老人來

劉飲豁 信宮虎意 祝其母夫人壽 李偉亭越學曳孝 鮫拄

西垣訪沖夫人談

接寶臣八月廿八日信

初四日甲午晴 雲虎意來 李宮徵久談 觀奏園亭

接寶臣見初二日信

初五日乙未晴 香庸書迄 天發樓西小方亭前方亭為書楷文

由之經營[illegible]以學古詞通律詩 偉西作偉 拍鬱之人不宜暖

樓屋不具 昌叔李及餘人其辭

接周玉卿初三日信

初六日丙申晴　師子青來久譚　極稱金書錄是李柳溪所為　金眉伯　眉生之子

石銘遣來　師子之子世戴同吳戚壽　盛蓉臣

來觀園亭　偕候惲輩耘祖　邦同見人　來信

初七日丁酉晴　寄方子振信御史　寄壽人信御史　族孫仲穀信　同上兩明

拓西狹頌碧雲叢藏本甚精　值銀餅十枚　又府拓郙閣頌上無精

價銀餅十一枚

初八日戊戌晴　李程惲輩出不直　訪竹老久譚　君訪李君梅久譚　留王

蕭山收小順信本稱字　價銀餅六枚　偕候橋東　同季君來　來訪內

譚

接寶兒初四日書

又花農初四日信

又靜卿初六信

初九日己亥晴　寄靜卿兩信　附其書　金蒸湖芝石

初十日庚子晴　下午惲莘耘來少譚　楚偕人來譚　李夢鶴來約同至
曹沅帥處　明日可出軍　刻下舟開駐南門外十餘里之仙人灘泊
[redacted]
十一日辛丑晴　泊舟原處　作日記　閱歐蘇不及通俗人之詩　自是大家
卿也
十二日壬寅晴　泊舟原處　軍中來文　遲我作之物　或三四日或五日或十日為限　可
日無定準　與李夢鶴黃雅堂舟中譚竟日　留午飯　晚餐　鶴以所著
識因鄉正　相識二廣西西川人　本係口嶺世香名爲真山者　請作序　送與　是書子兩成同樣
又陰月卅　如何智育者只大撥分物
十三日癸卯晴　早飯後過周鄉西舟久譚　少選周及李黃陳諸僚已丈來
李舟午飯　未刻沅帥舟來　與譚甚久　至謂同人少達李繡皆認指不全
久譚　前門西乃出　余與沅帥來園小探群以賠房　談時事指拖脆
三更刻還　信　閱舟初以來經存政洞件　至叢籍前存籍與拜川措
此間有朱竹石　名三槐　伏人　係諸暨如建臻請　尋象日　携夢風氣爲不殊氏間應責事斟酌

甫自城中回 發專作雞證 書之 余惟之改出為過字湘文蓋乘大舟拋
馬頭渡李老梅杉清庭 孫侯御爲少談寸唇舟餉
~~[illegible]~~
~~[illegible]~~
十四日早在床氣微西寒高作氣佳無陽 雨日昇烟一敝甚佳 修 十二條
後至盈而去 陳至稍坐轉寄邦李信 字寫文信仰的 信函問
沅帥至積山閱兵返而明日即行後至馬頭送之 將至得曹家持來函
通州信至舟 程坐敘兄弟立〔?〕把閱兩入之譚至乙夜 接函又詢家事
德庭言時局 言危險情形 自云無才而當局擔任 無事身言慎被謗
自謙責〔?〕見為海軍衙門援室一宜無事之嫌 難辦為
德人才甚庸風氣日敝 負賢可以將令 隱藏由風定為謀序昊
由局不可測 稚撰盤時之樓 勸退一人德之輩未必甚或更加屬私向何
以要之 余論之擇門日久 時事無所見聞 難阻甚材 未免隔膜 德詢地
方保舉 所積未尊務 有遠于余力爲難 雪寸久無辭 鄰季帥剖

出覆信樸子穆藉庭不晤

接寅兄十二日函

又相子達又信

十五日乙巳陰　閱御史李信久談　季信周御函不遇　季訪蔡作人亦不

晤訪李春梅久談　復李亨嘉祝其尊人壽日　過石晤偕從弟

亨嘉來　季信久談

十六日丙午晴

接寅兄十五日函

又寄三中卿十一日信

十七日丁未晴　寄寅兄信　寄洋銀壹百圓為伯彥孫之孫女遣嫁之費

伯彥身故子息不肖家狀甚窘寅兄寄居蘇州妻有女二十餘尚未擇配

余深憫之而許助銀兩前與通屬親屬相約今歲成事至

擇定潤宗燕孫謀姓聘為繼室余屬其於謀之今月廿八日趕節

寅兄先是門樹陳某先寄此款俾能嫁時補湊　寄來

華甫作印書仍函

十八日戊申 晴 屠剃 西年三層樓上書八字 丙戌戊戌戊申庚申 丙辰 坎地主坤

寅申方 離巳宜屠生基上去 旅先命屠夫墾中去 或謀兩年不就（而今年為甲子加命也）截月為卯方又

用申日卯時取孫高作世 見老年畫送兩層樓 收畫臘城外 湘光陵畫送三幅

函定以此年為旅高 因方值泉吉之攸 用申屠仰函 并以多棋字為用寅

戊大局畫送以此初之通 李芳梅畫久往 約仍晚飯 謂之

十九日己酉 晴 訪寧卿久話 時雨過芝里 志清但送之 屋僕稿寅輔不得了（畫原為處字）

訪瀧伯仰 與石匪 遂訪芳梅括飲 荷宴李芳鶴 倪余及顧仙溪相約仍生

二情歡

二十日庚戌 雨

廿一日辛亥 大雨

廿二日壬子 雨

廿三日癸丑 晴

接嘉燈 芳屋生壽作

廿四日甲寅晴 許宗臣守備來復少談 新作秦趾吾先生壬 李佳來 晚

廿五日乙卯晴 李子赴楊少谷家成於飲 席有李夢龍 又[illegible]劉姓者及四書人

李夢龍乃余之二姪婿

廿六日丙辰陰 雨和隆布 佳談佳人 女生閣 夜佳至 不眠

廿七日丁巳雨

廿八日戊午晴 是日申刻西廳重立廳堂楹上樑 乃全園全新完工之日 八字兩

戊戌戊戌戊午庚申 其地立兑宅兑方 年月日時八白到兑 八白旺於四季

兑屬金方 八白為土生金 余又係兑宅生命 故甚吉 自為園須余之那

地之二十二年 力以督身 屢次每去此意 不能 今之竟 一片成功 甚喜之至

手種買並 來園 今客食之以 屢 凡佳室園中樓堂亭樹 [illegible]

為房 二十間 亭廊 內外西共八十餘間 [illegible] 大記矣

廿九日己未 雨 夜大雨

十月己亥朔日庚申雨 早谷經偕季眉梅生壽匀主人承也 晚至子勤梅孫寓出
眉慈迎僕陵屋之生寄君春壽
初二日辛酉大雨下午大風寒 [redacted] 雨初亭自蘇來信久譚
初三日壬戌晴大風 寫信致沈信芳
初四日癸亥晴下午大風
初五日甲子晴寒 腹疾少愈 李蓴鶴招初七飲小衡寓館 病辭之
初六日乙丑晴 下午趙倚人來久譚 閱李壽梅有喜方擬明日往同祝 初皆
讀息侍郎書全人補遺 李君爲序長歎與余談論 獨不甚當體相
頌香晨寫錢二十年見姚稱之生宋園蘇佚不改 肯月廿五今始精氏出所
藏載安那山水卷屬爲跋 廿六大思 親趙作人索言哭廿年 補及一句
虞陽吳孃佛主人來主字畫同生不信戊
初七日丙寅晴 倚晚李亭邨來僕來請久譚 寅忠自陽來知相樹堂
忌
接袁重初二信

又寄節卿九月十九日作　寄懷鮑少筠到家居一部

初八日丁卯晴　早食畢赴李氏西醼遠出城而還偕男女眠甚矣

注瓶只為笑譚且集年稍諸公醉余惡帳痛哭主今古不符目之

入國問俗不可不知從而止也　物遙呢於方氏女家文學

初九日戊辰晴

初十日己巳晴

十一日庚午晴　重午匯只生日　賭幣如清年

十二日辛未晴

接米仲我　水新　心作

十三日壬申陰　寄吳夫頗姜作　仍前韻　吟寄節卿作　同上　重賦作　同上　癖女

林作作

十四日癸酉晴　揭寄　十日作

十五日甲戌陰　寄中寬兄作　仍前韻　米仲叔作　同上

接子婿　和卯作

十六日乙亥晴

十七日丙子晴

接子順弟十五日信

十八日丁丑晴

十九日戊寅晴　午間張叔未之像拓李壽鶴邑侯及吳友任伴桓壽饅壺叔尋敦

二十日己卯晴　同內人偕君赴蘇女禮信來劇拼修殷伯甚精

二十一日庚辰晴　早赴上劇拼蘇仰念門登陸信那吉人寄此寫葦舫

林[illegible]像　寫[illegible]作仰書

二十二日辛巳晴　早至[illegible]與子蘇說衛與吳湖帆[illegible]同徐[illegible]之宴

同遊[illegible]園細觀[illegible]大[illegible]甚[illegible]過[illegible]無[illegible]同[illegible]看[illegible]廣石

學家早接石[illegible]惟[illegible]年[illegible]往年　下午[illegible]圖說觀吳子[illegible]

張[illegible]周[illegible]拓本[illegible]圖　又[illegible]

陳書[illegible]拓本　住[illegible]圖

接寅兒廿一日信

又重[illegible]十九日信

二十三日壬午陰微雨　早至[illegible]畫[illegible]觀中　與吳林如[illegible]起

東巴侍者壽坊回，已甫席奏稿一冊，佳作節六篇。下午後飯店，訊中堂。
又致富安信 印書 付郵
接富兒廿三日安
二十四日癸未晴 早發信 同安井米岩理順 棠梓送物 為桑子終氏圖 久堂為
井清臣 同邀師竹安吉畫理買寶帽 此豈一遂記羨 面句 佳作卽立圖
又富弟第一 直根一國本 下午在郊神廟前某處取久堂信豐玉方物 寫富信 付郵
二十五日甲申晴 安井來同訪至京門大街酒樓買衣料一件 靈臺圖觀伎
麥兒寄賜銀千枚 下午為步迎 午后南陽君赴桂園鄉下林鄕君
接安兒廿一日安
二十六日乙酉晴 早發信 信曾致書不肯上兒八年 此景不譚 以信佐發函 久得午
發函 寫安信 又俞樾信 印書 付郵
接寬兒廿五日安
又俞樾廿五日安
二十七日丙戌晴 早出訪東坡圖 訪觀 午後共日旅 訪東坡樓壽嘉輝 久堂同

又西洋螺甸花料一件又中國緞衣料一件 至午後至玉樓春久坐薄暮而歸

寄安信 寄姪信 附寄鄰信 張幼樵來 新任蘇藩 知余不出 自作晚餐譚

接寬兒廿六日書

二十八日丁亥晴 黃松蔭來以畫壽嘉名跡石庵石搨送閱爲題星鳳樓帖 贈乙

我寄三雪月閣石搨二種贈之 復任筱沅久談渠便飯 復吳唐卿信 附寄梁家

之子 少譚 復陸由府 寬兒書師由翰林選放江蘇同知 香少尚權調 張廣庵 來壺

又張師廣先生子 於兼寄涕青句久談 繼會章之所刻古畫書畫一部

值王家十四階 復魏般仲 不直 有答楊明萱觀廳 二十年未久談

不晚赴張幼樵招飯久談二鼓歸 張幼樵來信不直

接寬兒廿七日書

二十九日戊子晴 安若李同年邀赴南門外廣德樓去觀李園觀劇 上燈乃歸

接寬兒廿八日書 魏般仲來答信不直

三十日己丑晴 魏般仲偕李訪香譚 黃悅卿來訪 并持趙小魯書借已存

未正後出門十處共有人…… 訪上來答信並邀飯觀劇乃歸

之乃去周荇農來 午刻以書寄 申刻服仲衣眠去 晉陽縣楷詢
英內宗又久談 安林勞傍晚來成訪宿日記
撫當見其事

十一月庚子朔日庚寅晴 早食後下行李 母林泰送 午刻下舟 未刻解纜 戌刻至

是晚陰住

初二日辛卯晴 寅刻舟泊已刻抵家

撿重裝十月廿一芸二信

初三日壬辰陰 大風微雨

初四日癸巳晴 早食後訪宗湘文譚至下午乃歸

初五日甲午晴 寄鶴芳子函作寄郵之函為緩稱將核之用 卯若 寄鶴卿 郵子佳作

卯若 作局 重報信 同上

初六日乙未陰 寄子和信 卯若 寄芳卿 朱景印信 卯若 作局 薛太守信 寄彥鬯先

卯若 作報

初七日丙申晴 下午汪仲樞來訪久譚

初八日丁酉 轉陰 下午宗湘文來訪久譚至晚乃去

初九日戊戌陰 微雨 寄子勛剛侍郎信 卯若 抵張尚書 張叔岳信 卯若 作報

發書侍郎勛剛

勁甫世兄先生通侯侍郎閣下 [illegible] 奉 自春徂夏

書牽頓 先太傅薨逝 [illegible] 精粹 [illegible] 入手 [illegible] 計出使國在此三年

問安用書家中之說於歲篇里所入事遲遲 [illegible] 是九載里之勤勞 [illegible]

固不以名聲為心而五懷 [illegible] 亦不覺歲月之如馳也 [illegible] 以奉

海西大邦莫不垂 [illegible] 使首 [illegible] 雷霆動 [illegible] 五 [illegible] 門山 [illegible]

聞未嘗不剛風起 [illegible] 不可則其時 [illegible] 之說有 [illegible]

[illegible] 今 [illegible] 來居上 [illegible] 以求 [illegible] 東閣 [illegible]

[illegible] 使所 [illegible] 中 [illegible] 上 [illegible] 事 [illegible] 程旦夕 [illegible] 上 [illegible] 一拯

無不至何處 [illegible] 衣 [illegible] 公 [illegible] 朝 [illegible] 不 [illegible]

[illegible] 君 [illegible] 人之 [illegible] 西 [illegible] 日 [illegible] 載

華 [illegible] 家 [illegible] 風 [illegible] 不與 [illegible] 心勿人 [illegible] 使

[illegible] 之 [illegible] 不止一 [illegible] 五 [illegible] 二歲 [illegible] 日不待 [illegible]

手 [illegible] 之 [illegible] 男 [illegible] 試 [illegible] 一載 [illegible]

以男究 [illegible] 方 [illegible] 侍 [illegible] 二子 [illegible] 不自量 [illegible] 以 [illegible]

惟 [illegible] 年之 [illegible] 三十 [illegible]

東鄰田叔海霜猶傳思未愛我不以余身為累也詢於余子備云院見其生實於此矣
三之之情乃無轉變 春秋兩季東山之間生入玉關 至是不得見之一面 青藏
悔中書齋 其遺向兩手書山 撫梓向月不盡其秋 微塵還天 是年 公年七十二 一日 哀逝
初聞之 諸公 舉將陳東 至今切其家隆盛 苦言 其言 朝野知者 無不痛惜
鄰東屋之 今而後文 藝郵獻東山之不見 高居是言遊與傍舍 其 無奈 書而記

初十日己亥陰

十一日庚子晴大風 早至何處李侯華卿 許宗臣 華不晤 答訪張侯卿 趙以信 不直 又訪楊侯石 同其家 大晤 訪楊 不晤

十二日辛丑晴 下午張侯卿來久談 因訪曹君 君不直

十三日壬寅晴 是日寒二點 春五十四分 寫手卷御作 寄 翰林 仿作 寄 御書

接瑛弟 陸錫 初九 作 以作

又 初十日作

十四日癸卯晴 為其寄詣御書 贈宇 赤溪 青詞其 賦詠一首

十五日甲辰晴 積雪 傳同其 李 自是 來久譚 傍晚去

接顏兆子寄十一信
十二日乙巳晴 庚月世應 是日為月當頭 夕設酒肴於雪廬丁香會客飲之諸乃散
接閏生初順十二日信
十三日丙午晴 先赴鄧湖人誕設筵 李惕何處雪坡漱江同補談墜將盡歸里
賀有郡任園此來見 庚之諸寺
八日丁未晴 富懌仲秀恭報手訊申生來 信卷懌仲城北信 仲句吉 為宗佳城事
十六日戊申晴 鄧近之自蘇至 江陰來訪 留擱久譚
二十日己酉晴 接鄧壽人 為費如嘉跋 題其姊壽卷已 保累牘 曾費之詩累牘
二十一日庚戌晴 午間同近之赴方處 又同訪宗兩兄久譚 下午陪母同赴近之
於內室
二十二日辛亥晴 宗懌如嘉信 仲句吉 近之今日返 送之靜廬飲酒
二十三日壬子晴 宗周前順信 仲句吉
二十四日癸丑晴 西池三層亭成 西北望山 西南望湖 城內屋瓦鱗鱗 城外
四瞻漁舊皆一覽 來之者 此亭而去 近縢學盛 事帝及帝 豈畫圖

中允稽傑構亭址居二水間小湘而園頂狀如覆盆上又面東臨池最

篁密匝月在三田咪網亭異日當為尚湖巨擘桃極盛

接卿季函 二十七作

二十五日甲寅 晴 安林來自蘇州 晝日余下腸瘡日久七月傷重而腸不痛矣

招內刑服二神丸 便自胃火熾盛 得食肥甘過多 又飲降勞力大參不幸困

仍服此丸并戒滋膩魚肉 多吃少川 病乃少間

二十六日乙卯 晴 寄卿季函 作 廿七寄 吳蔭未

接季將廿三日書

寄季杜生 初一作

二十七日丙辰 晴 冬至 命姪婦劉氏疾卒於余家 為備棺殮 下午殯於園

東南隅之閒房 氏舉生質庸 益性頗介 來余家二十月 不妄取求 殊為姪

出己資以市什物 亦攘不受 勤於內職 辦理條理 因病中未嘗書問 人生若此

可哀也 其幹訣女孫言娛 不可 余及南陽嘉其賢也 既獲兩命姪婦之喪

之不可 余特命以婦女禮殮 服十三日守喪 以日易月之 安林亦如為道 最大

來甚力豔与俞氏有風因邪何其過之明也 是日冬至祀 先祖余以

痛不能久立 便俯仰一拜而已 夜安排書封尾

二十八日丁巳晴

二十九日戊午晴 遣王家母兒送於蘇州之墳塋 而俞姬往哭其妻之哀 極悲塵淚中

宛轉不起 執手者莫不揮涕 余若不任哭注並紀之 亦不能自止也

十二月辛丑朔日己未。黃陰，旋晴。

初二日庚申晴。作函致已尊一函，又寄叉并一信，上洋郵十二件。

初三日辛酉晴。早飯畢，往市季思梅處談訪宇和，又至真如。宇和父

來談，久坐。

初[redacted]晴

接[redacted]雨。初十夜

[redacted]之十一月廿五信

[redacted]堂姪象十一月廿六信

[redacted]晴

初六日甲子晴

初七日乙丑晴。寫鄉函之信，仍晴。

初八日丙寅晴，陰熱，又不似冬。自十月初以今兩月無雨，冬氣不藏，溫燠特

甚，三春佳處，肯溫度可惜也。楊思贊來久談，傍晚方去。

初九日丁卯陰

初十日戊辰 陰 趙作人來訪久談 寄安北家信 [illegible]

讀朱[illegible]仰初文存

十一日己巳 晴陰 微雨

十二日庚午 晨有微雪旋止 [illegible]下晡 寄戴子 得[illegible]浙江鹽務所 來信 [illegible]寄戴子

[illegible] 收同年[illegible]陸雲士 楊思贊 [illegible]君嘉 楊梅 二詩 [illegible]

[illegible]圃 [illegible]成 [illegible]邑人 來[illegible] 寄十九人 寄[illegible] [illegible]竹

[illegible] 世居[illegible] 李升蘭 楊[illegible] 書成 [illegible] 作人

[illegible] 至[illegible] 楊思贊 [illegible]君嘉 [illegible] 李升蘭

[illegible] 十三人 [illegible]

十四日[illegible] 晴

十五日 陰 寄子[illegible]圓 補[illegible]

三株[illegible]

[illegible]

美人[illegible]上 朱子詩[illegible]

夫如[illegible]

夢痕。窈窕如來華。四壁曾畫入簾其尾。但賦閑情。耕鋤焚香譜修千遍。
保定園僑寓。使不過信春。寓清幽。一個寒煙。乃無人記。孤林寂寞夜國待
失歎知。半肩吟詠天涯。（夜大此宗座對亭　語為中之詩）為經新聞列女。（信陽李公守紀傳　寫新屏劉女瓜關西列女）
但以屏細。（擬呈胡孫鶴翔為扇　一扇僑駐二疏僑細）

十六日甲戌　陰雨
十七日乙亥　雨
十八日丙子　晴　陰　鐵雪　傍晚風熾
十九日丁丑　陰
二十日戊寅　晨微雪　旋大雪　向晚積　復降　閱星　書眺二更
廿一日己卯　陰
廿二日庚辰　晨微陰　夜復雪
廿三日辛巳　陰　上午御人西來
廿四日壬午　陰
廿五日癸未　午甚寒　雪十日來　二十七八分　午前停雪　相如起

接雲以讀廿二日信，碑新拓石鼓一本，頗精。

廿六日甲申，晴。晏起。[illegible] 送年祀

神之祀。

廿七日乙酉，晴。蔡竹人來。宗湘文來，名源瀚，久談乃去。

廿八日丙戌，晴。與南湖表兄陳倜亭祀竈，雪。

廿九日丁亥，晴。

三十日戊子，雨。除夕，祀先祠堂如往年。

日記五十三

光緒十三年歲在丁亥余年五十有六

正月壬寅朔己丑雨 晨起率家人行禮如前事

初二日庚寅晴午後陰 陳日翔祝如前事 趙次侯、楊恩壽來候賀歲並

祝壽 晨赴楊園於西湖寓送人幽蘭數十枝 徐園丁秀甫門僕來送

初三日辛卯陰 早食後出賀歲 程宋卿丈、方子、姚迪、趙次侯、錢皆投刺

初四日壬辰陰

初五日癸巳雨 王雨樂、邵人與宗眾四君飲

初六日甲午晴 早食後出賀歲 程、李丹蘭、趙作人、陸香生

接張叔書十二年十二月廿八日作

初七日乙未晴

初八日丙申晴 宋卿丈來賀歲少譚

初九日接方子函十二年十二月十七日作

初十日丁酉陰 園丁吳茂報謝祥神以去年六月將無以也

初十日戊戌晴

十一日己亥晴

十二日庚子陰

十三日辛丑陰　張伊卿來訪不遇

十四日壬寅晴

十五日癸卯　上午晴　下午陰

十六日甲辰陰

十七日乙巳晴　李儒中來僅留名遇　貽臣豐運判　君植之子

十八日丙午陰　謝存人無錫唐情舫來談商丘宋氏藏長垣本華山碑也

十九日丁未晴

二十日戊申晴

廿一日己酉晴

廿二日庚戌晴陰

廿三日辛亥晴

廿三日壬子晴

廿四日癸丑晴

廿六日甲寅晴　西海楊生館伴兩拐　常熟蕭虞卿孝廉人 與余寓世戚

廿七日乙卯晴　答候李佑申蓮舫荊芝兄弟　和雅老哥仁兄 真齋先生尊兄　又候趙竹人揚

石濤　晝訪張侍御不遇　那齋人自蘇州來　蜀楊芸道吉下陽琹軒

廿八日丙辰陰　宋張紫卿　方知已晉 附件傳寄行　自去臘杪有回壓下成務今無果能摩勝　北字

廿九日丁巳晴　宗湘文書少譚而去　因論 孫手 鄭月卿來　李黼翔來先候不晤

三十日戊午晴　[illegible]　下午小酌　邵壽人　房子明　周芳明

六月癸卯朔日己未 雨 寫信小匠任 印書任耶 獨坐人去

初二日庚申 雨 候蒹葭來 未去倦不適

初三日辛酉 陰 蒹葭來 未去倦不適 同看舞仙太子碑帖 又讀草亭師稿畢（吾檀借雲樓舊刻）

本

初四日壬戌 陰 迎寶鼎 前途雨阻 同園不能出 苗中作字也

初五日癸亥 陰

初六日甲子 陰（檀石齋來 初四日作）

初七日乙丑 晴 下午陰 寫豐收亭作 印書作耶 又出塞卿信 作啟 藤安和信 作耶

初八日丙寅 晴 下午蕭來

初九日丁卯 陰

檀雲帆 宗毅 四月 日作

初十日戊辰 雨 午刻赴[illegible]作人[illegible]同賞 宗卿交[illegible]寄[illegible] 方[illegible]卿[illegible]君去

等 下午[illegible]同卿交[illegible]

十一日己巳 雨

十二日庚午雨

十三日辛未早晴 旋陰雨 下午閩學臣自海口來 俱久譚

十四日壬申陰雨

接方子可五月廿一日信

十五日癸酉晴

十六日甲戌晴 姚和甫來訪小坐 午刻顧卿安來久譚 並晤王順甫 館其家也

十七日乙亥晴 下午雨

十八日丙子晴

接胡子健十一日信

十九日丁丑晴 挈兩弟往探梅鄧尉 午刻出門 夜泊白蕩

二十日戊寅晴 晨行 午后泊胥門內 訪蔣安林新甫先生未歸 與安林久譚 下午

移舟西門 客寓即在舟宿

廿一日己卯晴 泛舟至之鄧尉 梅未濃 登山觀望 寺兩旁俱雲巖南林

并望蔣園 屋存其祖業 環石池一泓 水石未謂高 豈美木萬株無際

山径盘旋四曲折半程见奥区烟波浩荡尘襟一洗以上两石壁如
屏若开两壁磨寺右衡物候历之敦建佛宇步出恩力出寺西过
乾隆御字院碑未尽紫墀可攀可惜不不而高石峰翔倚苍藓人嵩翠游此归
回望虎岩舞骞来阴时极与夜登卧共上今犹矣殿黄膺欲不能升而两极则
之先盘尽峰顶亭亭独徐邀盖亦当住此峰为高望岩前高雨南望玄山亦
诸无手利与仰佛山形不松岭而秀润殿寿节直窈桂之动世也下山
循林林蓊翳读十余里至无陂塘之侵府花日开[redacted]此处旧游信宿合老
言出处甚可喜中
亭阴为署出无阴寒至天平画阴亭半面日推视大俞游一深失路下乃
同吴兴白云精舍惜下丑初至住宿馆寒观枫叶也阁一游已十载矣洛下
至亭暮园出新门东泛池中长桥升画舫过申刻至舟宗篆作向若之保子也
廿二日辰后薄阴午后小雨夜雨至、契修舟来谈三刻下光福镇信舟即合云
游遵野路有之见梅花廿里本露皆开遥见穹窿窈岳柏之凡七株其左最为枝
之皮纵横作苍翦古园两人可半高仅四五丈其比作世之偃游盖之如又为为
年甚葛罕内居其孙为怪其右上抱之高上数丈上心葛播其孙曰清东右中南树

未傳作面值外西向以及桂之北嶽亦寺以上係為龍隱御部可安衛作寫
南三棟翹只手如行其亦古詩屋後不減前事出於社南君石壁被東洞
庵山詩稱者此洞佛也古前題無疑源乃僧言秋之主僧應德心親筆僧持
嘗觀宋宮劇珍貴籍可傳之畫球目至不堪為當時舊存石刻原山以●詩（今重直子銅井山題）
村居間梅林周二三十里看花如雪淡然一白觀梅之地兩處香雪海有寺
樹欲陰之久全以萬浦深為最盛並平視不如俯視清佳今寺小此極矣其
豐石寺目兩惠可興（中）山茅蓋由雲出遠其猶藏入其國興寺程之遠六國之寶
語甚稍如人久無事在殺兒其書出示鄉書極珍重而為度佛尺之青半
兩寶向後只餘首端三十六枚為時●寸厚半（銅座湘潭）朱漆入青甚堅精文雕嵌其首
此器再傳為所守護之寫成字氏蘇伸華壇佩寺年來久便（守）取還持鋪
寶來求主寺事來累語甚悦可道滿為君（相懷）以為偽諸取之其該人精妹
藝那不可恐優猫而遂之再葉猫本為臺以堂說堂入之請益以後因為
甚自御春護周韓氏其年子陳氏植其數條之周公讀周之書之精其字
古觀以其說如一八為之種皆云不其也夜呈●一疑寶真定求再錄當二年之之

及裕光印印川踞天闕寔進士業未中（[redacted]）龍華寺以齋饌供衆爲酬吾便
梅三四五朶有梵天閣（樓）爲明朝時日書（竟林）廣下海門山石之雙刹王烟窓
地出寺經略至刹挽舟（寔嘉靖相傳爲劉宋時刺史郡守之墓見蘇州府志記而不言何）
廿三日辛巳雨下午抵平望停舟不行（朝此出自大唐傳令）晚頃登岸至虎山橋眺望一段之風属
衣袂爲華嚴山精舍之禪寺之青銅觀音象爲宋遺製以有
東祈雨有殺龍寺得以遍一刹外門之銅觀音奇險高一丈餘
寺之門題之禪寺一刹而之名之便便行有之閣之三重前天王殿中之
安佛像銅觀音高二丈許堂中之中有承三設以爲錢奉門外之石幢
（慶大中五年五月立）唐大曆年國佛像并中之歐城排什門前小殿像出曲樹有字已漫而不（唐大中六年十二月立）
謹就其上題曰雨果石刹之課會殘左扇有宋元之紀西掾刹石存
居院題上殘闕不見寺門有道如家前山門畢植海棠桃子一株並
梅六株
廿四日壬午晴早朝發之禪之寺過平望二橋堤中一望實際山上見祝之之雲
南向右岸之香信祝丁里半結帆未幾至王家少半寺二三丁烟戶

書丁丑之聯已託之今兒覓筆[illegible]山明清吉[illegible]款[illegible]孫親王為
撕竹施鐘師爰其附蔭明等箴何漏已之世李子有樓之見唐四湖
牒一角下山舟門行午到未復少住與同在仰[illegible]門內
廿三日辛巳晴 君[illegible]赴[illegible]內大生日 午刻覆陸[illegible]家 先下闈錫 字安之世
以保李遂 [illegible]久保得至為[illegible]叱其先人遺遠許之 邵堡[illegible]為宗不
直[illegible]及[illegible]錫女家[illegible]任聘仲久[illegible]任任[illegible]而至過 下[illegible]觀蘆
接之安 下午[illegible] 以[illegible]寄信 [illegible]
接兩兒廿二日書
不寄[illegible]君等信 [illegible]
廿四日[illegible]晴 午前[illegible]
廿五日乙[illegible]陰風寒 余擬明日下李氏小住遂來再過兩翁先以[illegible]到舟
金[illegible]會圖赴觀[illegible]聘仲來久談 [illegible]順[illegible]楊大生日 [illegible]
接兩兒廿[illegible]書
廿六日丙戌晴 世寄已到[illegible]十[illegible]下[illegible]門遂往困[illegible]明再[illegible]來同[illegible]李內之

今為題搨藏者甲評書畫新拜　有生藏古石搨字畫甚富而以
為雅人所不出矣石遂石[illegible]盡為壹[illegible]國[illegible]碑帖搜求及要者
本之初時搜[illegible]亂與章本且為之需觀六朝唐宋之碑誌碑
勝精金佳氣置一案余擬說述暮帳畢　夜燈帳書遠眉
古籍古雜書嶽保墨石雅及前有安人視好古異宜余為憐其也悔
甚恨
廿九日丁亥晴　巳刻至人及龍啟倫入宴盡一日之力看濤碑一百餘冊內游南
任長搨本宛邪布帖何之與書有真耳其餘雜舊搨帖精拓之品遠
欣賞之數[illegible]國初乾隆時黑拓唐本石本皆黑之者直時新拓其本宜
上中下三等　其各單存書
撮為諸君此公花
本兩完日日來
三十日戊子晴　曾宗臣〔西席　任此〕　巳刻搜看魏晉六朝北魏周齊唐碑三百餘
冊內惟唐碑保閱佛氣餘石精此碑餘舊拓皆了園山碑三字為此拓本為正

可係宋卅處本明人改處(名)處甚多蓋又明人向來改書因俗隨便之寄(往)甚多又
主者尉事數本從口未保[redacted]又兩村藏本寄來字甚爬瀾(擇)無勝
寫本而皆錯不全祝寫本少二十餘字又有李君柯二精本書說村田路並
無奉此內府唐本補書缺字共得無甚出處之二處與昨今等

三月甲辰朔日正丑晴 是日巳刻穆君宗文攜數十冊宋拓碑內有司馬溫公神道

碑二本 楊作八分極剝 考此碑立於元祐之末 僅及紹聖初即毀 故本極世罕

一本西樓祖帖三本 先生秦漢拓八冊 宋本西文某兩大冊 張猛碑一大冊 序皆二

寸白文楊印 國朝乾嘉間名跡大字十內 某某一橫木通 是其末年屬

陽信付憲 知其稿本 自書他像母 若本世露本則此之皆是 不甚重

也 又唐拓醴泉銘本記 唐本是顏真卿與黨字記 同時傳與李氏今本

宋本記獨此也 又元人些唐記 係剝裁數碑而為此本 雲翁拓進呈高頡稱

宋拓 唐本識之誤 (已裝之宜分畫卷) 為宋拓 元碑並無 觀之直是之人破裂碑拓本剝然

非其本 稿石而拓者 碑異 又攜看筆小帖數十冊 內黃庭經一種

見宋本真字數之處也而無二 係國王會內亭字口 獨帖又元人更仲字收

(又此為石氏本當寶歷人廣藏物偶得之祖刻) 人王元是路 佐真都某某 乃宋拓無疑 無怪應重視之 集本大計收之

也 又顏本黃庭 傳 顏使蘭亭二本 則迄不速余本傳之者皆之得

蘭亭之路 之余本傳者之本 自路之 張路集黃庭 路而蘭亭壽一

川有 (蘭亭敦 康熙初年七) 唐本 帖 求一川前 (之仲乃) 黃精 墨 趙 孟頫 二印 隱者 山陰 五兩 付馬 丘

三十八首尾皆完一八之數劃云之種殊不稿全藏本首尾鈐印其跋並
閒情偶寄卷是李笠見陰人劇嘆之本為手觀今得蒙贈之本
也書尚附■又說參云詭聲雲字翠子山陰人按翠乃為今之寄陽稿■之
山陰陳其名寄將考據為見情性說五此又多穩蘭亭最精書最舟下
細為見未見錯者又有玉佳本十之八荼其甚摹本刻來見陳人等君
草本時華精者錄合作有稿五種閒讀他内之訖大醉之身一種又
居年正春於内之情事十之一種莫收藏印三章無處表百姓之年之初稿
人之稿可案据陳璽謝聲韻錄新之部一又一紫之本有秦詩前律學附等
路云卷王千稿舉子自稿之書一本不待論云奉本已失於今後無聲此本
之書上海■城保全後集云之其一紫八本有識年梅路之云蓋夫一閱稿
家竟氣云氣之無此定之者稿陵華指者三筆能十餘種見凡四
■百冊有喜黃存之本未見傳傳聖戲曲之稿亦不全存為計三四冊
君程種八股百本經寫閒吳百餘種有之稿目于上中下三等手批口序
半摹如此叔印上堂稿此山路未語神題於此一門■李文藏面不佃矣右堂

沙雲露亭
安此外云
吾又云
稿又種曰
擇日陸日敏
四國四陸四
卦備各牲
書表成懿
此前引於陸
懸又標表
鈐印　一又手　新刊

錢熟十叁
所此稱之
定本黃跋
題時無不感
至再矣

幸得金所見整齋所著(?)碑中之精勁者精度碑中之 畢碑之擬龍稅 成同如下藏
醉本帖之松雪跋本舊藏 一葉帖中之證法重如帳 讀似祖石 圖是
風樓 等閒偶書之見 之見其二味中以書之精華 且大半無余
未能有碑筆接和 身書畫為主人作基風秋 亦不出此方子及生此矣
余無日精力不足 樓石眠 樂志 遂任之年 繇亭 南徑同下舟
初二日庚寅晴 移舟太平川 上岸 序訪貴河 亭子之語 訪但得沈少輝 於子夜
大霧 張子下 否飯 祝中丁 下午 開船 河子高仁 附書 原紙
初三日辛卯晴 早 否移舟 出港 日出 霧散 一本挑 存 作 落 葉 不歸 信 得 館 八傳
午過 閘門 上岸 觀 廟 李明 世 甫 赤 及 舉 以 下 舟 疫 後 院 臺
初四日壬辰晴 順風 早 發 午刻 抵 富
初五日癸巳陰雨 寄李 嘉 石 信 附 寄 書 原 紙 內 答 明 信 日 上
初六日甲午陰
初七日乙未晴
接李蓮辰 初四日信

初八日丙申 雲雨 寄吉甫信 仍托寶書 瑩甫亭自蘇州來 見候久譚
檢閱前所印石刻
初九日丁酉晴
初十日戊戌晴 下午寄卿文來訪久譚
十一日己亥晴
十二日庚子晴
十三日辛丑晴 寄卿來兩幟仙作寄價不期欲次君擇拓本價降卸圓 十四叢 寺和尚
擬集壽聯十二紙
十四日壬寅晴 訪西君叔遇不直 訪寄卿文久譚 同出步時尚街 東擇而回過
西君叔久譚
擬集壽屏十二紙
十五日癸卯晴
十六日甲辰晴 午刻赴西君叔招飲 同坐寄卿文鼓作人吹候楷恩
葉姚家過 下午赴畢沈文彩候異鉛子過園子靜園久坐
十七日乙巳 蘇家生 下午大雷電風雨即止 訪李子邁 居停作甑印書

十八日丙午陰 蘇州人葛嘯孫濬來為余寫照殊不似而去

十九日丁未晴 庭前所得寶珠山茶植於青林堂之東營度百年仍當有詩人來論之也

二十日戊申晴 曹子琳張伯卿來久譚

接季遠函 復

廿一日己酉晴 晨至汪仲梧寫兩與父書

廿二日庚戌晴 為宗湘文設一局 邀吳冠英來藍信入楊思贊飲以壽君壽遂偕攀秋去觀之也 下午寄陸廉夫

廿三日辛亥晴 陳照範自蘇州來 午赴楊思贊招飲同席宗湘文吉甫三延八廉侯為通判藍胞信曾君表 申叔曾君表借陸廉生金盤玩

辛壽

廿四日壬子晴 寄季遠函 仍附西書

廿五日癸丑晴

廿六日甲寅晴 午赴藍胞信招飲同席宗湘文胡雅臣 汪兆八曾君表

老蓮陸疊生揖畢贊美人昆李下午熱悶

廿七日乙卯晴。日半竹張靜老對做佳和二詩

廿八日丙辰晨陰注雨 題張雨生北墅主人家圖詩三首

北墅主人家圖者思借辛巳閏七夕題此僅宴楷請安張雨生撰人於所作北墅

有偈和詩來匯月潛其下世雨生為此圖以紀之也越六載丁亥暮春雨生

徵詩於余並云余未之與獨憶丁丑秋日與吏史同出北郭三四里半道

負與與玉碰山寺登之救虎因根李狂詳文云於鄰最樂以事安雜詩見投

（未以為字發傷逝以長語詠春數日未已會信以遠視之是為辭也以為靡根楣不能

自己輒為三詩寫索不用次卷中閏七夕三字謂君徑主人也

百年羞同暮追者罕儔。豹此日郊遊獅擲論騰達。猿陽白眠。佛誤為

美戾。春苗之。夏宋互對。襟泉。開蘭石自安處。厓霖草翠。春壽

篩天振。生無巾爭人。按作年之便。譯居閑重扁。畔歸護五情。千年安評。湯固依

承子觀。豈以賡敘游。母與君士游。

風煙隱北郭。游西靈遠忘虞。同米仰鳴琴。樓木要簡翠。云有情飲咽哭。真兼壽

齊[illegible]

雨[illegible]勝遠山半出向信步得[illegible]七[illegible]為開門抵掌[illegible]英[illegible]正[illegible]雲極[illegible]

[illegible]劇[illegible]望山[illegible]庫[illegible]是[illegible]年[illegible]風[illegible]東[illegible]

渺泉[illegible]記[illegible]朱[illegible]誰[illegible]香[illegible]粟[illegible]年[illegible]

上信[illegible]成[illegible]

信[illegible]人[illegible]

道[illegible]

玉[illegible]

[illegible]

宅

春日 丁巳[illegible]

四月乙巳朔日戊午晴　詣吃使胡張匡寄　寧波人盛某●姜某饒紉人潮置一桌

宮中前去車上（与人向語）不見某身　未參園皆投蘇州人郭某導之　是日耶

初二日己未晴　匆々自投來視麻衣

初三日庚申晴　与俄妻入園　紉幻入南階春健佳宮中一桌（二下及四國）寶無帳肯或

云桌下有大鏡臺月鏡中耳

初四日辛酉晴（夜雨）　紉幻人共望船計壽三十六十人

初五日壬戌雨甚　觀于院上园鸟館孔雀二白鶴二石雉一　后園林頭色孔雀

雄共色青翠目白鶴嶢（嘴）黃身紫褐色石雉高止四五寸皆外國物也　價各十

五鴿（元）　鶴八餅　雉三餅

初六日癸亥陰雨　提（拒）雞（鷄）壽（書）伊三郎　可傚

初七日甲子晴　寄李盛遠衣一包（仍寄印書）

初八日乙丑晴下午小雨　閩方丹而有寄近呈知題極貴遠檢已題稿丹印上海

初九日丙寅陰

初十日丁卯晴

十一日戊辰晴　吟梅來赴上海田共之招

十二日己巳晴

十三日庚午陰雨　應楊孝女懿徵詩稿

十四日辛未晴

十五日壬申晴

十六日癸酉晴

十七日甲戌陰雨

十八日乙亥晴　早吟梅赴西亭壽梅夫人之喪　荅孫倫

不直　保吳頌伯久諒　至吟女勇久諒　許宇仰文久諒　挽四人　敬作書

十九日丙子晴

二十日丁丑晴　下午穆子穀邀觀自來水廠

廿一日戊寅晴　午刻穎梅招遊西郊民舍　不獲畢觀　笑盡君子在

移主迎新若盛　目睹浮界已西人寰　舉夫婦離兩弱　而盡空國矣　有

函復令月五日余老君之招呼之事　而前此保年中知功之責恐盡門

春祁爾天本李何

挽穎姊聯

静香雅無方。兩眼孤舊蔑。要府書成千古恨。

慈學湘宮公。傷心重處。鎮局讀壁下雨思。

穆之堂身雪蒼西亭 意學象臣湘宮嫁孫

廿二日己卯晴

廿三日庚辰陰雨 夜甚餓倒舊渡宮止

廿四日辛巳陰雨

廿五日壬午陰

廿六日癸未陰雨

廿七日甲申晴

廿八日乙酉晴 寫修某之詩 下午穎姊歸 柳氏挈子歸與女同寶 癸亥年八月生宮

國母宮室 將日寫國壽昇昊表 以日本病如性猴 宮見之論信寫中 亦稱之郭年

不君因 今住印之病之大物 柳子使送其女玉夢之一詩

廿九日丙戌晴 柳氏歸 赴表祁分部辦公 柳子住壽久誌

接季弟函廿二信
三十日丁亥晴 郁子謙過來書室久談

閏四月初一日戊子晴 謁翁叔平丈 遂以宗湘文所催譚至晡乃散

初二日己丑晴 易子建長談

初三日庚寅晴 拜子建赴杭州送之 午刻與洪雅存兩內女觀賽會南門街

市屋下午歸

初四日辛卯雨

初五日壬辰雨 作與宗蒼歸手札守貞詩 未畢不錄

初六日癸巳陰 夜雨

擬子亦晴 四月若作

初七日甲午陰 寫子所作 即呈 寄方 香樹堂作寄守貞詩 石碑擇一本 師若 娜子再 方子再

作寄宗誌一本 師若 作函

初八日乙未陰 摘李遠石 初八日作 寫李遠石 作函書 作函

初九日丙申晴 薛安林自蘇州來

初十日丁酉晴 下午宗湘文來訪久談

十一日戊戌晴 晡后畢與安林出觀賽會 入夜燈火頗盛二鼓歸

十二日己亥大風雨

十三日庚子風雨

十四日辛丑陰 在吉林寓

十五日壬寅晴

十六日癸卯陰

十七日甲辰晴 下午小雨即止

十八日乙巳晴 楊是贊來談

十九日丙午雨 後陰 太倉人華某舟載及鶴來售未成

二十日丁未陰

廿一日戊申陰雨 天放樓前庭畜來西二年之高腳白鶴是日死

廿二日己酉陰

廿三日庚戌晴 邑人陶某偕余同為陳君石公會三日今日將來共膳處

擬李函稿 存

廿四日辛亥晴

廿五日壬子晴　謁周樹霖吉翁於寓齋　回里門未值　胡子靖自校新開學

來

廿六日癸丑陰　与子靖久談

廿七日甲寅晴　赴錫張氏生辰　並過鼓作人　赴宗御史於館用座　胡子靖談

伏仰姚如璧　邑人　問有探術之學　宇月栖　下午偕鄭余及爾談至人乃歸

楊翹卿作山西之行

廿八日乙卯雨　寒甚　与子靖久談　宇月栖來偕久談

廿九日丙辰雨　与子靖久談

五月丙午朔日丁巳雨 下午宦卿来久谈

初二日戊午雨竟日 午后合祀先祖也敬事 傍晚招柳健老饮饯

初三日己未大雨 为柳子健题我云山馆操琴图七古一首 首稿 子健讲妥 晚雨

面稽 定史月课多种试帖

初四日庚申雨 下午得少初 莫柳亭人数年前识之旧为柳暗堂新到佃的 来候久谈 与健共谈

初五日辛酉雨 端午节 率子孙献角黍 先祠 至姑氏处贺节至

候柳子健

初六日壬戌阴 早[redacted]暖 子健少谈 在寓送之舟中

初七日癸亥晴 看病候宦卿 物为直 又得少初久谈 访赵伯人 在宦卿久之

春照老僧 访张映卿久谈 访宦卿久谈久之

初八日甲子 雷阵雨

初九日乙丑阴 下午至方处 以子顺之婚 感疾颇甚也

初十日丙寅大雨

十一日丁卯大雨 下午往云南天后宫 换凉帽 今岁一春少雨 ……

自芒種後以至五守本月初梅雨雅尤甚蓮花堤拓岸園西南書廊

房通陵春書橋坐次僅三四寸而已　下午經润生昆季來譚

十二日戊辰晴　与寄泉池上觀水

十三日己巳陰

十四日庚午陰　下午鄧森人自蘇來任方要過譚久譚

擬陸錫範閒月望之作

十五日辛未晴　宗仰來東久譚

十六日壬申大雨

十七日癸酉晴午後下雨

十八日甲戌晴　西方友來訪鄧森人久譚　下午鄧森人來久譚而

辭返蘇

十九日乙亥晴

廿日丙子晴

廿一日丁丑晴　晨有雨即止

廿一日戊寅晴溽暑甚 亭午赴姚子梁招飲於寶氏園同座寅御史吳僑

卿 夫人 龍侯 寅月初 雲表來劉媽

接詩屏蘆 侄

廿二日己卯晴 酷暑 寒暑表升至九十八度

廿三日庚辰晴 暑如昨

接李媽女 日本信

廿五日辛巳晴 暑尤甚

廿六日壬午晴 寒暑表至九十七分 寫報條四紙 印若

接周念八廿三日信

廿七日癸未晴 為楊評青詩集序一首稿存

廿八日甲申晴 偕宗姪女同出白住處也不遇

廿九日乙酉晴 閱雲表書畫屏甚苦奧 至自二月赴津今月廿日以瘧

二不及二旬而至平人命呼吸存亡可悲

三十日丙戌晴 至尊氏送春遊往華陽 趙侯濂子臨已到

六月丁未朔日丁亥晴 夜雨 自前月廿後晴 至前月廿二略陰 至廿六日
七兩夜頗爽無風 上暑下蒸 後日猶在如坐甑中 城中略可避一日至
數十人 拿喜不覺異 老者陽衡必保口 但為一證 今年則[illegible]此等之
昨稿畫已[illegible]同[illegible]漫 不可能保泽 更甲辰一起 為不可耐 此時保存知
廿八日陰 未刻風 兼有積霧 武紫卿女來 偃安之諄
初二日戊子晴 下午微雨即止
接胡子健函 夜
初三日己丑晴 寄胡子健信 仲中 伯白者 謝厚菴信 寄石埭譯一老 郵寄謝之生子
薛季懷信 仰蘧 唐怯盦 信 均日上
初四日庚寅晴 倚晚驟雨即止 一倚晚親詣女 得其痛 夜案扶如人 未得刺
不眠
初五日辛卯晴 下午李木園 表梅叔人 來 偃少諄
初六日壬辰大風 下午大雨 [illegible] 偃 其子備言 擬刺印川 盧偃李士園並
偃芳足 後申猶不眠 偃齋脈未令 其黃牧 李不眠 赴之彝也 西 寄宗卿女並

昨題伯人之詩作人去宋又前六人乃妙

初七日癸巳雨

初八日甲午晴　常熟令李夢和來余園看宴家之屬吳子備華若雲楊君贊及余弟若農亦來不可勝也下午虞山吹暮乃歸

初九日乙未晴　南陽春陳白　午前出下午來方回之譯

初十日丙申　陰下午雨

十一日丁酉晴　午雨旋止

十二日戊戌晴　星白夜來話字初二詩　晨又出日暮始歸也

十三日己亥晴　吃齋清晨已參夜緣訪　寫刊表上御前寶社

十四日庚子晴　孫妳诵畫來以孫不眠

接劉申孫信　　　往

十五日辛丑晴

十六日壬寅晴

十七日癸卯晴

十八日甲辰晴 連日疲極不能看書 惟閱高似孫二使陳溥 遂疲倦以自
劉方仍溫膽湯藥服之
十九日乙巳晴 吳兩君居日 勉騰一柬 使子孫攜去
二十日丙午晴 調養靜坐
廿一日丁未晴 顯臣來 與和尚之備浩借地請客 並見邀 余以疲倦
辭之 未赴 宴開 衛書乃去
廿二日戊申晴 連日服藥頗覺精氣力仍憊 吳府君祥日 焚香叩一
拜
廿三日己酉晴
廿四日庚戌 丑寅間大風雨 雷電交作 仍雨 午後始晴
廿五日辛亥晴 昔信家御史孫來 祝嵩壽之請 許好竹來久譚協 病後初次出
門 覺身體之至 量日又微寒矣 群中為之 不適 仍服前藥
廿六日壬子晴
廿七日癸丑晴

六日甲寅晴
廿七日乙卯晴
接香姊函 初十日發

七月戊申朔日丙辰晴 是晚宴客亦止於一杯

初二日丁巳晴

初三日戊午晴

初四日己未晴

初五日庚申晴 申刻起印侯詩跋 侯七五十方幾壽 自叙內侯 以遠為

五篇名之慶九是日家世多余母守仰延

初六日辛酉晴

初七日壬戌晴 連日盛熱不減三伏 寒暑表至九十五六分 不雨將二旬 西成甚憚

擇犬兒輩精楷之壽序 盡近相接 五六宴處居靜室 揮扇不停 奈之

閱史之以是王之政言之 如王安石直偉氏耳 暮去竭力以事獻 欲身殉勞苦為

心無愧强得失之間於圖近非易析也

初八日癸亥晴

初九日甲子晴 下午大風雨 雨僅三寸 餘當人如擇亦尖可慮也 可謂有益於人之甚

初十日乙丑 晨雨 辰午霽 天氣涼爽 寫佚侍及信 致侍郎 薛子林信 同上

十一日丙寅晴

十二日丁卯晴

十三日戊辰晴

接胡子靖六月十三日信

十四日己巳晴

十五日庚午 下午陰 訪宗湘文不晤 又訪惺吾暢談移時 下午湘文來久談

接方子可函並五信

十六日辛未晴

十七日壬申晴

十八日癸酉晴

十九日甲戌晴

二十日乙亥晴

廿一日丙子晴 午間偕趙伯人共去大人五十壽也 汎下宗湘文家詩稿

附函

廿一日丁丑晴 發竹亭秦孝侯詩稿附去

廿二日戊寅晴

廿三日己卯晴

廿四日庚辰下午大雨

廿五日辛巳晴 寄見下兵部蘇

接閩藩再賜 復

廿六日壬午晴

廿七日癸未晴

接任筱沅 以復

廿八日甲申晴

接子承婿二十七函

八月乙酉朔日乙酉朔 寫作前見作謝帖 浚叔來信寄呈劉孫不詳其意

本月上

初二日丙戌陰微雨 連日來胃府微疾

初三日丁亥前雲晴後細雨

初四日戊子雲雨

初五日己丑雲下午開霽

初六日庚寅陰

初七日辛卯陰 社分節 午後祭祀 先祖

初八日壬辰陰微雨

初九日癸巳陰 回郭大姑因寧（嫂也）寄宮書女病吾問秋館札擬無事於此以其是日好以為[illegible]指證之言

若其勢也

勝於以來[illegible]像不得名其所[illegible]

初十日甲午陰

十一日乙未陰微雨 寫寄兵信 [illegible]

十二日丙申陰（據寄兒[illegible]） 陰大[illegible]因[illegible]一[illegible]（[illegible]七八分） [illegible]

十三日丁酉陰有日色 早[illegible]詩 宗[illegible]久讀[illegible]

十四日戊戌晴 夜月甚佳

十五日己亥晴 夜月不朗 与客人登桓池上二樓乃行

十六日庚子晴 夜月甚佳 与洪姪坐陳園亭待月 出院徹丙夜

十七日辛丑晴 夜月甚佳 西湖宗卿女下午来 賞積翠月小酌陳園乎
二枝書家去 余不借洪姪出游 丑寅間歸寢

十八日壬寅晴 趙仲人同羅少耕（袁秋史、楊達上、丁友川、洪刀知）諸人来訪游觀靜園

十九日癸卯晴

二十日甲辰晴 晨訪孫竹堂少譚 汝青羅少耕 趙仲人偕不暇次日
洪等雨不及入譚

廿一日乙巳晴 傍晚羅少耕来譚

廿二日丙午晴

廿三日丁未晴

廿四日戊申晴

廿五日己酉晴

百字令　題李易安醉餘書畫圖。宋歐陽小雲居本元人王繹畫李國初郡亭
人書再蓁藏宗御香山家

翠眉側鬢。是歸來堂裡，聲華未歇。一曲黃花人比瘦，不數當時詞格。

易安以黃花風人比黃花瘦之句，德甫和之，數十闋不能勝。
德甫初時傳誦書五言古詩，易安上之。既以其英州拔解云詞，女之去也。

展畫燒燈，傳書賭茗，款事千年後。擁書成國，同歸傳心風志香度。已恨春愁醉醺，詳圖名畫，中年作史。聊述

留眠無事，求仙骨。三尺劍，器傳西巡，後之心事，作變者雅，不亦淚痕在。

續夫外黑，清瑤。北宋之季，樂府歸，天涯流落，以易經識。泉黃柳絮，方城遠淳寒月。濟南城西柳，安縣為李的。

展經存方地廣，園李乙
序命婦寧詩之傳錄牛日

廿六日廣戚詩，題畫作幣。仲園歸攜之書，留以白太兩姑。國畢為筆人

速士登秦，歸試道，揚大對。自有聊目千餘年，未創格，又時無以尊人。稍勞

中使園棋，須央守，橫遮香也。市帥見各勸下，火刑初獄，親識承相，無策解免。

[redacted]有搞宏報

韵事，必生聲子，鑄此天無存故考。　待之之事見在本編，時謀事，香稍乃，如金蓋以

之傳並持作詩，請果題定，唐羅丁文房，將召廣送，不數其陳西王諫

異矣。余為題解之，白不攜大對，翰苑千餘年，無比，曉出里域，謝林學堂

林問二十載業師高風以謂近判未之詳也　讀王宗湘文為賀夫夫人譜自少詩

而迺俗手筆亦可讀

廿七日辛亥晴

廿八日壬子晴

廿九日癸丑晴

三十日甲寅陰

九月庚辰朔日乙卯陰雷日色旋微雨　晚載大問[illegible]招九成宮醴泉銘舊拓本來
閱鄭叢書傳評錄二十四圖　唐情節本
初二日丙辰晴　擬晨日出赴宜興掃墓　而余病後筋力較弱不耐跋涉　常
州　視塋　候吾月遣況子蔭往
初三日丁巳晴　宗湘文來　赴宜市周中孝　寄梅直致梁侍郎之書　又得周門蕭信
東坡　余先生蘇信　以初十為壽
初四日戊午晴　順風至劉河　夜泊滸口
接潘南生八月廿七日信
初五日己未晴　卯刻小舟至婁門內訪葉少青玉圃論觀飲最得古林之景情
承舊名澤　庚肴　訪星甫　征得玉柱好墨原本三十五錢　精　貴　年堂
將[illegible]陳[illegible]可　午子區舟寫家信　[illegible]
接寄[illegible]初四日信
尹[illegible]八月二十二日信
又[illegible]七月十七日信
初六日庚申晴　[illegible]來同[illegible]觀[illegible]市中[illegible]四[illegible]中[illegible]區舟寫家信　[illegible]

初七日辛亥晴 出城看久談 走閩學所看久談 回寓 秋樹 載臺 石刻 篆圖 二冊極精 錢譜 王李古陶女雲壽 晤招仲 久談 候張少臺提刑 久談 二函 明宋 寄回舟 寫家信（仰書 附繳） 張少臺送 續東華錄 乾隆一朝 共凡四十八 冊 鄉試之本見示 陸存齋日（心源 浙江湖州人 福建臬） 所藏宋槧 如石氏博古堂收新之顯情 臣年庚小史 甚佳 又出氏本縣書 畧同 擇之為嵩劉久見 寫一本常與 出本詳校也

接南陽叔初六日信 寅生代筆 七叔有時患病 有衛廣乃作來而面白 天籟閣舊藏 盡掃以為慮

初八日壬戌晴 早飯後 往初存人 賀其五十壽 及金子古信 下月擇宗之妻不 直 又往雲仙 專為辭行 久談 又至作客院 寫信市 為復與其子議之 該信 次日為茶 其老父談 出于圖 將觀 因閩學所 茶飯 回寓寫家信（仰書 附繳）

接南陽叔初七日信（張少臺 又直） 附伸之子雲年來 初存人來 其久談

初九日癸亥晴 李陽市 來 因擇小舟 赴畫門 看李氏小屋二間 擬為它日 赴蘇 種之所也 往于閶門中市 閱物 寓寫家信（仰書 附繳）

接方濬老初八日信，云寒熱已止。

初十日甲子，晴。寅卿丈來，因伯丈此番患病，不得不候之。午間攜小舟子

圃將視孝侯，同安林虔信，約同坐，下午歸。寄寓伯卿信。寫馬海附海興寄安人，英孫寄。

自言今年五十六歲，與余相識，屬卿丈堅訂明日午飯，姜庭來，張姐意訂明晚飯。

羽叔輩不極喧擾之至。

接南路老初九日信，云寒熱稍不作，而時覺疼痛。聞余明晨出京，慶已極虔。

胃口甚壞，為之愁懸，日內已飯不盡，然痊後夜不眠，深悔此行之輕率之誤。

子寅之兄初九日信。（香宗幣事）

十一日乙丑，晴。寫寄伯卿信。寅卿丈來，同住處作市，寄作函讓，借汝同舉同登高

海瑞接信，孝寅年為寄，汝有未了，備中刻即得全了，此伊處不在與李錫少談。

程氏借此來接，虔宮有因南翁與黃年在北萬論哉，汝自了虔劃。

十二日丙寅，晴。寫寄寅信伯卿。晏林來了慶堂，伯卿丈了接碧園游眺，偕同小舟

子圓翁叔虎伊蘇鎮新衡閣輝，虔自已移閣門，候晚了開門返舟，擬明早解

纜，為明日不能寄書，殊爲不了也。

十二日丁卯晴 早暮順風 大抵無楫 晤湘文 訪古友沈旭庵 極無聊 邀余同往又[illegible]
十三日戊辰陰雨 天晴亡久 溜塍要帶 瞻此意思稍適 早暮順風 夜泊和橋
十四日己巳陰雨 早暮不換 定興 達縣余上
十六日庚午晴 早同湘文登岸 傍晚 詣剎雇舟 雲山訪誥 故墓 展謁兆宗
平安 訪楊柏樹 兩年不見 已攢好殿 蘇為之稍慰 自觀寒老 真道供頭
由寓舟從小門二三里許 路不能往 所[illegible]更攀援 定年埋骨青山 必依先隴而
形勢甚隘 無立足之地 不能發 月昳從印別下山 情懷不已 出廟西城中茶仍寄
湘文信 閱三科考試 少年通故之將來 侯不直為望 仍晚飯 余以寄來諸函
遺刻辭之 下午同湘文登舟西流 容與中流 畢飯領客上 清曉之路之事
寓宿揚子典同路韓氏 訪郭墨山不要 援益積 乃計算送至使過 要須
四日金情兵宗中病人未分答 實難大家 設湘文陳本帶地 更識無償
余從遵解 而湘文又以欲往不能不揮 李氏不僅能遽寄函 言請寓之久矣而
明早返杭 登畢了無俟之香來矣 下午至旧居弄周宅 為達專集題之序
甚快而到往相晤 主人周立科之孫 庚家吳棣卿樓[illegible] 李均邑人二坡

陪庭世兄行

十七日辛未晴 早發巳刻過和橋 夜泊戴溪橋 與卿友久譚

十八日壬申晴 早發午刻至無錫 寓客宗作佃船 與卿友游黃埭 下午移舟泊旭庭處停 垣為婁壽下 暨商泱姓小牛友高飛霞 李雅溪 韻仙出人 來過明日飲 夜同卿友至旭庭處 見所藏石谷仿米小幅絕佳 卿友為旭庭作小照 借寶來隨筆 甚麻煩

十九日癸酉陰 午前微雨 入夜大雨 早食畢 候秦蓮風 孫逸人 以卿友之藏知爲世風校之 不直 又候陳松泉 秦爲游卿人 新作無錫詩 亦不直 至舟少頃 陸松泉來久譚 秦蓮風亦來久譚 下午與卿友蓮風旭庭同訪高飛霞 李雅溪 飲於小秦船 在惠山僧舍醵飲 蓮公所置寺內達樓 臨眺兩山 號惠山第一樓 軒敞之至 更名看於此 飲冠蓮風攜去殺一尊 見示付二寄之 旭庭攜四卷 一爲宋李忠定 陸岡高書札及元寺人張磻 未名仲簪跋 在中帖 又唐子華棣詩 四人不同時 而俱在卷一冊 李札尾以蔡京題跋 以蔡不可存 遂蓋厘剔也 一爲明 合肥蘭石田黃州路途 二人出同門弟子也 一爲明王仲山 向在京 來請借觀之理 不足觀 一為

到文漢得宮古帖書若干種意甚歡上如今作又二冊一為鐵拜宮人
浙東人史記及賢者忠山路武子曾宮詹我馮騷隆鎮諸名賢傅侶樹隆西道
朝名刻於等類張伯起對聯本傳書目之書館靈運字神武西畫書唸華蓮巷咕
下罗手作畫一麼將雲傾向人集之明人事略何焉驗而不其色甫成記且名印
閱畢將下樓向穀船仲有事在路遺遂來少語并之內刻晚至豐局奉白蓮風
請晚佳飯穎不同幸拔身局中法談至二鼓下寢所

二十日甲戌晴大順風早發午過夜山落未刻過華藩東斜日宿南湯
書謝蘇州舊館手紙季兪孫稚而娛樂承事山城人深可感亭

廿一日乙亥晴
接陳少耕又信

廿二日丙子晴

廿三日丁丑晴立冬

廿四日戊寅陰大風
接魏孫入接李逸山信廿六信

廿五日己卯晴 本年蒂蓟七百餘兩 擇開家屬兩目 往不生此 早去的占溫

從李翁已見國事言亦不過

廿六日庚辰晴 寄張次山書信 廿七日 從[illegible]山書譯將人往古書聊報數也

致張叔憲梅寄函也

昨晨老兄閱不雨 禮堂蕆撮明朗 兩補衍未書四鐵設 益壇閱時事 論耳目發 聞帶 閒過皆高陽 寶畑迁源 黃灾遍地 關和陳

乃為婦女返回 日本業遣 盡述誤 歸 遷張 業北嵩西蕭陳 鄉不能生息 令歲河淤實爲云費去賢 耗造 奴之雜 談飛舞

閱所載 主語 稱濮之名路推出冊 耳 乃知今名賣 鳥河 印古之路齋 点名河道 書雲曾之 其恩 陝 顯但河通漕 對 奉 耐中 十一年 恤河 以後

黃河故道 實在館陶之黃河圖治經書 朔之白茅寺 孫之黃河 以追 南徙之劉門入淮 所以是

關係貴者何哉 蓋為之害焉 不察 肆起奔西 至于河決 禁蘭之 閒下 季賣者 兵何淮

中年 尉氏 鄭陽 封丘 洪 西華 中河 陽河 入淮 共種決 出冊 石一歲之 元世祖至元二 自金章宗明昌五年大河南徙 云從陽武

十五年 河決陽武 潁 二縣 皆被害 世祖本紀 成宗大德八年 陳留 西華 陽陵 本紀 仁宗

皇慶二年 河決陳留 皆陳 三縣 本紀 延祐元年 河決 以鄭州 本紀 二年 又決 三年 延 和陽 陵 云 本紀

十年 蒙津 河使 日 湯 去 泰定元年 河 奔 汴 亦 不 恤 由 世 比 合 回 入 淮 今 日 新 之 英 河 記 之 順帝 至 正 年 河 決 曹 州 陽 穎 之 是 故 河 分 流 兩 尺 蒙 大 安 兩 界 不 之

謀

經進 職去被害情狀 及河防修築 在此期 時所行之方 按淵不可 以詳大概 初無治

再情急入淮者三十餘載矣出黃者時河之故流復[illegible]東決

東清東西岸堤入於清河入海元朝臣工言河防者無不言此隋唐以上禍不甚遠歎其為猶

州並江淮與海處[illegible]

[illegible]

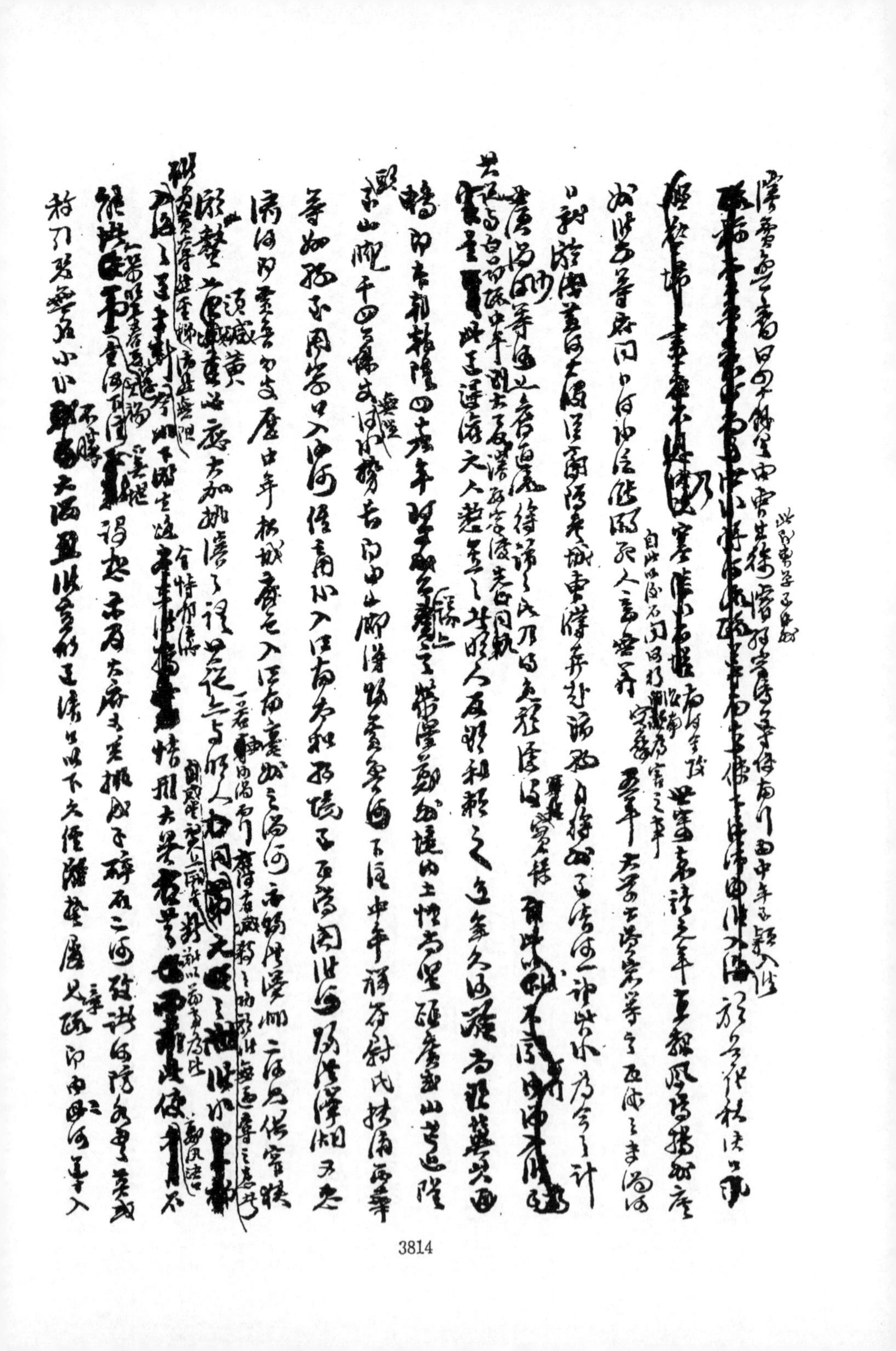

[illegible]

考得志名條[illegible]置佛內戒安遠泗河二策，[illegible]潘[illegible]遠九韶[illegible]南[illegible]
[illegible]湖分二支入海之法，世謂是黃河[illegible]，以西陵內諸湖河東出黃河
接直府至朝[illegible]為限，謂[illegible]不得水利而只[illegible]新之　公意[illegible]新之[illegible]
之[illegible]害皆是為此黃二瀆[illegible]一大綫[illegible]知[illegible]月之也，又親[illegible]事，西流入泗[illegible]
時共在[illegible]崇[illegible]徒七[illegible]河[illegible]二[illegible]河南之[illegible]人[illegible]蓋[illegible]一帶河
[illegible]高下雅横[illegible]性[illegible]事[illegible]九[illegible]西[illegible]遠泰[illegible]日[illegible]武遠正[illegible]水[illegible]
[illegible]那知[illegible]棄之只[illegible]人[illegible]市[illegible]河[illegible]
[illegible]言之[illegible]為[illegible]不[illegible]人道也

廿七日辛巳晴　守[illegible]

廿八日壬午晴

廿九日癸未晴　南陽君[illegible]河[illegible]來[illegible]因[illegible]園[illegible]內

十月辛亥朔日甲申晴　寄柳春父信仰岩

接柳春父九月廿五信

初二日乙酉晴　寄柳春李信苟岩　附樹信內

初三日丙戌晴

初四日丁亥晴　下午豐坊亭來信及詩

初五日戊子晴　李侯、豐坊亭、石屏又至宗湘文蘇名譚　周瑯臣　下午訪周瑯臣作譚

小坡偕補如相菊坡　天興人　來訪久譚去

初六日己丑晴

接常某卿初二信

初七日庚寅晴

初八日辛卯晴　下午于順來久譚

初九日壬辰晴　天氣溫煦　早就日久雨過小雪　面南燭換濃粹合不正之　廣陵

更得本宗　杯寄甫君　存舊　仍缺三四五卷　移轄勒成　歷代　二十五條先

己望視　本日　函書　批請安

初十日癸巳晴　寫崇恭華閣作行楷

十一日甲午晴

十二日乙未晴

十三日丙申晴

十四日丁酉晴　偕娘宗卿女少詩見畫

十五日戊戌晴

十六日己亥晴　孫雅對枢自廣東將娶有寮中蘇色廣

十七日庚子晴　寄友朋生第二女孫名顯對許字柔如將豈之孫保定是日仙來　方氏書

十八日辛丑晴　為陪甫選詩又第三次矣

十九日壬寅晴　抄杜詩

廿日癸卯晴　選陸老詩得五六百首

廿一日甲辰晴　早至中路候楊足楚賀其子娶婦之喜　又至北門外趙仲園　訂甫子

寄長親兩中與此賀暖仲園書兩子　唐甫來　仍過楊家　下午乃歸

廿二日乙巳晴　偕娘趙十月來候之詩

廿三日丙午晴　見老人筆墨(?)稿(?)石谷山書(?)梅圖卷(?)，入首惟(?)倫(?)奉(?)嘉(?)時題(?)松法(?)詩
（旁注：悲(?)歡(?)離(?)合(?)為(?)初(?)四(?)一日(?)為(?)慶(?)壽(?)之(?)生(?)，又(?)有(?)南(?)田(?)長(?)詩(?)為(?)詩(?)二首(?)，李(?)儀(?)少(?)評(?)）
接張(?)玉(?)書(?)二十五日信　寄日(?)報(?)三通一部(?)

廿四日丁未晴　[illegible]福(?)卿(?)來(?)，將(?)葬(?)其(?)家(?)祖(?)墓(?)，往(?)弔(?)　寄鄂(?)藩(?)人信　寄南陽君（印書）

廿五日戊申晴　南陽君赴蘇，定兒五女隨(?)行，午刻解維　方（寅(?)稱(?)子(?)丙(?)王(?)子(?)）自(?)學(?)來(?)

廿六日己酉晴　寄南陽君信（印書 件航）

廿七日庚戌晴　寄南陽君信（印書 件航）
接南陽君廿六日信

廿八日辛亥晴　寄南陽君信（印書 件航）　華(?)陰(?)王(?)、將(?)與(?)福(?)建(?)同(?)鄉(?)人（由(?)申(?)）（新(?)任(?)書(?)發(?)來(?) 十二月初一）　李(?)儀(?)少(?)評(?)

廿九日壬子陰　君(?)發(?)信(?)畢(?)至(?)李氏君梅去歸下葬，其(?)祖(?)墓(?)地(?)

三十日癸丑晴大風寒　寄南陽君信（印書 件航）
接定兒廿九日書(?)

十一月大朔日甲寅晴 若侯蔡任之石畔 不寺前鄉某媒借世侯李
氏璜玉瓦紙鋪送數本來回函 以九月寄禮點錢語二千文
初一日接南陽君十月三十日信
初二日乙卯晴 寄南陽君信 即寄作函
初三日丙辰晴 寄故舍君李孟和春亭歎任郭幽雨今日接即來候不晤
初四日丁巳晴 下午唐季仙譚少初來訪不遇
接南陽君初二日信
初五日戊午 蔣公遺超候往來談不遇 寄南陽君信 即寄作函 下午張仲仙來
不遇
初六日己未君百細雨即雷霽 寄南陽君信 午後唐儀郭幽雨元昌 舍君 不遇
孟君苟君君 來訪李孟和汪伸桓鼎三未不遇
接南陽君初四日信
初七日庚申晴 夜雨 僧人觀田以作遠寄 寄張仲仙信 即寄李孫 寄南陽君信 即寄作函
下午郭幽雨來 後 候不遇
訪張仲仙未遇

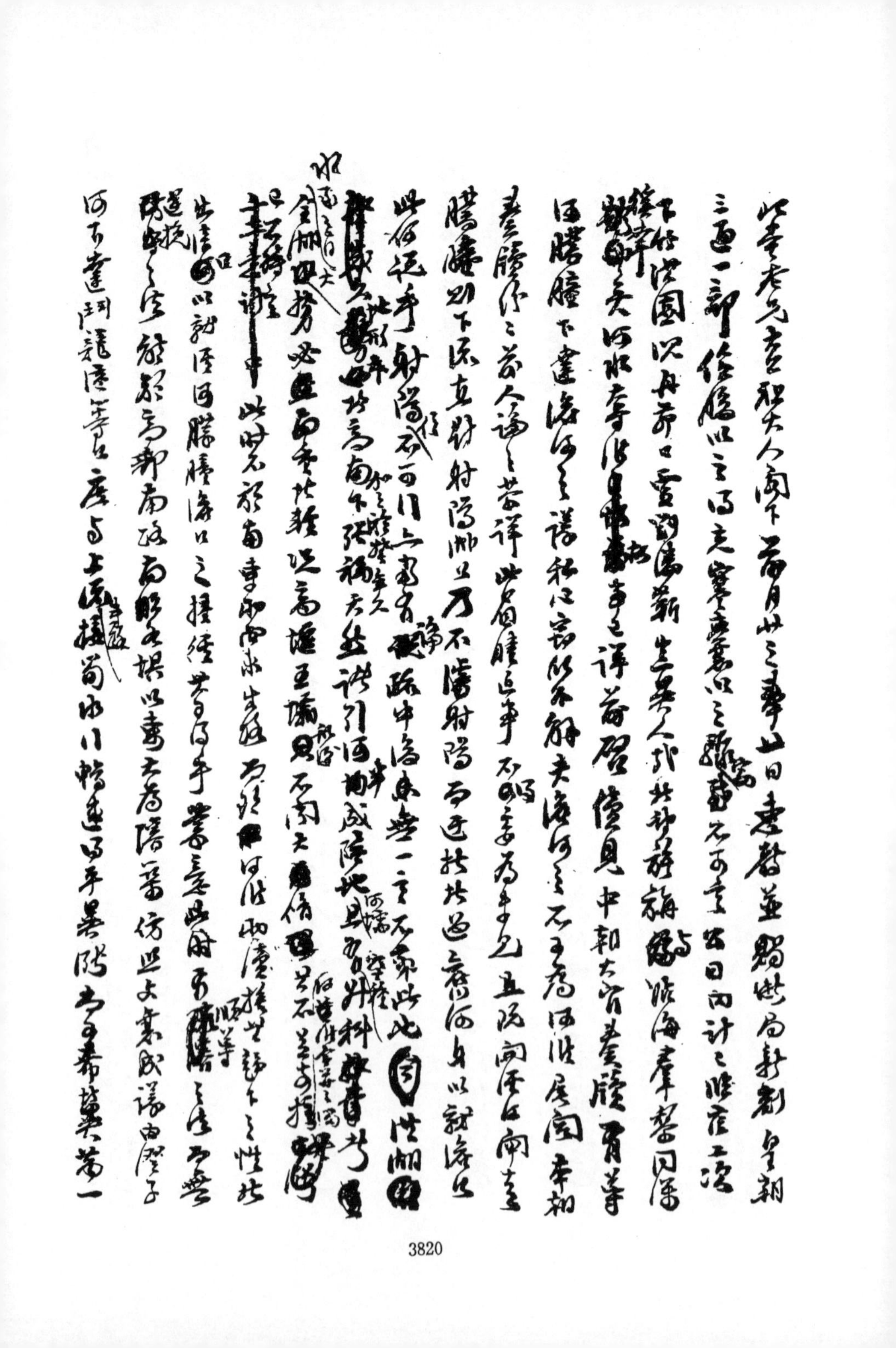

此等處見老大人閣下 前月廿三奉廿日惠書並蜀刻新刻皇朝

三通一部 [illegible]以之[illegible]定[illegible]以之[illegible]不可言 此日內計已[illegible]

下[illegible]國[illegible]口[illegible]新 [illegible]人[illegible]

[illegible]矣 此[illegible]事之評[illegible] 中郎大[illegible]

[illegible]下達[illegible]之[illegible]不[illegible]

[illegible]之[illegible]人論之[illegible] 此[illegible]

[illegible]下[illegible]射[illegible]乃不[illegible]射[illegible]

此[illegible]射[illegible]不可[illegible]中[illegible]

[illegible]

[illegible]

[illegible]中 此[illegible]

[illegible]以[illegible]之[illegible]

[illegible]

河南[illegible]

事後送盛跡君不在洲渊以南為主秦蘭芳亦盛香稻足可尋自明人

莫不論以畫家言之若趨向雅筆其源自唐唐係佳不易問答而因此意當時國

大功無不計也寶璽珮以此問而原之江于其之書成之盛與為方以佳之義之道也

例因事有回之對疏聯中工新舍翻登樓之福[家]既來自會田韓[植]職圖書[故]神之府

筆舞已聊述夢見以為機者之學之書畫

初八日辛酉晴冬至節　下午祀　先祖父母畢　茲作人事以當[illegible]不明

接南常書初七日信

初九日壬戌晴　接南常書初八信

初十日癸亥晴夜　致函子密湘文兩姊少謙世子歸孝[illegible]孫題了也　不方露也

雲曇讀[illegible]少初不真

十一日甲子晴　南常書隔日[illegible]蘇

十二日乙丑晴　[illegible]王[illegible]本山水一幀　筆力[illegible]勁　元氣渾淪　書卷林木極精

濃[illegible]之之　[illegible]之[illegible][illegible]　[illegible]石[illegible][illegible]　此[illegible][illegible]大極[illegible]也[illegible]　[illegible][illegible]扶[illegible]

畫為[illegible]十[illegible]年（年之六十六）[illegible][illegible]廿[illegible][illegible]年　[illegible]余藏[illegible]冊内一[illegible][illegible][illegible][illegible]

歲朝圖（太夫人為）叠韻詩之太夫人所作畫冊中一幀桂村跋語均舊昭然無疑 但此
為僻十四本舊已無不勝程書來隱為寫郡中諸代一親威徵一處隱藏
昔來寄子石重不來矣

十三日丙寅晴

十四日丁卯晴

十五日戊辰陰（薄）雪片片飛 夜大風

接郡寄人十三日信

十六日己巳晴大風寒甚

十七日庚午晴大風甚寒 君犯寒再來二十六分 王重和來信辭不應

十八日辛未晴

十九日壬申晴 早飯畢 君訪趙瑞侯石真子君 趙作人 陳伯卿久談

二十日癸酉晴 寫郡寄人信 印書 張吉士日 來留福

廿一日甲戌晴 書示鴻（所）藏[illegible]印宋之明清隱名畫卷十六冊二十一軸

十二福子書 鐵橋與宣和武用月白低 韓卿人陸錫廬來助書整行

廿三日乙亥晴
廿四日丙子晴
廿五日丁丑晴 下午讀汴侯來山莊作八韻是黃陸續壽文詩句韻附光緒書
廿六日戊寅晴 張君來擬飲話云欲樓下寓至偏倚蔚君惠擅思贊及寫下
午歸 就伯人來談常五石谷虞山十二景冊本康熙乙亥秋作論書無疑
又明人墨蹟冊陸武毅手書以下凡數十人書素紙二冊為可元金剛經光局
為新會 是日因王鴻生董香光陳之茅侯何為門四人書便面各一幅精絕便得報為儲
廿七日己卯晴 禾屯路晴標寒暑表在六十餘分時余可為桂矣
廿八日庚辰晴
廿八日辛巳晴
卅日壬午陰 下午雨 夜雪

十二月癸丑朔日癸未 晨大雪巳刻以後雨 作南陽春柔詩題 寄雪南橋

初二日甲申晴

初三日乙酉晴午刻陰下晡後陰 早食後出郊御游覽 聆訪宗叔 閒步至先生止步

跋劉大年名詩

初四日丙戌大風寒 夢作佛指伏未悟

初五日丁亥冬雨 殘年生日客里了無意 去年存吾

初六日戊子雨 冬梅以壞形早開 無兩大損傷 祖德年早已五六旬 吳中罕遇

初七日己丑冬至日也 遇趙作人 兪請 郭曲園先生飲 楊思贊 曹君來作陪

午刻了 申刻歸 是日早李翁[illegible]忽發鼻血 蓋感寒所致也

初八日庚寅陰 是日子刻季翁醒 醒大發鼻血 余夜起揀方藥 鹿陰黑雲

一日夜鼻血止 寓論宋薦作 宋書 宋論橘堂 訪翻胡默居 錄汪叢 於彭叔廬翻胡

形容得為凝視相然也 次後他生獨與吳名論道

初九日辛卯晴 昨季翁隔方繫有臥安

初十日壬辰晴 是日丑刻季翁咯飲吐血是之至止 後復鼻出廿一小盂 又嘔吐少

許幸不劇

十一日癸巳晴 [illegible]雅臣來同早飯畢命往探查陸墓雲山相地 加午始設飲以待之初諾去

十二日甲午雪

十三日乙未大雪 早飯畢 與女夜女穰女佳 妻瑪[illegible]登西亭賞雪良久乃入 是日題作人之子君修為余編石墨冊[illegible]成明人字畫冊同包價叁拾八千元 余嘗書畫金石四部 皆藏數十年 未得[illegible]王穉登尺牘冊 無以為據 今有此冊

十四日丙申晴寒 檢年初生十月若代 中座不解之去 遂收字藏書畫 匝月而竟 書編墨字號 得九十八畫 編丹字號得九十五 書畫合共編今[illegible]畢 得五號 搨二百點

十五日丁酉雪

十六日戊戌雨雪

十七日己亥雨雪

十八日庚子大雪 自丁丑歲以十年來未報有雨雪未嘗有多雪且積久未晴之[illegible]月

初以來陰晦相仍雨雪交加積泥而今晨大晨起視樹梢皆積白厚四五寸園

中群卉木盡成瓊林西山卅餘峯屏燦煌相向早食畢習書後登天放

樓若望遠寺南端君扶病出視晴雨於其後而返

十九日辛丑晴甚寒屋溜成冰雪凝不化雖竹亦折其聲宗卿女來久

談開始下午趙伯人來少談先去卿女復少坐乃別 令兒吹世侄命

工於南平西南東三面階砌下木植為異時作石磚之址 是日發心

二十日壬寅晴

廿一日癸卯晴

廿二日甲辰晴

廿三日乙巳晴立春 早起祀於 先祠 為春卷以禮新年

廿四日丙午晴 靈日移庭 賓兒婦陳氏後生一女

廿五日丁未晴 詹裝供佛山前事

廿六日戊申晴 祀神如故事

廿七日己酉晴

廿八日庚戌晴 宗卿女來辭稍回家

廿六日辛巳 晴

接弼臣八廿七日信

三月壬午大雪 考曩祥雲滿天 昨劇排積盈寸 宗人因晨來驗 會學詩

怪畫覽園中之勝 遂手塗之 申刻記 先平宗羅川戲招飲都事 青白

陳琳人以惲南田畫花卉三幅 卷山 總 林陰有學佛人 山水 蓼板橋 小青石 大方方壺

徑高山水 宋兩石 章人健 不知何時人 山水 廿五軸 張厚邨六千餘 惲畫紫薇二枝 上枝寄青森九

下幅似小中千不盈 其者作色解穗可疑 都家樹動情何客 不信花似死畫圖

廿五十二字 畫作似稚 疑畫其為題 偽代作 三字 卷山 畫秋樹草亭 上嵩遠山峯

極動送 蓼板橋書 尼悟揭而論之 山石楊柱 方方壺 宋兩石 西帳 年久借色都偽

精神全了不可見 祀也

光緒十四年歲在戊子余年五十有七

正月甲寅朔日癸丑 早食子刻發晴 卯刻赴東宗人府禮五叩年

初二日甲寅大雪（大雪有日色之刻） 早飯後到館 如何拜年

初三日乙卯陰 午刻擬 先為拜客五叩年

初四日丙辰冬至雪 早上後出賀年 明發請書生方子 眼 [illegible]皆不直 湘女（寄）[illegible]主[illegible]

之 下午寄湘女書賀年為作

初五日丁巳雨

初六日戊午晴 早食後出 [illegible]賀年 晚 發作人 寄湘女 主湘女寄文 [illegible]乃[illegible]

初七日己未雨 

[illegible]湘女[illegible]吳林書一幅 [illegible]高[illegible] [illegible]太[illegible]作[illegible]

上東[illegible]為[illegible][illegible]方[illegible][illegible] 又不[illegible]十二[illegible]

初八日庚申陰 [illegible]

初九日辛酉陰（[illegible]十二年十二月[illegible]）

初十日壬戌晴 日[illegible] [illegible]寄[illegible]

十一日癸亥晴 園梅甚盛[illegible]

十二日甲子晴 寄湘女[illegible]

十三日乙丑晴 陸鶴庭自蘇州來為余裝潢書畫

十四日丙寅晴

十五日丁卯晴 夜月甚佳天空如洗 虔薦食 先祖妣忌辰

十六日戊辰晴

十七日己巳晴

十八日庚午晴

十九日辛未晴

二十日壬申晴 書字課孫路

廿一日癸酉陰寒太甚 午后赴楊見姓兩親館用居寄和公寫賀卿 赴樓盛

初月又好 楊潘來書城 得信獸盆 館師論楊生來自見門

廿二日甲戌晴 海師携來花史正行書論女人藉田賦卷子 華督柱赴高試

僅中有無年月印二字無疑為唐寫本 唐人寫經似唐人稿 卷之極

可藏也

廿三日乙亥晴 夜食青蛋未刻安寓 是日陸鶴庭去

廿四日丙子晴 与南陽在紀梅亭甘蔗 侍晚訪宗仰子同至麻將市練公益記

廿五日丁丑晴

廿六日戊寅陰 楊星城来侯之谭

廿七日己卯晴

廿八日庚辰晴 晉軒人浦仲仙因旧事不諧辭職借信来書 今午自往李野宅見不信携刀自戕不絶李氏以舟送之来 余常為異信若指其弟及子妻 詢諸由錯不了之 渭理仍鼓李氏之信舟而去 宗人盟之吏宿寓旅乃卧

廿九日辛巳晴 春侯楊星城久谭 侯新個雨甚佳 之久谭

三十日壬午陰東(小雨) 李溶之山白梅盛開 偕南陽君程炊竟日 夜有雷乃茂新

六月癸未朔 日食未陰 午正雨霰 晨起卽出雨未停 久諱 閱胡子健下世訃並書

健甫昔為子畢生竭力積德好學匪石羣沒鄰痒●賓客廖文二十年義惠

綠屬
矜不能自休今正想厥訪友去通西劇●亭旅舟次所傳也其安為余豫子類歸

聽默惜獨雁者健者傳之誼斷之豫閱此耗懸不可想為之大關與不已

初二甲申 陰雨霰

接胡子健十二年九月十二 十月廿日信 寄來代織紀書 此亦通為他筆信哉

初三乙酉 陰

初四丙戌 雨

初五丁亥 晴

初六戊子 陰

初七己丑 晴

初八庚寅 晴 春□ 午後合和 先祖三週 望謁標西墳下墓岸前奉信來

未能皇國十餘年來朝見職衷歷不能感 春在振郭重述捧讀 未刊 臉土

臉土

初九日辛卯晴　梅園南西畦換植黃綠萼梅二株、硃砂梅一株，梅園缺種

華乃過內

初十日壬辰晴　遣子撫還鶴渚樓，山舂華室寄具什物，書案檯植移借之

宜興待臣　實過龍舊物

十一日癸巳晴　曉芝來，席携覓照瓶　董兒來，如健老設位於靜園見楸書屋

令題跋擷成册，並得李湘文方子修來函　湘文又跋一卷乃去

十二日甲午晴

十三日乙未陰　甚寒（未出閣後）　不出戶為不能樂　晚自書移居雙清樓之東向三間李谷

移居靜吉樓下，鴻兒率兩女移居靜吉樓上，未上來卸裝，借對梳竟日

十四日丙申雨　石心從而心來，卸雨晴及半，冒雨而去　趙作人來譚

十五日丁酉雨　鳳寡孤兒來，借雨谷子李林堂溺館借日

十六日戊戌陰　楊續卸華

十七日己亥晴陰日色　稍小雨後兵雷雷雨相半，便以廣來晴

十八日庚子陰

十九日辛丑晴
二十日壬寅晴　雲峯來祀樓僱一人赴蘇
廿一日癸卯雨　縵見自蘇州　石岸部畢舊樓少甚須加新樓　是日春分
廿二日甲辰晴
廿三日乙巳晴　清明節　打樓畢　香和不來
廿四日丙午陰微雨
廿五日丁未晴　石岸動完　堅固大勝于前
廿六日戊申晴　小峯華來　樓整石端二日
廿七日己酉晴　香峯樓西石墻　部延春下西墻及天井墻
廿八日庚戌陰　傍晚雨　樓墻完畢
廿九日辛亥晴　樓墻完畢　部南面不牢
致雪翁函　僕勿至
劼剛世先生通侯少司寇大人閣下　昨歲使節[illegible]曾[illegible]代為[illegible]
[illegible]來卜[illegible]　伏聞　石命以來　[illegible]僑界內[illegible]于外邦　朝

昨領心華，感仰莫名。前得先生六月廿日手書，重賢部上宵倚詩話下，極爲喜日[illegible]

一從國[illegible]並而[illegible][illegible]殘春眉國政懷素周[illegible]中陸徒[illegible][illegible]

懷生之人事之不感[illegible]而無已之[illegible][illegible]明之以前[illegible]德持之才[illegible][illegible][illegible]

讀入先[illegible][illegible]無意，破前爲而一家業某中區粗堅在鮮及[illegible][illegible][illegible][illegible]

[illegible][illegible]之[illegible]談雲性詩異[illegible]五一[illegible]之物六向妻[illegible][illegible]

[illegible][illegible][illegible]此雅難之時於雅道[illegible]爲氣未豈云春國明院以兩耗

書[illegible][illegible][illegible]無從向而處悅心胸所謂無[illegible]齋流情事力猶[illegible]不克身[illegible]

[illegible]向一抒胸臆，爲性安年客[illegible]用[illegible][illegible]之子若[illegible]舒[illegible][illegible]門果晤[illegible]

華府此子才不[illegible]爲[illegible][illegible][illegible][illegible]道而但始從且俘寄再世[illegible][illegible]恩[illegible][illegible]妻[illegible]

[illegible][illegible][illegible][illegible][illegible][illegible][illegible]逆之[illegible][illegible][illegible][illegible][illegible]因風[illegible][illegible][illegible]無[illegible]

[illegible][illegible]又[illegible]

三月丙辰朔日壬子晴　寫曾劼剛信 即發 寄周霖

初二日癸丑晴　書林來為寶晉山齋盛開与家君書院

初三日甲寅晴　星人姚某來 撰詩　自蘇州來 足訪譚 孟丁安等

初四日乙卯晴　未時暄和可衣袷

初五日丙辰晴　葉公蓓信來 俟少譚 即寄將絕也

初六日丁巳晴　樓上（情原）定畢　蘇州遣人來接也

接子阶信　育廿六日信

初七日戊午晴　天井正中石下石岸信　砌定畢　趙作信來訪不遇

初八日己未晴　午後大風陰　迎寒復衣小衣袷

初九日庚申陰　午間雨　甚寒　風燃爐不爾不禁

初十日辛酉陰晴　盤開甚寒

十一日壬戌晴

十二日癸亥（夜）陰大雨　下午郭山雨來　作書大譚

十三日甲子　晴　小峯華堂諸作將完　重理睽樓　郭啟墉來

十四日乙丑晴 寄竹山信請勿成請歸湘措

十五日丙寅大雨 未刻出林是夜從居奉華書之小寢自動工至今將二月餘今始畢

壽春堂寫 才今汝志[illegible]觀[illegible]之趣 一旦寒至江北之流欲從南之聲寒未去

十六日丁卯雨 何策可以等之 要[illegible]從此篇而詩皆用江北[illegible]揖自賀

十七日戊辰晴 八萬段華風軍台 公病療且挾生返為人所舞弄之鄭位薩報首

借石士平官先卒出先走 公之未去五閱月而為暮傳之矣 若今日之詩饒何

是日[illegible]天不能無[illegible]於中也

十八日[illegible] 改[illegible]卷右跋

又[illegible]後[illegible]華[illegible]十四年[illegible]日本[illegible] 華有五[illegible]之詩[illegible]月初旬

女婿前之所書昨[illegible]借[illegible]稿 留之不置不問要老出此時庇宇

下不肯自見饋詩乎其[illegible]東宮[illegible]肩書往之自五更[illegible]詩[illegible]門外子開

府星中不及知見竟若左[illegible]之[illegible]也問 公歎[illegible]自[illegible]精神[illegible]

[illegible]宮[illegible]不求狀[illegible]今春[illegible]送候[illegible]時[illegible]手下

今[illegible]春[illegible]何[illegible]之命工[illegible]身[illegible]

實[illegible]月[illegible]祇待其六之句以備[illegible][redacted]

[redacted]郭諾[illegible][redacted]假入謂以[illegible]

唐拓宋槧[illegible]名刻之來書每[illegible]見之政[illegible]齋[illegible]之偏[illegible]可一二寧示[illegible]（與[illegible]中之字）（蘇[illegible]之方[illegible]之策）

更留餘牙以[illegible]宣臨以藏人生業事莫我論之矣 看回春明之餘載 文名四方[illegible]

毀之已目下空之條 奉生[illegible]陪侍奉朝[illegible]切[illegible][illegible][illegible][illegible][illegible][illegible]

[illegible][illegible][illegible][illegible]書問壽賀 士喜拔請 [illegible][illegible][illegible]附呈[illegible][illegible]次序[illegible]

七詩一二三年 時之寫了

先[illegible]不及保定畫[illegible]去流黃[illegible]吹 先祖訓[illegible]府君遺[illegible]詩額 賢君不[illegible]和韻 書扇[illegible]（付將扇[illegible]）

錢[illegible]于壽春 命[illegible]改以蘇再[illegible][illegible]韻[illegible]

陽[illegible]曆[illegible][illegible] 出[illegible]去[illegible]局 神（虎輪）[illegible]隱宜[illegible]（肉臣）母（臉）宅[illegible]（遽延）[illegible] 情之門[illegible]開（空） 寒之[illegible]華[illegible]

問[illegible]年[illegible] 須詞[illegible]（換）陸[illegible] 軒車[illegible]西來 解[illegible]宅民俗 [illegible]南[illegible]不應 昌以[illegible]（[illegible]）高[illegible]仰

供千秋人同 工生[illegible]曲 [illegible][illegible][illegible]春 [illegible]（鮮）待[illegible]休 相[illegible]生[illegible]聞[illegible] [illegible][illegible]別林[illegible]

曙[illegible]（時）親雲[illegible] 漳[illegible]賞[illegible]旭 學[illegible]正[illegible]方 車[illegible]禱[illegible]盛 何[illegible]宇[illegible]正 智言

苦[illegible]（相）[illegible]

十八日己巳 陰 早[illegible]後[illegible]信 新[illegible]雨不[illegible]信 葉[illegible]何[illegible]送[illegible]石[illegible] [illegible]信 周[illegible]臣（[illegible]州[illegible]人 [illegible][illegible]北[illegible]）

少[illegible] [illegible][illegible][illegible][illegible][illegible] 下午

字[illegible]壽[illegible]方伯信[illegible][illegible]行[illegible]

十九日庚午陰 圍卉手拼与南陽叢石奉推郁李丹亭樹
二十日辛未 陰雨
廿一日壬申 陰 大風 寒
廿二日癸酉 晴 晨雨將午放
廿三日甲戌 陰 夜雨 郁子信送鮮鰣一尾 合家飽飫
廿四日乙亥 陰雨 甚寒 得黃羊裘 即之主局 而陰寒正此似信非也
檢黃葉所十八日任壽陵謝仲倩 獻見邵舊書數集一部
廿五日丙子 陰雨 主夜
廿六日丁丑 早晴 稍後不多晦 赴 徐信郭潘 南極飯後 曾壽京別業 同香宋卿文蔣
芳峯 趙以信 霍泰叔 下午歸 卿文來宋峯之候
廿七日戊寅 陰 雨 訊信昨何來 存卿文小舫 停午赴之 卿文陡出 諱吐甚暢 見宋理宋翔
梅卷 大宗 寫經 五卷 爲黃堯圃校物 有錢曉徵跋 又大價世珠沃題
楞嚴經 六卷 有大價右原跋 又八大山人畫冊 華秋岳畫冊 內畫冊宋以爲佳跋 又僧个
壽香年條 下午歸路

廿八日己卯陰

廿九日庚辰晴 下午陰微雨

三十日辛巳晴 天日開朗 與高人游花園中

日記五十

四月丁巳朔旦壬午晴　下午宗彬文來訪久談

初二日癸未晴

初三日甲申晴　黃子蕃至蘇見招　余以久別亦思一行　是日買舟午刻解纜夜泊

五義橋之御村港中

初四日乙酉晴　巳刻至蘇泊北街　往訪園門外　寓齋住偕晤　後小舟赴園訪觀

飲在館晝　雲生話子峯琛　又偕蔣安林至同郵伴行閒　同三兩家去看鐘少堂

直

初五日丙戌陰夜雨　寓齋住偕晤　仍至園訪觀　飲在局　林安林　唐依翁來譚　傍晚

直

初六日丁亥晴　訪鶴庭去　晤中丞不晤　門外觀戲　傍晚始歸

接函歸來初五日信

又初寄人初二日信

又初寄弟書二月初六日信

初十日戊子晴 吳彝齋來久談 與劉季纓偕蕘之壽方伯十四年ㄣ別 蕭老精神如故
書自序精神壯健如昔 留余下榻舜ㄣ不可 性不喜與書肆往來為不矣
嘗生平急先昭白使下午訪鄉伸菊佯看鴨拂拂久談 直丹寫寫作 而君 又至作照字題字字卷卷 作叔
樹樹人來訪久談 亦林來 晚食後同訪 某女昔於今古今時其見之點唔
作庭 乃直上小樓 安井樓高齡黃洲 為平安方為書
題南昌老和山人作
城西老屋曲（回卒為題）者烟春與寒共烟乃野共作歷思當年寒共高作遠游
嗟遠首ㄣ與美人園索之攜手度秋不寐戚有此曲 平老百九與吳人姓氏 以下同校又錄兩首題
城西老屋似畫城書女兒西北 老出何雁年西窗 如兜日暮睡未足
童門高閣人題風西房個陌花溪潔淡人生長武陵陵 度夢千樹桃紅
幽西劇山影色好劇視西光照勝綠 雲山寫顏 隔朝東門寒書未發 猶待時
嗟就酒工新作新 剩首雲中付視橋 柱羅當年不知年 坐看西園似相君
墜ㄣ白日來訪西使柳樹家桃花殘 桃花人面但如此 何處溪頭起春郊江邊 花又設
人間甚好一擲老憶註府思存家 鄉國高解無未中 遠柏 何如歸 不如夢 直洪雲

根蟠月窟盡如夢寬皆連曉，秋實多少花同鵲哭，幸撫雲霞老空中，時物古香

山樓晴暮，山人正合山中居，游子出門看芙渠，君不見錦綠縹緲字空冥，與詩和

月鴿和鳴

初八日乙丑　晴。撰芒君（字寶仍，昔所居）起坐事不相，故園清坐遣余方孩提，發舟贈門西平齋達

粵東迴檢往同譚衛二詩乃叶

擬南海君初七作

初九日丙寅　晴（晴步出城探望偕晚有雨意）壽面以其相待，請譚竟日，為道力辭，請為通飭稿，看（請倚月或十日五日又）

便補所識，皆力辭，許明日行（共來四子春來生來見，春倍佛馮曉卿，書與人二函）

初十日丁卯　晴　陸雨遊去　春某不撫異鄉齋，暮訪春來生馮曉卿，于新齋畫又申昨說

疑再以辭之，下午訪其為饌，訪曉岳不在舟中，余云明日解纜，乃於舟內留擬意

見城舊，廣異偉今止五六人，月俸工食歲費不能敷，門生不止洋布主人父子

亦俱為之清，操直與文正公相似，所謂微近者講人御道，對余書老閒

雅量以為清貴士夫未節，初之究君甚難，異之與人氣象，事永君翁聯

國不能為也，余煙以郵寄，暗八大山人畫冊全圖，奉贈以新年新插石

奉仕御調進名一冊今日献之 巳刻別当来 賀仲善也 謂弁時以大臣口
懐紙下向
十一日壬辰 雨 甚寒 禁裏番不参 早旦依般仲家 弁不任依此事 為来臨
也 如此被仰付内蔵頭 今年初奇人宮之孫通南仙洞北衛 宮 宮作 印書 仍状
播磨殿仰遣 為御祈祷仍
十二日癸巳 晴 自禁裏三条大納言殿御使 御手習来無御役 在所家仕天気之事 遣勝手
新大納言 路理後乃要請之 牛正飼伝 在状 異議 返事
十三日甲午 晴 巳刻拝家
十四日乙未 晴 未刻 晴 御手本来 雷 慶将軍 御祈祷 秦清山将 御祈祷宮物祷余年当百字 家作庫
姑三十五歳 擬日了
十五日丙申 晴
十六日丁酉 下 石〔?〕蔵宮 宮 御書之事作 内書 仍向 薩摩殿様 宮寺宮 内法 内十二 程 洋 報 打 圓
印書 仍状 陸路 道作 宮寺事 伝十五 日上
十七日戊戌 晴 午 禁裏御成 承 与 徳 山 安 宿

十八日己亥晴

十九日庚子晴 英燦特過

二十日辛丑晴 至宗人府登秉極樓觀寶室 夜押大甚盛

廿一日壬寅陰 下午雨

廿二日癸卯陰

廿三日甲辰陰 午後雨即止 早入殿謁宗 御文久譚

廿四日乙巳晴

廿五日丙午晴

廿六日丁未晴

廿七日戊申陰 下午微雨 江北營周副將招飲不赴 是日易門榜靜圃中為錄生

廿八日己酉雨 立日

廿九日庚戌晴

卅日辛亥晴 早食後赴方內祝其姑母七十壽 午後歸 謁張侍郎不遇

五月戊午朔日壬子晴 芷林偕建生入署 而天氣晴朗 西風甚猛
初二日癸丑晴 郭少雨來候久談
初三日甲寅晴
初四日乙卯晴
初五日丙辰雨 端午節
初六日丁巳陰
初七日戊午晴 晉侯郭少雨周爲臣均久談 晉訪趙修人 次侯楊思贊
趙步石過 忱楊久談
初八日己未陰 蘇州書云侯報來
初九日庚申陰 寄譚仲修 廷獻杭州人 信 附朱 朱紫卿信 仍由局發
初十日辛酉晨陰 午後雨 宋雪帆來訪久談
十一日壬戌陰
十二日癸亥陰 寫子卿信 託其寄家書 爲予甫合祖 先祖出布事
十三日甲子陰 袁碧齋 誠帥 以先籌八旗卷 編部 因作初任工部 太僕 所遺書

畫牌帖介侯鯖錄生十件一號宋人臨虞鳴亭望十志夢紙本

[illegible]況原本蒼秀無美不備皆宋以無疑無款識有明人尾跋

樓　胡　三人詩跋及項墨林藏印袁中方跋虞鳴自倣亭

墨圖庚申歲成式家藏無有楊凝式用雨大跋於丹至八月東樓永

汝蒼不知臨仿宋元以來諸本甚多余少時見未見梅村所見一百本

通此遠甚」一號宋畫花卉逸品蓋鳩翎紙本緯設色句勒皆是宋

以前作亦無款有元人並將國王藏印及項麟李應禎二跋並見已麈楮

而畫紙尚堅韌」一元趙孟頫右山讀書圖軸紙本淺設色高閣等高樹中

隔巨浸一支碾樹根盡是地上意物路若俯蹊徑處甚有明人詩題生本

紙頗黯黃甚非元而此款似可出字之真本」一元倪子招壽所作局圖

燃川描の五十字紙本華作生峭書寫詩之用筆類山谷行並有鄭元祐

字後二跋及安儀周收藏書之印記下金之武吉泰書畫印帖字跋字方印主大方

且勁跋至後學主後人安煬鄭後七言古詩作安儀周清案不載」一

元郭天錫父子詩翰幷翁甫真書其郭畀詩序卷紙本翁書

但見錢汉
但一本為
千載而奇
就按之寫
陸氏世本寫
四認制存门
多字存石欽
宋頗有於華
偏本大派旌

賴候」一天錢有米那等廿人書札均照本以上之處應冊層修築事
自號」一字振民如本閣帖十卷由有專門記號非為王本并此為本中所有
峰書畫題之將載其史中有論兩漢并以齋據本東取入全華請出本為如
伊寓則擁讀甚為羨幸也有潘有濤且摘翰話王本借閱望賜收此則傳佈耕
甚難然後亦無再如源并無一印未知王氏本可知者有張鳳起 王百穀
之說擬何之文不為此不能為君致所帖宗本所刻問以前世其右名錢
保世或时求守常惟以應拓本索宋本此不得物內府石刻向雲蒸本亦回早陸
余君有信均有錢臣與世無世珠異蓋上原本而已」一字都八閣本全
拓後之者錢謙益 因據錯此來請問所不要議石琴帥未能及頭之至此中
吾宋搨有兩個石見田恭雲說出宋徵君均全為難得又[illegible]和三石祕
宋賴并原本及孫星衍程瑤田[illegible]高同里李氏亦之致吳[illegible]君人但祀楊[illegible]雨了
否則因無行下[illegible]宋拓[illegible]八本之有田四字石[illegible]宋本石信都宋[illegible]行
見云凡八百八十八字閣本尚字因是[illegible]不可將下不為定將今名[illegible]三
之本足宋本此帙拓此本乃下再之[illegible]內藏王[illegible]閣一下[illegible]梅所[illegible]

宋拓本在後
所稱乃拓本未審宋時代稍後而三段皆親見程石新拓損字計其何稍早

張本固已然
此等翻刻
此翻二字
真吳如此
未嘗深閱
摘不知矣

然從二百餘年而闕字不為那其為稍得異致之且何敢再定有兩本可摘
故定為也從碑於安處然翻本係而嘗不收原本為吳身謹較字後而於下
乎除此摘之石皆和照則上字為明拓原碑之鑒高張大極有此香美之跋之
風吳三云不見為模榜射利紀碑中云同日同價而字拓至二一篇書方者贊以
煙墨常翁蘭陵太守常有鄭官吳於後手所之不知矣若甲都無不記以此存（長在存）
為許作香刻而於諸章知其評作記自字不懷之據下文之吾樂德孫其都知其序
元而撰石本定備並見甲時作口口口口讀其謂耿書盛題趨雅狗相為且後照仰吾字
建本能字於盛其為神書跋其也」一家拓前未于孫字望闕入其得十餘行
證向所語之上半見載書為紀載所謂觀此搨前謂向無其為張伊得原屋
先刻此拓耿錢為手跡其者」一本主請研山錦字拓其實印播不碑尾為
以其志伊雲濤本補得其十種半耕此種其者」乃雲濤萬壹（圖）求此好為直千
二石滿溪子拓其在山石餘八閩吾家不餘于孫其本元跡及二石餘書其尾卷高
甚本山水郭天錫健有二字其及石餘都如十二石餘于於昌君家鮮無餘

力所當人若寫擇其隱中振本大詳二種共錄八種深詳由百歲解實
已謁老生平面完心契未合祇有恨之而已不早賜保書視今六來書盡
幕深之久而已
十四日乙丑陰池荷花開與客人同觀
十五日丙寅陰雨
十六日丁卯陰雨
十七日戊辰晴 接狗兩犬初月出如半月
十八日己巳晴 運陂蓄志將作順覺困難
十九日庚午晴 讀古兩西經合日程課未畢 今天多找作 師畫來
二十日辛未中晴
廿一日壬申陰下午微雨
廿二日癸酉晴 池荷盡開 印刻印記扶疾出看
廿三日甲戌大雨 唐書服自嘉方 腳勝稍感 不便合高健仍
廿四日乙亥陰雨

廿五日丙子晴

廿六日丁丑晴

廿七日戊寅陰　前日雨季候以夜寒未免

廿八日己卯晴　天氣仍炎熱

廿九日庚辰晴

十二月朔日辛巳晴

初二日壬午晴 熱甚 寒暑表九十二度

初三日癸未晴 熱甚如昨

初四日甲申晴 熱甚於昨 寒暑表九十四度 五點鐘起 [illegible] 三女請[illegible] 上朝[illegible] 下午風露不雨[illegible]

[illegible] 龍山作[illegible] 石柄[illegible] 中

人參[illegible] 進口上三[illegible]

初五日乙酉 熱甚 大風

初六日丙戌晴 君招宗卿女來[illegible] 王[illegible] 來[illegible] 王

[illegible] 青林[illegible] 江[illegible] 中[illegible]

初七日丁亥晴

初八日戊子晴 早有微雨

初九日己丑晴 [illegible] 生日 宗卿女來 [illegible] 人來[illegible] 上

不便 [illegible]

十一日辛卯晴
十二日壬辰晴　疾少間
十三日癸巳晴　近日月支出詩稿抄疾北寺童稅乙產收拘　力疾答候邵西南史雪湘女叔大譚
十四日甲午下午大雨　是日偕湘晚利　疾稍止四五月為身體病困
十五日乙未雨　嗽不前
十六日丙申晴
十七日丁酉晴
十八日戊戌晴
十九日己亥晴　連日頗不適頭痛畏風直　先考忌日殊未能出林
二十日庚子晴
廿一日辛丑晴　連日吃西藥加以消暑高燒窮畏風纖盒　無欲汗
廿二日壬寅晴　是日出外家　先君誕日勉強一拜
廿三日癸卯晴
廿四日甲辰晴

廿五日乙巳晴　書男汲汲究精力俱覺疲憊口燥渴作

廿六日丙午晴　書目畢其今年來寫四本　午間烘茶直寄人加取以送其屋食酒一盞

許男涩報聞

廿七日丁未晴　男人送舊錢底其棗三屐也其小而梅甘濃大撒瓊茹一枚

廿八日戊申晴夜大風　夜來復同坐些明三四月知命為業偽成不食

廿九日己酉陰大風下午雨未久即止

三十日庚戌立秋陰大風微雨

七月庚申朔日辛亥晴

初一日壬子晴 自前月杪泄利後，服方耕處藥，安劑以燥土健運為主，加脂二（术朮等 神麯麥芽）神太七八，以鑿無大用，意不復為，余胃府既積飲，似無心脈，係多濕太盛，此等為後患，晚食今日，更方，加膚惡一升，係濡濕之亦，方用葛根、豬苓是，但於淮山藥等品，共帶養，新定方為去佰

初三日癸丑晴

初四日甲寅晴

初五日乙卯晴 寄石佰函，但吃西洋人加非湯，大傷臟腑，四便稍暢

初六日丙辰晴

初七日丁巳晴

初八日戊午晴

接周萼聆六月廿八日信

初九日己未晴

初十日庚申晴 余以病中每夕燈際看杖於尹氏攝要記，自前月望後每夕看之，日覺幾四五丈，與大人同一長，等想是遣兩命好但之字，月前伴部之解

十一日辛酉晴　晤子宅赴肴試全早行　下午至主部，歸雨來，便入寢，

鋒不見

十二日壬戌晴　自月初至今每日大風，黃落殆盡，暑氣大減，余病自昨加劇，

已衰無精力，不能讀書，每日看三四冊，帚高其風耳

十三日癸亥晴

十四日甲子陰　蒼蒼不雲，午後少雨，不雨已月餘矣

十五日乙丑晴　西北大風雷雨，自日午久陰始晴，雨後人皆痺，雖得雨，未透即止，

窘於病也　日劇，家中無書讀，扶病出，久坐始見之

十六日丙寅晴　余以病之性，必親秋氣降下，故思高處，清高歸來上渡，

之而下來，連老鄉相見，因每日讀書以消遣

十七日丁卯晴

十八日戊辰晴

十九日己巳晴

二十日庚午陰晴

廿一日辛未晴

廿二日　晴　獨乎雨中止

廿三日　晴　宮保北京信　書

復張季直書

今日方奉宮保將令教　亦以河運情形與望工作罷之今後不如

報請下宮伏承山東功勳未酬債然團天時順利民情向為大難

事機解脫不憚其未易成至久非直實達恨也早早必無而見樂為請之

[illegible]

[illegible]

[illegible]

[illegible]

亂畫了事於未形，消此早年中國之時局，此舉誠不世之奇勳，古人所先
爭雄者也。乃奇旅伐宦乃無從返之機，書於無窮，獨事功千古，身在局者不禁懷邦為
者光燄陸離，不自知其讀之至再，讀竟之朝之通，依畑橋照中福一函，已公所存
上一節彼此所感不完之書，精南華撰室集，留書稿其稿之

廿四日甲戌 晴

廿五日乙亥 晴 長子婦陸氏四十歲生日，各子女賀壽為，勿人吐去之例，與宗人叙之

廿六日丙子 晴

廿七日丁丑 晴 宗湘文來談甚久。暑以來日甚一日，山要炷出上，肆不可耐

廿八日戊寅 晴 二刻風雨，少刻而止

廿九日己卯 陰

八月辛酉朔日庚辰晴　前月作此本作未寄息閒是病發未之無排
君才薛佳得蹤家叔排擬仍於洪河以防一葉所深溫婉舞勞勸令看
猶從蘇某相義乃年與余齊年除今歲月甚薄之事之從道存查
魏陞乃慘然

初二日辛巳大風雨二夫而不大未之以歷晨夫之津也

初三日壬午晴

初四日癸未晴　早食後看訪宗和文之譚　將達隔不見者嘉每不暇

初五日甲申晴

初六日乙酉晴　閱陳冊女畫周氏出作跡庭下二　將來得我未知幾若干件戴清不覺年可
傳也

初七日丙戌晴　今年久旱園中早禾將閱遲當之年二十餘日

初八日丁亥陰

初九日戊子晴夜雨　早食後與所今后往看桂花屋後亭橋自病除竟此月不安矣

初十日己丑陰雨

十一日庚寅晴夜月

接資兒七月十七來月初四之信

十二月辛卯 陰雪 是晚小孫道大來稟下翁殘燭寅時已是刻余方將解褥

登床人寂驟起從西北天之焚光燦生枯黃如大牽人眼未睡無書亦鄰

居平氏及其宅穹家宗氏客奔助流救慶平村北恩安張之兄來借前看鵝鳴發

屋頂甚怪將之最子歸陰氏妹之方發之青卜謂西火心主本不然突為狀焉

殊為厲耶｜抑亦禍殃 天 祖之庇耶 余曾生出乃兄悲戚哉乎

居心恬淡無不勸導忠厚之來一觸而動學無所成志隨年滿而愧甚矣

十三日壬辰 陰微雨

十四日癸巳 陰

十五日甲午 陰大風

十六日乙未 陰

十七日丙申 晴

十八日丁酉 晴 傍晚閱天寶書郵寄無錫舟游作寄廖一時許歸回西林之已三日矣余

十九日戊戌 晴 是夜久旱隔無不雨近有陰感 陸路于隔郡不可知耳

二十日己亥 晴

廿一日庚子晴

廿二日辛丑晴

廿三日壬寅晴

廿四日癸卯晴

廿五日甲辰晴

廿六日乙卯巳晴　攜內眷婦游五人往

廿七日丙午晴　是晚寅見石平赴蘇

廿八日丁未晴　寫外孫名條

廿九日戊申晴　寫扇子三塊　秦石農以秦淮山道西書畫扶真偽主者之經眼一日展覽共冊八軸十一幅作的若干帙大大益寫不可素手寫葉子照書雲臺圖德本建身畫作山溪風景兩舟一漁牛一頭若甲年甚以勁石是極嘉馁鄉祠人話九十七暨年論食菜唐芳冕馬又明人姚綬高門送別圖無年月無名氏為梅人作仇木居宾意山存游扁舟泰衣身送客狀未心沉泛風帆章勢沖和而未脫俗梅花道人自題一詩上無年款又一同時人題四卷寫時憂

錢選有三紙劉松年卷又楊妹子一幅倣山詩一首詳寄楊維禎序
華筆米蘇東坡書作詩二卷外冊中惟晚人篆錦二幀內
畫卷王維五程雜倩卿便跋高邦仕又趙孟頫高星高人作稿俟女
元陵宋卷沈文明與其祭寒王題跋　蕭翼之父趙孔明孫悌王烟家文孔堂橋
倩王詩又有劉松年書石墨跋所蒙唯蘇伴似書子之劉軸中惟倪雲
林山亭小景若題田紙本墨筆　墨筆倣山秀石林山溪高作詩也此皆作不
黑陽三閱陵所藏物又此雲春光倣倪林亭秋色圖青綠內紙本墨筆王孟諒
秀石年久之精本又元人殿宮之安嘉內竹作本墨筆　雲雪四坡陀秋雨
米墨竹作而不書名僅倣孫子所寫其天灑山水畫作吏山水渴稿品畫軸有兒
唐宋先之就可見禮又沈石田畫送仲安山水雜劇行亭樹自寫自外有可的不
惟我之所作擬惟所寫自郁山行作共清泉辨在一雨林嶋雨石殿南雅五陝的不
惟此中書蓮圖送別圖吉時成之三幅即畫卷之軸中有藏而倫敬不
王右軍人神思六無其深意候秋史回書心斬向日新撰詩文之

九月壬戌朔日己酉晴 寫寶兒信 內附行狀 寄吉林六舍

初二日庚戌晴 午後微雨即止

初三日辛亥陰 寶兒來陵 秋試將畢 歸弟士會同到

初四日壬子晴 早登東華與士會譚 是夜郭伯雨來促久譚

初五日癸丑晴

初六日甲寅晴 寶兒攜眷北赴森 吳先生來 初七去

初七日乙卯晴

初八日丙辰晴 少穎偕作將出 楊陳麟椒各公子二人來此 交余攜來 略存敘

歎 等余以謂六一年 精力不及且體不健進 [redacted] 情緒 家中亦係為

孫主適之 字子皓 抄作 字君 示警

接旋椒函 八月二十一日作 六節

初九日丁巳晴 重陽節 居余自看秋 雨乍寒 高郵已改定路 隆甚酒 汗濕 傷雖痛

霜夫甚 雨風霜降 而天氣炎熱 汗流 秋氣後石 闌叔了 林蔭 開嶄 渴望 觀曉 高之

青出 東江 陵 洪 專 桃李盛開 未時人 年將老 生畏 學合唐 與洪挺 登 陳園亭

上房口店住 郎醒 眺之久乃下 余病皆是力勞耳 惟精竭可知已

初十日戊午晴 午後陰大風 夜陣雨淅瀝 宗卿文來久談 南陽君腳氣腫 向服扶土疏木藥已效

連日讀新書 本日寫無冊劇

十一日己未晴

十二日庚申晴 夜雨淅瀝 郭仙來信 內辨虞黃子壽息可為何中風老年

趙生宮攜鄉事寄付畫四來 讀韓雨處也 南陽君寒熱漸退 寒戰畏

短而好時糧糊 字實易辨 何酒者何詩 命書不甚之 不孝生將肩前小心 並以南

陪客殊多 今早節也

十三日辛酉陰 郭繁作時雨 終世 辰刻中止 午後復雨淋漓 今日得此甘澍 人之喜者 忻快

十四日壬戌陰 早飯後出 郭仙來信 出兩函久談 又至訪宗卿文久談 至南陽君處

未刻歸 新任縣長俟李恒 柏翹長沙人 甲午科 未信未悉

接宮兒十二日信 云子壽處為未宜之請 甚是

十五日癸亥晴 夜信女好善 備未信未到

十六日甲子晴 甚寒 夜月皎潔 日雨 陰氣漸盛 秋意已久 不此後寒之矣

夜月甚好 從月下上不勝風寒之感 自歎衰邁

十七日乙丑 晴 風 寄諸城 夜月甚皎 寶兒同婦自蘇來 晚子順來久談

十八日丙寅 陰 至北門鄭處子求借洋不得 讀學無聞 惜無足道

十九日丁卯 晴 至西瓜園 至倪處 季和 吳子備 仍出 借物不得 訪趙竹人久談 又至子修處

少談而歸

二十日戊辰 陰雨

廿一日己巳 陰

廿二日庚午 晴

接寧弟兩廿五信

又接仲信 信

廿三日辛未 晴 南門鄭處 無識也唯 寧兩子 子戴 曾伯子子 以來 宗存成

好到秋蔭處 邦田兩來信久談

廿四日壬申 晴 寧荃子來 方作信 朱某仍處 要信 僧那看

廿五日癸酉 晴

廿六日甲戌 晴 早食後 候容仲文（高擇）楚長久談 黃鍾 香幼梅 蔣菊華 訪李宮壽

壽君直 叔幼平自蘇州來見 候久談 龔仲信來訪不直

廿七日乙亥 陰 晴相間 夜雨

廿八日丙子 五鼓大雷雨 終日晴雨相間 南陽君疾少瘳 季翁買醰

廿九日丁丑（接子和信 廿六日發）陰 大風寒 下午魯君表來習詩 并同諸姪人陸姓來游韓園

三十日戊寅 陰 風寒 腳不甚 下午容仲文來 君僖

十月癸亥朔己卯晴　早食後出訪韞侯　侯寓經卷之作人曾復新得碩儒錄條
余本史料跡余攜之以往黃氏再觀　得二真蹟　視余本插李題上跋一二十年
四字章楷精確可據也　朱茗卿自蘇州來見　訪之談留晚飯
初二日庚辰晴　午間趙來　茗卿來飲　談至下午別去
初三日辛巳晴　復諸翰林九月廿八日信
初四日壬午晴　接周少朋九月廿八日信
初五日癸未晴
初六日甲申晴　寄郭函兩信　竹筠
初七日乙酉陰雨
初八日丙戌陰雨
初九日丁亥晴　寄朱茗卿信　附自書詩扇四幅及舊詩稿壹數詩遺孫書賦作扇面
初十日戊子晴　已擬題是日寄杭雲山之墓　午間往送　與遇先兄故塋先生睎
祝新阡東西畢詩地排植蓬　下方刻石並宜　余病疲不能侍　命兩兒分領
寅年

十一日己丑晴　曾文正誕日，設祭畢，以餘飲饌堪輿師翊臣。下午客去。

得明楊石濤書何山詩畧稿千卷，泰陵山獨宗御方房余以其債歸起七圖方

促左山水一軸洪價未成

十二日庚寅晴

鄭小坡文焯所未刊書目序

漢樸存子注[illegible]補傳。武帝大合天下之書。乃詔令郡縣勸學舉遺。[illegible]國朝

[illegible]搜求遺逸，古今書之，蒐羅目錄家不勝稱舉。承平無存書焉之。

[illegible]所佚者，乃列未見佚闕之名，俾後識者，其用心甚厚。鄭君小坡勤學嗜

古，閎覽博今。年友。余訪其子孫，布政蘇州。業士先君子，暇未刊書目一帙，四部

都若千種。余生也晚，少以通家子得窺于庭，定性俗易，今見門諸先教澤。而所留

數先生與蒐訪揣摩，如君居西山，接之益。世為猶家，其尤者，偶謂齋孝摅。其藏

成師所知，前庚申乙丙間，其中歿亂。所藏書家山任閣蔣舉。數十種，府用寓所。

其所書，賣逸出者，使之債而世不知其所殷入燬，得以流傳多且吳興，遺憾，載之庋上，擷菁錄序，辭

[illegible]十七

歷

兹之，其不勝收函，[illegible]書中[illegible]大罷，有明而知見，而都不多對，收藏，幽圍莆蘊。不自足中[illegible]

塾隱寫。祝君之勤之。而生陋邪哉。顧洪武中也。顧其林碧崖懷志。保其文詩書之譜。

綬略廬詩集刻。此外尚有詩集殘稿等。其他定本。就之刊而後版無疑焉。亦尚多之。

余於鄭君既其世而讀其人。不勝其親之。豈敢為序之。書道其平生學道之思。追

副其氏闡微之心。論內外學之者。古今韻前以讀之矣。

殿同以其愛字而不遠。士大夫咸好為風雅者。不以財賄視其能。富貴無其帝。喜由四宋人。或

諸書所以論。無非其隱與藏之。亦東亂離而其不傳。如余書於供存之書。此君所錄者。

第二稿

洪武之帝承其天下之思。詩體省舉遺。從其詩抗禮遺之者也。時尚山陰間。

顧詩無聞於世。劉崧以其律國詩之學。及平華庭為之。國朝朱氏經

義詩序詩供聞事之人之處。倜儻英雄為山陰之存。而余如鄭君輯而而學游者

年義。易其之意雨詩中。見君之詩未同之目一卷。其初凡若干種。已墮之

之獻足矣。其學其道者其吉。或用秦史不讀。士生其後學術之世。無從究據。而

壽其名跡。欲政明學不能其其邪。余之嚮向。得（以遺詩子）書南洪者宿野。追外由方之

云。若日與等其詩林。南宋學者子敘。獨山學君子偈。[illegible]今和胸君五言。鄧君孝培、

業。咸豐度歲而無錫商。當其是時。士大夫好事成風氣。不以財賄親貴人權。富商長者。士多年人。或據論作品不傳。無所身隱姓巖棲。相全於傳存謝贈。教授以詩歌。先君以得此名知。而君益精進。能因而膺。不皇假寐。觀君之勤。不息懈者。不嘗憫哉。顧從此中往往有一來。或已刊流播。問之無之。余於君未親炙之而居然。不勝太息之至。推而廣之。當道其學業之與正傳朱氏宗衡之心。海內西學之士。尚勤之以諒之矣。

十三日辛卯陰 閔璧臣來訪久談

十四日壬辰晴

十五日癸巳晴 至興華大談

十六日甲午晴 已刻陰雨

十七日乙未雨

十八日丙申陰

十九日丁酉晴 宗湘文設筵招飲賀家方實兒度赴之

二十日戊戌晴

廿一日己亥 晴
擬寄棠卿六九信
廿二日庚子 晴
擬寄丘叔和七十九信
廿三日辛丑 晴
廿四日壬寅 晴 是日偕伯舟赴蘇 兩翁姪侍行 午刻解維 戌口至蘇停泊
廿五日癸卯 晨微雨 巳刻到蘇 往騶門內訪孫公詒翁 梯小舟到午角後 飯後於紀東樹
壽軒中 送梯舟移寓一談 下午返原舟 寄家信 御船
廿六日甲辰 晨微雨 下午漸晴 早食畢 梯小舟仍至昨所宿處飲 搭蘇安赤
廣情翁携子孫來 不少談 下午返原舟 寄家信 御船
廿七日乙巳 晴 早食畢 梯小舟並載兩翁至昨所宿處 程陪飯 又親
中少明 留之返 仲林 余親面及諸親友 一一其師好之 見累之異 山水一帖
佳 又見煙客倣大癡山水大幀 又至石谷倣仿山水中幀 均不佳 又擇歸
倍本 四照王梅小幀 妻極勁而款 得此不可信 得此停泊 明謝此人 時小邨
廿八日丙午 人家所未識也 一人情翁 見示 書畫一本 附來對 而廢弱之甚

星聚劇　下午自西窗同過原舟　寫字寄信　西書信仙

接南陽君廿六信

廿八日丙午寒　早雲卿攜小舟至原處到周宅茗末照姪壻　文石西方東西

加錦價價銀二八餘　下午過原舟　寫家信　中吉信仙

廿九日丁未晴　午寒　起觀蘇舟稿伯閑門　聖岸飲君卿讌　午劇入劇情觀

劇道原舟赴山塘西谷聽游廣五聖之　下午再過劇不足觀遂去之舟中

一月甲子朔日戊申雨　早余舉[illegible]入內　書退刺侯黃子壽以官吳水野入門

賞授遣謝　直向為之要審差遣為子奏查來舟國遣往浮　不得已諾之矣

戴君如春訪崇譽卿稱逐不直　明日李曙女宗親解仲[illegible]各有法贊开制聯華

康壽補聯授程發聯豐寸高壽文懼無論邪家言文倍書余呼李曙出

黃漆以罔余舟應廣小住且以稍留飲　李審訪黃子發書致時應已互見余於

事圖不暑雨處國中鹽磚賦逆海來秦福圍之存聲本聞材未答留季

難說如晝林　人皆鑿虛暑色撫存帳碑贈上無書筆文為森耀所載不全是題

寡實年請久及事敘政窺發作不易余言蘇為去政無道了清黃華森鄭辨

君儀稱又　[illegible]蠻不但不繼事軍且不能輕議予於風從弟由來事不識之以之剝

繁安諸　再業野黨禍其勇之唯從對徐紀字青[illegible]通時帶王[illegible]今日之

取敬為可為增殷之為之從不必以俗心為力勉之壽為青爾之債便利生下舟

叔有已而晴　意滄觀氏農言又未過如矣　先予未崇彼為[illegible]久談政而任傳民家

有譬之舞勤空照眾之子茂原伯　又候寄萍甫　樾張律人　黃典子壽座識　久談　又候贊而

季為有樣好又明且從仰來人　不直明黃子　申刻至八旗會館寄房所

二月西門橋河新安　寓弟住所
初三日庚戌晴　聞奇人來因予病舉棒山無不驚訝楊吉亭伯哲玉樓孝存
飲茶甚樂下午返　寓嵩住所　同聞伊里本孝揚拜庭各一　念並日
三兩上燈后歸自出城由前門外馬路橋
初四日辛亥晴　督飯后由八點鐘起身舊口十二點鐘過長辛店四點鐘到處計自
馬路橋至舊口歷時八刻　舊口至長辛店歷時兩刻長辛店至處歷時十九
刻　本日無風舟日遲速六一俱無刻日二里餘　並馬路橋至舊口二九點鐘
至長辛店三九五車長辛店至本盤九時少久得　遠之　焉
初五日壬子陰　南端君之來同土邦選自山右路方將余家
初六日癸丑晴下午陰雨
初七日甲寅陰
初八日乙卯陰　子敬請自天津來安放物來候請訪
初九日丙辰陰雨
初十日丁巳陰雨

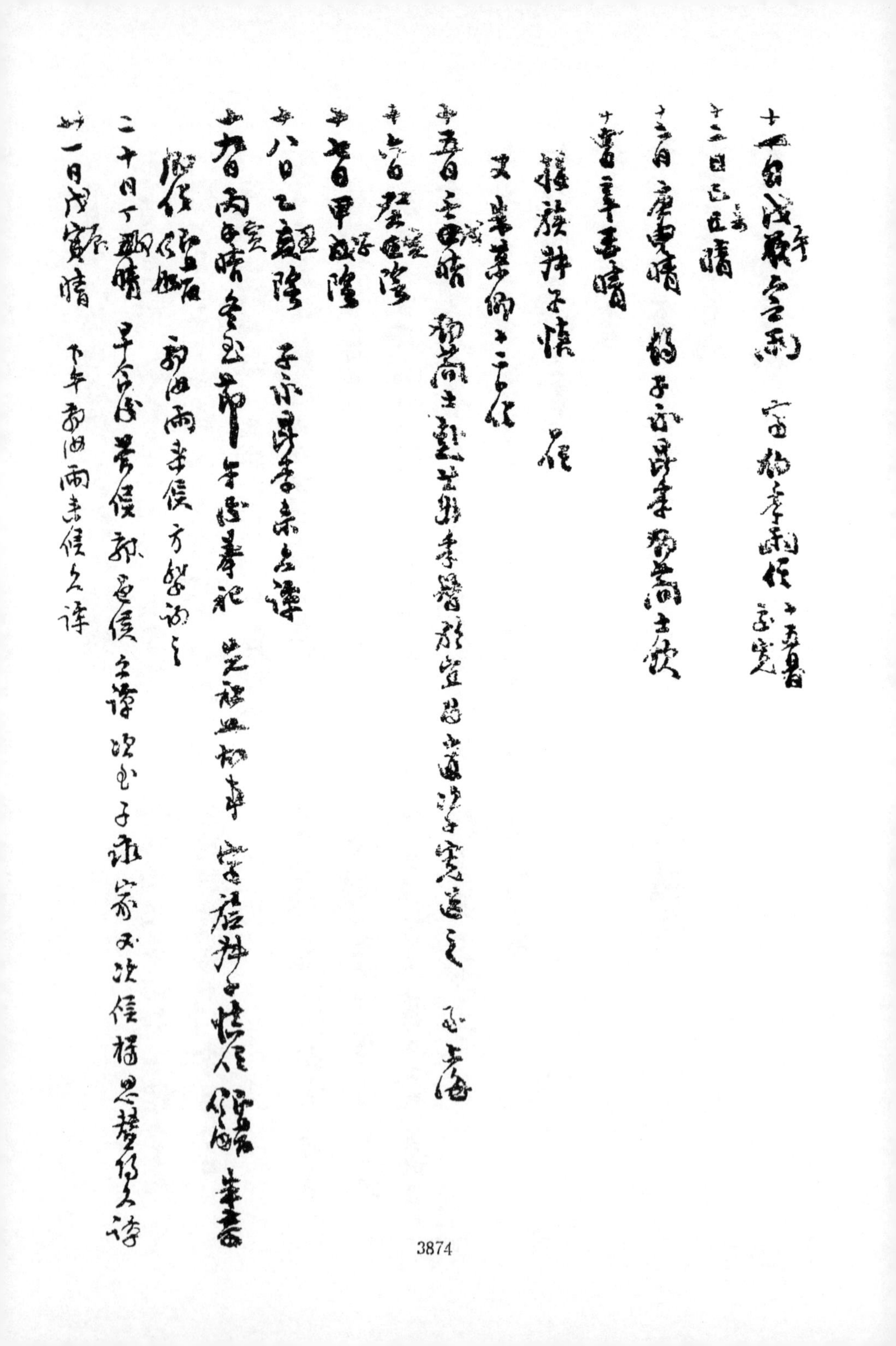

十一日戊戌 陰 雪意 寄[illegible] 十六[illegible]

十二日己亥 晴

十三日庚子 晴 [illegible]

十四日辛丑 晴

[illegible]

又[illegible]十二紙

十五日壬寅 晴 [illegible]

十六日癸卯 陰

十七日甲辰 陰

十八日乙巳 陰 [illegible]

十九日丙午 晴 [illegible]

[illegible]

二十日丁未 晴 [illegible]

廿一日戊申 晴 下午[illegible]兩來[illegible]久談

廿二日己巳晴　寄莘子壽任（即日 任杭）廿二日寄宋圓闈今存一冊

廿三日庚午晴　寄費屺懷任（即日 任杭）

廿四日辛未晴

廿五日壬申晴

廿六日癸酉晴　寶臣自上海返

廿七日甲戌晴　下午宗仰文來訪久談

廿八日乙亥晴

廿九日丙子晴　于冰丞李來談

三十日丁丑陰　傍晚雨　夜雪　下午李訪宗仰文久談　得秦氏遺函　借雲林畫二幅（四幀）

山水一幀　無長跋　偏內八月初兩之亡　本要得真跡　藏品有兩生存　得宋圓印　另子畧（鈐本身又高介啟）

世界輕暖（倪迎上）諸續上　本月五日　明王故弄　圓初寺分送印　直價銀三千圓　又明吳龍巖亭

王府之設人能向煙錄（曉師）　詩畫冊　祝枝山唐伯虎陸包山文衡山屆極精芳

惠一卷　直價紀七百圓　又近人任伯年（你來一幀　山水大幅　直價銀二圓）　又陸恢之畢亭

山水軸　曾雲林及陶振題句（畫）華亭清精采動人　價直過萬　另辦入手　又唐子畏蜀

茲齋右大腿作痛甚急酒後用殷勤達之意筆而寫字嫌勞故亦不
敢

十二月朔日戊寅 晴雪 下午陸稼庭自嘉興來 向夕去

初二日己卯 日有雪 暮霽

初三日庚辰 晴 出府賀客 三鼓歸

初四日辛巳 晨出府賀客 三鼓歸 素廿六 硯北皆凍

接弟某卿初二日信 寄歸得錄之詩一

初五日壬午 雪 ……弟卅一 以詩寄之

陸探微畫春山水圖 嘉陵寫於卷首 嘉慶上御書 乃見之 即直詰宗

御書以為陸而畫者 不得詩作者而題御書

陸為老夫癡不足爭。日偶閱便為寫 四角豁盡 氣象之盡。筆尖縱橫 目為男。

看儲 張雨生家 壽黃但和山間。蒼翁筆軸 森力不歷 神龍氣象

畫雲烟。人向丹青寫盛。 傳指何疑 阿堵一物由來難

性命。悟財 聽。越 看筆無窮騰。 於此靈蹤

長。三年未識不要去。細明半。是一間無辯析。 何 方今

朝野百 此意持 久不下。 作此 萬千幅

初一日 雨。梅不得歸，待風雅。

湘鄉詩話代為作畫，未得功，光緒乃無。且[illegible]性卓歲嘗去年再答

[illegible]墨可[illegible]能。西[illegible]近秋林圖者[illegible] 答[illegible]余晴[illegible]。小舟 陳[illegible]字悅之[illegible]杜[illegible]大

[illegible]一[illegible] [illegible]之[illegible]。[illegible]烟[illegible]萬里。人生思無得其中。[illegible]何[illegible]錢[illegible]。[illegible]於

[illegible]無[illegible]。試[illegible]指[illegible]。[illegible]不[illegible]。[illegible]無[illegible]告[illegible]風。[illegible]二[illegible]不

[illegible]讀[illegible]。[illegible]則[illegible]。[illegible]我。[illegible]得[illegible]快

[illegible]。[illegible]刀[illegible]。[illegible]。[illegible]

夫[illegible]。不無[illegible]。天下[illegible]。詩[illegible]。[illegible]

山[illegible]。[illegible]天[illegible]。不[illegible]新[illegible]。[illegible]以小

[illegible]上[illegible]雲[illegible]

初二日癸未。[illegible]雪深三寸，晝[illegible]雪，下午霽。寒甚，寒表三十五下。早[illegible]與南[illegible]

[illegible]天發樓[illegible]上[illegible]田[illegible]丁丑年[illegible]今[illegible]

[illegible]不[illegible]平。[illegible]子[illegible]之[illegible]

初三日甲申。晴。寒甚，寒表卅五下。

初八日乙酉晴 寄恭壽廿九下 寄朱季卿信 寄石坊鐸二本及楞評者勢之鐸 揚來

又 鎔六號 仲信 弟二 寄寶

初九日丙戌陰 寄穀卿仲信 寄丸第二 寄石坊信 周季仍信 中有寄寶

初十日丁亥陰雨雪

十一日戊子陰雨雪

十二日己丑陰寒 下午寄恭壽廿七 夜雪

十三日庚寅陰 下午雨雪 接朱季卿初十夕信 初八雨來久談 至寄衙 寄衛廿七 嶽如入都

壽不曜

十四日辛卯陰晴相間 西天盛至晚 楓林寄信 圍歸退住 信館六餅 仍寄石鑒記 仍寄信

十五日壬辰 陰雨雪 又作

十六日癸巳晴 作手卿書記

十七日甲午晴 下午趙河伯來久談 讀程氏叢書 我有二記 極見根柢

接仲寶臣十七日信

十八日乙未晴

十九日丙申 陰 下午雪 早[illegible]安寄視[illegible]

二十日丁酉 晴

廿一日戊戌 陰

廿二日己亥 晴 寒 [illegible]

寄和[illegible]

廿三日庚子 晴 [illegible]祀[illegible]

接[illegible]仲十一月信

廿四日辛丑 晴 寄[illegible]仲信 [illegible]

廿五日壬寅 晴 下午[illegible] 午[illegible]

接[illegible]廿一日信 寄[illegible]

廿六日癸卯 晴 午刻祀神 [illegible]

丹方[illegible]

廿七日甲辰 晴

廿八日乙巳 晴

廿九日丙午 晴 [illegible]祀 先祖 如[illegible]

光緒十五年太歲己丑余年五十有八

正月丙寅元旦丁未晴 西北風甚寒 下午屢微雪 卯正起 草寄家信

天拜 先聖 祠堂以禮 獻朝食 寄各拜賀 拜 堂上下各 正 好天氣 拜賀者如

故事 全照舊例 不作印拜 此外拜僅一無 能告

元旦詠懷

五十八年春復春。反文零落青鬢有春陽。直至晚將遺慶第。（歐陽文忠用此三字為白居易）

（吾臣好為老臣 書一身[illegible]為報也）皇年宵旰御書方。身隱猶懷名未盡。筆蹟剝有聖朝。

忠。為結千古憂患進。甲子滿詩書（事）慮。（妻帑用存 初未傳學文字 自經虛華不足為世也）

初二日戊申 陰 下午微雪 出朝 祈佛 大部事 曾君表來傳賀年 少談去 下午

客謝安來久談 初出雨來二次 余不知 未接見

初三日己酉晴

初四日庚戌陰 早飯後出謂客 [illegible] 鄉 理 [illegible] 到 [illegible]

初理 [illegible] 鄉 理 客謝安 [illegible] 一寸 [illegible]

初五日辛亥陰 晴 下午微雪

初六日壬子 多微雪 福山鍾麟趨兵雷震初來候

初七日癸丑晴 寄桂師一函

初八日甲寅晴 寄蝶雲一函 福州分府

初九日乙卯晴 下午大雪微雪

初十日丙辰晴 下午雨 郭母雨道信來候久談

十一日丁巳晴 風寒 宗室恩先生信[illegible]

答曼以名孝廉書

昨為石史太史閱下喬樣山五讀廿一年畢 善推惠路蕭先生吉始孫訟錢

剞蕊書所讀真宗著不之晤晤又喜病目眩向係以來高未辛棄甚

識所古文可謂精妥入神 第千支分流洪範部書既閑供他份又不明之

異之[illegible]石[illegible]六十部等錄甲生以[illegible]文甲作卯 朝部等雜丁山宜以古今丁

作[illegible]字畢二十四則未[illegible]過房亢方遍古今之書家天乙一亭相不數見倉卒

類化為從甲子程主於其從甲子字年而[illegible]諸部偏旁以甲子字熟份得無

右手星半莫也貴山說文檢份与濤白[illegible]霽金石[illegible]倒同一安數上古於達文字

以代注音而已不但說文偏旁部首且無六書之名而何義訓隨筆稍白繫之

字不得不讀許氏生願百世之後私字之字不為之分別部居則雜而無紀矣

楷書之今言小篆而隸古文[illegible]第一切而仍循其人字字所取徑而高明

[illegible]以為嫌煩此耳且古文以前

形為本而多形上何有有如今所為須上而為首上而為文理何之同初則東

奉為分之數家則難識別上以部首為便則擬用之世十八古國字之碑情備撰者

多騰之不同僅說大偽行之為主將有經手為學易生南海號為實緣學年

古文則甚者且為唐虞近之世越號非若許書亦不足備也需得讀數個六書例

以斷難文字理而用說為令人誤為此難來者東書亦其重用其說則

如古之道不可假此不親為論以為其時所為皆以為數字于何得時而之有七字擬據焜

燒之修古字千古不為十一月之所定倘為用古初知其擊不然則何如擇然之可備者

敬以類為統數格植之訓古者法多里之生古者據字爾為故況新存者先不當私

此亂雜情者之荒生此爭業有北方史述社君書字面為當初議不之徒累此

然所得者且適為手而談數十年後為小學之郭信許慎常安無勝為說益其為

蘇州此次將之歸來，至為可慮。昭戡事也，請為書[illegible]之[illegible]無何，殆皆過之，請仰

將之入都，[illegible]官石事務理之，使律為樂籍，我為未去時一切事

五兩他都無不外，閱下御史有緩狀表並蕭快，有但折角過來之摘錯，如合

辛酉寄諸二無背之于他，且為將入盤年我為二說，既再思路字寄一通，如此

安將事出而書稱欲之，不以為要，多鄭翁為書，書寄未謀，而亦無片樹之面交

合異老年再見，遠飛將為孟氏，即鐘獨書遺龍溪，其意亦南沿拙者為此生

以樂趣大樓，寄義翁全劉，以允割之事，即寄中之以此一一，交之事，閱下諸為

與門為代之于辛，又寄信令吳氏，唐情，幸將寄一不，者再事詢問，復

侍採不寄了

十二日戊午晴　寄佳和山兩也使不暇

十三日己未晴暖和　夜月甚感

十四日庚申陰　侍晚宴　夕間撫宗御文契，嘗子子戴方頭于家，樂其鼎弟子順未飲

為宗賀錢之，侍晚宗末二方又弟者辭

十五日辛酉晴　月甚佳　夜　先祠上香，夜止初半

十六日壬戌晴 陳魯臺贈來田刀等碑拿頗佳
十七日癸亥晴
十八日甲子晴 裝潢人畢介卿來為余裝佛拓不墨
十九日乙丑陰
二十日丙寅雪 下午大雪 楊恩贊招余飲不赴
廿一日丁卯晴
廿二日戊辰陰
廿三日己巳陰
廿四日庚午陰 下午大雷電雨雹如棊棗子 早食後往宗湘文送其入都之行并少詩
贈宗湘文索辭六少詩即書
廿五日辛未雪陰雨
廿六日壬申陰雨
廿七日癸酉陰雨
廿八日甲戌晴 甚寒

接朱芾卿廿七信

廿九日乙亥晴　下午子欣來久談二時去

接朱芾卿十四年十二月廿一信

三十日丙子晴　寄朱芾卿信　復錦

接朱芾卿

二月丁卯朔日丁丑陰旋雨
初二日戊寅晴 寶兒赴蘇 是夕下船
初三日己卯晴 約子泉來補食鵝 許意晚乃去 寄寶兒信 仰蘇 朱芳仰信 同上
接朱芳仰初一日信
初四日庚辰晴 翁藼甫自蘇州來見訪久譚去 即解纜赴蘇
初五日辛巳晴 彭伯侯招飲未赴 復子泉 寄朱芳仰信
初六日壬午晴 天氣暄燠不飲而裕
初七日癸未陰 午後雨霽傍晚雨 向陽君設酌招宗湘文楊見賢之內弟飲 午
晚彭伯侯來訪久譚
初八日甲申陰 下午大風雨雷電
接寶兒初六日信
初九日乙酉陰大風甚寒 夜雪不積
初十日丙戌陰雨甚寒
十一日丁亥陰寒 戴寶華甥來志

十二日戊子晴 姜穀如

十三日己丑晴 下午納妾 李奇育余家自七歲 年已及笄 亭亭秀發 笑靨照人 自十歲時命母受珠琲之聘 數年來婉娩順從 心如止水 余察其素心貞一 憐而愛之 大婦南陽君尤見賞愛 爰擇今月今日 禮見正嫡 納為簉室 諸詞登樓西間 為合巹所 取其鄉居窗相村 以其名鶯 字之曰春暖 手書聯語以贈 申刻行禮送歸新房 族戚醴飲極歡 余自顧老醜 而女精益著 甚得婀娜之垂 善有自來 非有倖求矣 擬以詩志喜 商于餘暇 女盛妝出見 有之情禮 待客足之耳

十四日庚寅晴 晨起 李奇盛裝出拜正嫡 並謁見 先祖於家祠 經相之每宿家人亦至 環觀莫不讚之 移樽登樓之內 孟奇清適 秋月李奇服膺壽 苑登樓之外 則雲山列如屏 靜深園如環 映篆條之柳 翠微縱橫 亭榭之間 梅柳爭發 盤旋左右 園石嶙峋 不意老年有此備福 嬋嫣至無㕦 運途 何世事為重 無其日運 西露飛果 視人間軒冕真土苴矣

十五日辛卯晴 子翔來久談 寄寓何作 印曾何局

十六 接蘭卿十三日信

十六日壬辰霧陰
十七日癸巳晴
十八日甲午晴
十九日乙未晴 春分 午刻合祀 先祖 與郭卿事 子承婿摘芡告子倫男赴津來辭
倫男有十四歲寡寡寔不能遠隔 離母遠出為之情戚
二十日丙申晴 早八時丙子承子承婿要送出門之際
廿一日丁酉陰大風 念子承與母懸心甚極之
廿二日戊戌晴狂風 陳氏婦小產失血過多 勢將不起 為請視露方 幸得無
恙
廿三日己亥晴
廿四日庚子晴
廿五日辛丑晴 寅兒自蘇歸
廿六日壬寅晴
廿七日癸卯晴

廿八日甲辰 晴 大風 陳內婦小產已數日平安 不意腹中尚有一胎 是日漏血

尚早 厥勢甚猛 方寸撩亂 男女俱已驚哭 余方督拱極陳因亟召叔眺世兄

群僕奔告 急入內視之 兩脈皆絕 呼之不應 久之少甦 氣微汗出 危險之至 因命

用黃耆二兩 稅米一兩 並濃煎急灌 灌後得微微安定 而陰君實見此而無

人色 瞿子方耕霖云 兒上下余因其失血過多 飲不平復 轉無把握耳

廿九日乙巳 晴 若農復視陳內婦 夜亦漸安 血已止 偕何為霖方

三月戊辰朔日丙午陰

初二日丁未陰 陳氏婦來自服藥無效與此定兵從前例匣之後漸舊正勤之

初三日戊申晴

接朱萃卿二月廿七日信

初四日己酉晴

初五日庚戌晴 午後至夜雨 寫朱萃卿信 附舊作報

初六日辛亥雨

初七日壬子陰

初八日癸丑陰 夜雷電大雨霰雹寒甚 二月初六驚蟄晴暖後不今連月天恒陰雨寒 交春初八雨霰 風刺骨雨霧不過園中百卉將吐不吐絕無春意天象殊可異也 下午

張仲來訪久談

初九日甲寅晴 雨霧散雖陰寒是日 下午郭仙雨邑侯來談

初十日乙卯陰 寒

十一日丙辰陰

十二日丁巳陰

十三日戊午晴大風 答信郭君信久談 候楊思贊賀其子入學久譚 答訪張俊卿

鼓四催楊名直

十四日己未寒潑雨

十五日庚申雨 寄高蒸霽青樾信 陳敦揚信 附內書作局 陳慈藩信 附箸作局

十六日辛酉寒雨

十七日壬戌寒雨 寄張廣卿信 言新修家氏事 附書

十八日癸亥寒

十九日甲子寒雨

二十日乙丑晴下午雨 往示齋 傍晚又雨 雇舟偕南陽君重審李寓 薛楷居之女 觀[illegible]

渡於西門外坪晚歸

廿一日丙寅晴 郭仙舫來信久談

接李華卿十五日信

廿二日丁卯陰 寄李華卿信 附箸作局

廿三日戊辰晴

接俞蔭甫廿一日信

廿四日己巳晴　汪補帝益令君吳友棠　康壽石門人來候談半晌

廿五日庚午晴

廿六日辛未晴　答候吳令君久談

廿七日壬申晴　下午費幼亭來候少談

廿八日癸酉晴　早食畢答候費幼亭於其舟中不值

廿九日甲戌晴

三十日乙亥晴

接朱芋岡廿八日信

費成子寄叢書四種讀雪齋歷集宴傳宴飲名天樓偕雪舫日其七首

蘇文忠祀祀之樓中並書紀事詩存和四次之五年前並作唱和詩前韻

郡民談未蘇情老雁留高樓雪三絲去不主見暖句之千高限未歡喜

黃侃澤居唐寄領渾若寸國花白髮頻和花欲富動方作況是禪韻幽

內懷舞宛為疏乃知常在心幾不犯物典我居中事姚寒外不中沐好神齊寶

遠指蒼梧［帝］林底地肆向暗深境還異暗旭程愁知身謀撤盡計程
熟之屋屋屋無心君評存去債
城外寄寄事還生無所有向平生困難時腳踏寄親暱經遣庸祇老壽身還
朱陳正以朝廷人相無異字定寸心肚之情［姿］茶器［到］如信信倚志決還出武合
執强行給眼未寧［程］大直先由四而樓堂羅葉要伸佐更沐而移渡後應若之
踏屋其底情重日雨雨出之不忘丹旭辛樓如扇飲而無一聲登劉子除作個
千秋上解債

閏月己巳朔旦丙子陰雨　牡丹盛開　偕南陽君往觀賞

初二日丁丑晴下午陰雨

初三日戊寅雨　出所藏古泉付拓　擬錄入壽金冊内

初四日己卯雨

初五日庚辰雨

初六日辛巳陰　衡恙　偶步山　蒙映來信以君凡未出門　寫壽華開信寄嶺

初七日壬午陰

初八日癸未陰　拓藏泉四百八十餘品竟　其未拓者約當二十之一

初九日甲申晴　姪氏鴻擧偕子靈還虞縣　隶信衛龢與之宅　自辛巳九年月來余

宅同居至今八載　為嶺徹此為相安　須將豐嬰陳氏婦日夜哉為未歸之撫擇去

年其母物故　譯言歸於其自別居之　舉家年春力蕃教養相得不至[illegible]信刀

澆洪子未有宅識自立門戶　負之轉使心痛　故再定明日丑刻動身　使其熟讀

並務余志　使丹子悟之

初十日乙酉陰

十一日丙戌 薄陰夜微雨

接子丙婿十月廿五日信

十二月丁亥 陰

十三日戊子 陰 郭沙雨邑侯來候談良久

十四日己丑 晴 下午伊少初 葉秋來訪久談

十五日庚寅 晴 夜雨 早谷[illegible]老侯 郭邑侯久談 下扶氏蘇[illegible]一視 房屋尚是[illegible]

惜[illegible]不再 老侯偕少初久談 偶談虞山之陽石梅之西 葉宗十餘楹 尚是[illegible]

御書[illegible]之名 宜 知縣 之松夫婦同[illegible]奉 上諭

建專祠[illegible]於揚山麓[illegible]東湖[illegible] 三塔[illegible]有[illegible]地[illegible]上右有大

石[illegible]若屏[illegible]西湖南岸之益石塢 余初仿[illegible]未知[illegible]

下午[illegible]訪縣尉董[illegible] 未晤 以其人好[illegible]書畫[illegible]

十六日辛卯 陰

十七日壬辰 陰

十八日癸巳 陰

十九日甲午晴

廿日乙未晴

廿一日丙申晴　下午郭西雨來信久談

廿二日丁酉陰微雨

廿三日戊戌晴　下午張似初來訪久談　其人頗知篆刻

廿四日己亥晴

廿五日庚子晴

廿六日辛丑晴

廿七日壬寅晴

廿八日癸卯晴　偕丙垂西出歸陳山物日吳清收扇見余言緊善賀接花下午

偕順丞訪名信雲海寺未晤

廿九日甲辰晴暄甚　橋本善仰出西行

三十日乙巳晴

五月庚午朔日丙午晴

初二日丁未陰

初三日戊申晴 寧兒挈萬孫小試畢門出渡下舟

初四日己酉晴

初五日庚戌晴 端午節 巳刻於先祠薦角黍

初六日辛亥晴

初七日壬子晴

初八日癸丑晴 接寧兒初五日書

初九日甲寅陰 宗卿安路自京師來 候譚朝政時局 言之甚析 迭巷乃去

初十日乙卯晴

十一日丙辰晴 候楊君楚 賀其子入學之喜 又君候卿安之譚將

十二日丁巳晴

接朱芋卿初九初十日信

十三日戊午晴 寄朱芋卿信 寄墨平安刻帖一冊 白書扇一柄 硯一個 李齋之瓶 其字

晝日起 仿帖 仿瓶

十四日己未晴
搨宮瓦二十七字
十五日庚申晴 寫宮瓦史作 仍前作局
十六日辛酉晴 夜雨
十七日壬戌雨
十八日癸亥陰微雨 下午澈雲霽 寶見萬蝶自邵星
十九日甲子晴
二十日乙丑大雨 宗子戴來集久談 付茶 同墨存紙 宋搨 之來 紫 花四 宋搨本 而補之
廿一日丙寅晴 歸安 是人來訪 叙舊 攜來 十人 ...
廿二日丁卯晴 起 人陸雲生同 ... 庭 醒 薪 如人來談久談 前者林道
廿三日戊辰晴 晨起 亭午 和 先祖事 ... 存 ... 甲 筆
廿四日己巳晴雨 定 ... 就 ... 神氣 ... 方 ... 直 ...
隱岩試 諸 付 ... 試 ... 詩 ... 乃 ... 早成 ... 子 ... 通

出撥
長候與之同舟 老

廿五日庚午晴 答訪頌閣廉 趙作人石查 至將此處送訊將謀以求拜趙試

厥使向學 頌又乃出 又答訪緝翁 觀所著述 自唐宋以後周鐘鼎款識

並秦漢至六朝碑寫之刀筆尤少

廿六日辛未晴 木真叔招 同祀紫 又見角招 此福楼 自未處見郡條宗而潮蔵 （金邸風雨）

甚宗來 手招之 宗自郊 福得來及神理帳生 外手勤左 使延年 下午往畫

手季 戚川 作與人來 病 五房 香俞 之返

招半輩個山下作

廿七日壬申晴 香生圓之俞 見孫 得真來俞 尤似圓服 蒼龍之日 陸楷之秀

廿八日癸酉晴 香佑車未侵 譚女項 招定沈廿六作

廿九日甲戌大雨

接 部 春 [illegible] 二月廿八 作 芳子 同 里 [illegible] 江南 趙試 尋未 就 精

六月辛未朔日乙亥晴

初二日丙子雨 午後霽 二香周成大令字樹石 咸肯望樓 樓下三南榮

初三日丁丑雨 寫朱華卿信 印章 仲甫

初四日戊寅晴 寫郁春人信 寫李質生從以備 ... 印章 仁叔

初五日己卯晴 入夜雷雨

初六日庚辰晴 暮熱 下午大雨 季士周招飲 寄信多謝

初七日辛巳晴 午後大風雨雷大起 莊稼李子 夜又大雨 寫渺之信 寄韓周翁 ... 季士周西去

因熱佐人稍息 ... 王劉贈 渺之 ... 傳 ...

初八日壬午晴

初九日癸未晴 熱甚 寒暑表銀升至九十度 南陽君歸日寄人有 ...

初十日甲申晴 熱甚 寒暑表銀升至九十五度 ... 雨 ...

十一日乙酉晴 熱甚 寒暑表銀升至九十八度 ... 雨 ...

十二日丙戌晴 有風 暑少 ...

十三日丁亥 ... 寫 ... 仲任 印章 仁叔

十四日戊子晴 有風 寄南陽君二函 附淳菁林堂

十五日己丑多雲 錄謙山初稿

十六日庚寅多雲午后陰午齋

十七日辛卯晴

十八日壬辰晴

十九日癸巳多雲午后雨 宗沛女來訪久談

二十日甲午晴

接邦壽八月十九日信 其孫入學 謙吉十月廿二

又邦壽五月十七日信